Die Nachfolge Christi

Thomas
von Kempen

Die Nachfolge Christi

KLASSIKER DES
CHRISTENTUMS

RHEINISCHER
MERKUR
Weltbild

In Zusammenarbeit mit dem Rheinischen Merkur, Bonn
www.merkur.de

Nach der Übersetzung von Bischof Johann Michael Sailer
Neubearbeitung besorgt von Richard Hoyer. Vollständige Ausgabe
Umschlaggestaltung: Atelier Lehmacher, Friedberg
Umschlagmotiv: Thomas Causten, Vierkirchen
(Porträt Konstantin Wecker); akg-images, Berlin
(Thomas von Kempen); MEV, Augsburg (Landschaft)
Gesamtherstellung: Bagel Roto-Offset GmbH & Co. KG,
Schleinitz
Printed in the EU
ISBN 978-3-8289-4939-3

2008 2007
Die letzte Jahreszahl gibt die aktuelle Lizenzausgabe an.

Einkaufen im Internet:
www.weltbild.de

Erstes Buch

Ermahnungen zu einem frommen und geistlichen Leben

1. KAPITEL

Von der Nachfolge Christi und von der Verschmähung aller Eitelkeiten der Welt

1. Wer mir nachfolgt, wandelt nicht im Finstern, spricht der Herr (Joh 8, 12). Dies sind Worte aus dem Munde Christi, die uns ermahnen, seinem Leben treu nachzuleben, wenn wir wahrhaft erleuchtet und von aller Blindheit des Herzens befreit werden wollen. Es soll daher unsere höchste Aufgabe sein, uns in das Leben Jesu Christi zu versenken.

2. Die Lehre Christi übertrifft alle Lehren der Heiligen, und wer den Geist Christi hätte, der müßte in ihr das verborgene Himmelsbrot finden.

Doch es geschieht, daß viele das Evangelium oft hören und dabei im Herzen nichts empfinden, weil ihnen der Geist Christi fehlt.

Wer die Lehre Christi in ihrer Fülle kennenlernen und daran Geschmack finden will, muß mit allem Ernst danach streben, daß sein ganzes Leben gleichsam ein zweites Leben Jesu werde.

3. Was nützt es dir, über die Heilige Dreifaltigkeit gelehrt sprechen zu können, wenn dir die Demut fehlt und du so der Heiligen Dreifaltigkeit mißfällst?

Wahrlich, hohe Worte machen den Menschen weder heilig noch gerecht: nur ein Leben voll Tugend macht uns bei Gott angenehm.

Es ist mir lieber, Reue und Leid im zerknirschten Herzen zu empfinden, als aus dem Kopfe eine schulgerechte Erklärung geben zu können, was Reue und Leid sei.

Hättest du die ganze Heilige Schrift und alle Lehrsätze der

Weisen der Welt im Gedächtnis, wozu nützt dir dies alles ohne die Liebe Gottes und ohne seine Gnade im Herzen?

O Eitelkeit der Eitelkeiten, und alles ist Eitelkeit (Prd 1, 2), außer Gott lieben und ihm allein dienen!

Das ist die höchste Weisheit, die Welt gering zu achten und nach dem Himmelreich zu streben.

4. Also ist es Eitelkeit, vergängliche Reichtümer zu sammeln und darauf seine Hoffnungen zu bauen.

Also ist es Eitelkeit, nach hohen Ehrenstellen zu trachten und nach einem hohen Stand zu streben.

Also ist es Eitelkeit, sich den Begierden des Fleisches zu überlassen und nach Freuden zu jagen, die uns einst die empfindlichsten Strafen zuziehen werden.

Also ist es Eitelkeit, nur immer zu wünschen, daß man lange lebe, und sich wenig darum zu bekümmern, daß man fromm lebe.

Also ist es Eitelkeit, seinen Sinn stets auf das gegenwärtige Leben zu richten und nie hinauszublicken auf das zukünftige Leben.

Also ist es Eitelkeit, sein Herz an das zu hängen, was so schnell vergeht, und nicht dorthin zu eilen, wo ewige Freude wohnt.

5. Erinnere dich oft an den Spruch des Weisen: Das Auge kann sich nicht satt sehen, nicht satt hören das Ohr (Prd 1, 8).

Reiß also dein Herz von den sichtbaren Gütern los und erhebe es zu den unsichtbaren!

Denn die ihrer Sinnlichkeit blind folgen, beflecken ihr Gewissen und verlieren die Gnade Gottes.

2. KAPITEL

Denke gering von dir

1. Jeder Mensch ist von Natur aus wißbegierig; aber noch soviel wissen und dabei den Herrn nicht fürchten, wozu nützt das?

Besser ist fürwahr ein demütiger Landmann, der seinem Gott dient, als ein stolzer Weltweiser, der sich und den Weg seines Heiles vernachlässigt und dafür die Wege der Sterne mißt.

Wer sich selbst erkennt, der muß gering sein in seinen eigenen Augen und kann keine Freude daran haben, daß ihn die Menschen loben.

Hätte ich die Wissenschaft aller Dinge in der Welt und fehlte mir nur das eine, die Liebe: was nützte mir alles Wissen vor Gott, der mich nach meinem Tun richten wird?

2. Laß ab von der überspannten Wißbegier; denn es ist viel Zerstreuung und viel Trug dabei.

Die viel wissen, wollen auch den Ruf haben, daß sie viel wissen, und hören es gern, wenn man von ihnen sagt: Siehe, das sind weise Männer!

Es gibt so viele Dinge in der Welt, deren Erkenntnis der Seele wenig oder nichts einträgt.

Und auf etwas anderes sinnen, als was das Heil der Seele fördern hilft – dazu gehört ein großes Maß von Torheit.

Viele Worte machen – das stillt den Hunger der Seele nicht. Aber gut sein und recht tun – das ist das rechte Labsal für unsere Seele, und ein reines Gewissen schafft uns große Zuversicht vor Gott.

3. Je umfassender und gründlicher dein Wissen ist, desto strenger wirst du gerichtet werden, wenn dein Leben nicht genau um soviel heiliger gewesen sein wird, als deine Einsicht besser war.

Darum trag den Kopf nicht höher wegen irgendeiner Kunst oder Wissenschaft. Eben dies, daß dir so viel Erkenntnis gegeben ist, soll dich eher furchtsam als stolz machen. Wenn du stolz bist, daß du so viele Dinge weißt und so gründlich verstehst, so denke dabei, daß es noch ungleich mehr Dinge gibt, von denen du nichts weißt und die du nicht verstehst.

Sei nicht hochmütig um deines Wissens willen, sondern bekenne lieber deine Unwissenheit.

Wie magst du dich auch nur über einen einzigen Menschen erheben? Es werden doch noch viele in der Welt sein, die gelehrter sind und das Gesetz besser verstehen als du.

Willst du etwas Rechtes lernen und wissen, so lerne die große Kunst, unbekannt zu sein und für nichts gehalten zu werden.

4. Sich selbst in Wahrheit und Klarheit erkennen und Selbstverachtung zu üben, das ist die größte Wissenschaft, das ist die heilsamste Lehre für mich und dich und uns alle.

Aus sich nichts machen und andere gern für besser und höher achten als sich selbst, das ist große Weisheit und Vollkommenheit.

Und sähest du einen anderen öffentlich sündigen oder eine schwere Missetat begehen, so halte dich deshalb nicht für besser als ihn. Denn sieh, du weißt ja nicht, wie lange du selbst noch im Guten beharren wirst. Gebrechlich sind wir alle, aber halte niemand für gebrechlicher als dich selbst.

3. KAPITEL

Geh zur Wahrheit selbst in die Schule

1. Selig ist der Mensch, den die Wahrheit durch sich selbst unterweist, nicht durch Bilder, die vergehen, nicht durch Worte, die verhallen! Selig, dem sich offenbart, wie sie ist!

Denn unser Meinen trügt uns oft, und unser Sinn reicht nicht weit.

Was nützt es uns, daß wir uns den Kopf zerbrechen über Dinge, die verborgen und dunkel sind und uns verborgen und dunkel bleiben dürfen, ohne daß wir deshalb am Tag des Gerichtes zur Verantwortung gezogen werden?

Es ist eine große Torheit, daß wir Dinge, deren Erkenntnis uns nützlich oder gar notwendig ist, außer acht lassen und dafür Dinge, die bloß unsere Neugier reizen und uns dabei noch schaden können, so mühsam erforschen! Da heißt es recht: Wir haben Augen und sehen nicht! (Ps 113, 13)

2. Und was liegt uns denn am Ende daran, daß wir all das wissen, was die Schulen von den Gattungen und Arten der Begriffe zu sagen wissen?

Wem das Ewige Wort zu Herzen redet, der macht sich von vielerlei Meinungen los.

Es kommt doch alles von *einem* Wort her, und alle Dinge zeugen im Grunde nur von *einem* Wort, und dies eine Wort ist dasselbe Wort, das im Anfang war und jetzt auch zu uns redet (Jo 8, 25).

Ohne dieses Wort findest du kein klares Verstehen und kein wahres Urteil.

Wer das Eine in allem findet, wer alles auf das Eine zurückführt, wer in Einem alles sieht, der kann ruhigen, festen Sinn behalten und wird den schönen Frieden in Gott nie verlieren.

O Wahrheit – Gott, mach mich eins mit Dir – in ewiger Liebe!

Wie oft ekelt es mich, so mancherlei zu lesen und zu hören! Denn alles, wonach mein Herz verlangt, ist in Dir allein.

Schweigen sollen alle Lehrer, still sein alle Geschöpfe vor Deinem Angesicht: Rede Du allein zu mir!

3. Je mehr ein Mensch eins mit sich und einfältig in seinem Innersten geworden ist, desto mehr und höhere Dinge lernt er ohne sonderliche Mühe verstehen; denn das Licht des Verstandes kommt dann auf ihn herab von oben her.

Ein Geist, der rein, einfältig und fest in sich selbst geworden ist, wird auch durch die vielen Geschäfte des Lebens nicht abgelenkt; denn er tut alles zur Ehre seines Gottes und arbeitet in sich darauf hin, all den geheimen Wünschen der Eigenliebe auf immer zu entsagen.

Was hindert und plagt dich doch mehr als die Begier und Neigung deines Herzens, die noch ihr volles, unabgetötetes Leben hat?

Ein guter Mensch, der sich seinem Gott ganz geweiht hat, ordnet zuerst in seinem Innern alles, was er hernach nach außenhin zustande bringen soll.

Was er auch tut, nichts zieht ihn da hin, wo ihn die sündigen Neigungen haben wollen, sondern er führt und lenkt sein Wollen da hin, wo es das Gesetz des gesunden Vernunft haben will.

Wer hat wohl einen heißeren Kampf zu bestehen als der, der mit aller Kraft bemüht ist, sich selbst zu besiegen?

Und dies sollte unsere Aufgabe auf Erden sein: sich überwinden, täglich mehr Gewalt über sich gewinnen und täglich im Guten voranschreiten.

4. Jede Vollkommenheit des Lebens hat ihr Unvollkommenes, und all unser Forschen, so lichthell es sein mag, hat sein Dunkel.

Demütiges Erkennen deiner selbst führt dich sicherer zu Gott als tiefes Graben nach Wissenschaft.

Zwar soll man weder gelehrtes Wissen noch die Kenntnis einer Sache tadeln. Denn Wissen und Erkennen ist gut, und es gehört in Gottes großen Haushalt. Aber ein Gewissen ohne Makel und ein Leben voll Tugend ist mehr wert als alles Wissen und Erkennen.

Und gerade deshalb, weil den meisten Menschen das Vielwissen mehr am Herzen liegt als das Rechtleben, gerade deshalb geraten sie auf so viele Irrwege und ernten mit all ihrem Wissen und Wissenwollen keine oder nur geringe Frucht.

5. O wenn sie doch genauso sich bemühen würden, Laster auszurotten und Tugenden zu pflanzen, wie sie sich mühen, immer wieder neue Fragen aufzuwerfen: Ich denke, es gäbe nicht so viel Unrecht auf Erden, nicht so viel Ärgernis im Volk, nicht so viel Zuchtlosigkeit in den Klöstern.

Soviel ist klar: Am Tag des Gerichtes wird man uns nicht fragen, was wir gelesen, sondern was wir getan haben; nicht wie schön wir gesprochen, sondern wie fromm wir gelebt haben.

Sage mir doch, wo sind jetzt alle jene Herren und Meister, die du ehemals als große, gelehrte und gewaltige Redner auf ihren Kanzeln gehört oder aus ihren Schriften gekannt hast? An ihrer Stelle wirken nun andere, und ich weiß nicht, ob diese noch an ihre Vorgänger denken.

Solange sie lebten, meinte man wohl, sie wären etwas Großes; aber nun sind sie fast vergessen.

6. O wie schnell ist die Herrlichkeit der Welt dahin! Hätten sie ihr Leben mit ihrer besseren Erkenntnis in Einklang gebracht, dann hätten sie recht studiert und recht gelesen.

Wie viele in der Welt stürzt doch ihr eitles Wissen ins Verderben, weil sie sich gar so wenig darum bemühen, Gottes Willen zu tun!

Und weil sie lieber groß als demütig sein wollen, so werden sie in ihren Gedanken vollends nichtig, lauter nichts (Röm 1, 21).

Es ist nur der wahrhaft weise, der vor sich selbst klein ist und alle Gipfel der Weltehre für nichts hält.

Es ist nur der wahrhaft weise, der alles Irdische für Auskehricht hält, um Christus zu gewinnen (Phil 3, 8).

Es ist nur der wahrhaft gelehrt, der seinen eigenen Willen verleugnet und Gottes Willen vollbringt.

4. KAPITEL

Sei vorsichtig in allem, was du tust

1. Glaube nicht jedem Worte und folge nicht jedem Einfall. Prüfe vielmehr alles und prüfe es wie vor Gott mit aller Achtsamkeit und Beharrlichkeit.

Prüfe, denn leider glauben und reden wir von andern weit lieber Böses als Gutes; so schwach sind wir!

Der vollkommene Mann aber ist anders. Er glaubt nicht jedem, der etwas erzählt. Denn er kennt die Schwäche der Menschen und weiß wohl, wie sie zum Bösen geneigt und im Reden schwankend sind.

2. Es ist sehr weise, nicht vorschnell und unüberlegt zu handeln und auch nicht fest und unbeugsam auf eigenem Sinn und Dünkel zu bestehen.

Auch das ist Weisheit, nicht jedes Menschenwort für wahr zu halten, und was man etwa gehört und geglaubt hat, nicht gleich nachzuerzählen und in fremde Ohren zu flüstern.

Suche dir einen Rat bei einem Mann, der gewissenhaft und weise ist, und dessen Rat sei dir heilig in allem!

Geh lieber zu dem Mann, der besser ist als du, in die Schule als zu deinem Eigendünkel.

Gut sein, fromm leben, das macht weise vor Gott und gibt einen beständigen Sinn.

Je demütiger und gottergebener du bist, desto weiser bist du und desto ruhiger in allem.

5. KAPITEL

Wie man die heiligen Schriften lesen soll

1. Wahrheit muß man in den heiligen Schriften suchen, Wahrheit, nicht Beredsamkeit.

Die Heilige Schrift soll in dem gleichen Geiste gelesen werden, in dem sie verfaßt wurde.

Es muß dir beim Schriftlesen weit mehr um das Heilsame der Lehre als um die Feinheit des Ausdruckes zu tun sein.

Ein Buch, das zwar einfach und kunstlos, aber aus frommem Herzen geschrieben ist, sollst du ebenso gern lesen wie ein anderes, in dem alles tief gedacht und fein ausgedrückt ist.

Nie soll dich das Ansehen eines Schriftstellers irremachen; nie sollst du darauf achten, ob die großen Gelehrten ihn für ihresgleichen halten oder nicht.

Denn die Liebe zur reinen Wahrheit, und nur diese Liebe soll dich zum Lesen treiben.

Frage nicht lange, *wer* das gesagt hat, sondern achte nur immer auf das, *was* da gesagt wird.

2. Denn die Menschen vergehen; die Wahrheit des Herrn aber bleibt ewig (Ps 116, 2).

Und der Herr redet auf mancherlei Weise zu uns, ohne alles Ansehen der Person. Was uns beim Schriftlesen so oft im Wege steht, das ist unsere Neugier, die uns antreibt, dort noch zu grübeln und begreifen zu wollen, wo wir vorbeigehen sollten.

Wenn dich das Lesen wirklich besser machen soll, so lies in Demut, mit Einfalt, mit aller Treue gegen die erkannte Wahrheit, und laß dich die eitle Lust, ein großer Schriftgelehrter zu heißen, nicht anfechten.

Frage gern und höre schweigend, was die heiligen Männer lehren.

Laß es dich auch nicht verdrießen, auf die Gleichnisreden der Alten zu hören. Denn sie sind nicht ohne Grund da.

6. KAPITEL

Von ungeordneten Neigungen

1. Sobald eine Begierde des menschlichen Herzens aus der Ordnung tritt, ist Unfriede im Hause, ist der Mensch uneins mit sich selbst.

Der Hochmütige und der Geizige haben niemals Ruhe; wer aber die wahre Demut und die rechte Armut des Geistes besitzt, der hat einen unerschöpflichen Schatz des Friedens in sich.

Wer sich noch nicht ganz abgestorben ist, der gerät schnell in Versuchung und ist schnell überwunden; jede nichtige Kleinigkeit wirft ihn zu Boden.

Wer noch nicht genügend Festigkeit im Guten besitzt und noch unter dem Gebote des Fleisches steht, wer noch vom Hang zu sinnlichen Dingen beherrscht wird, für den ist es schwer, sich von irdischen Begierden ganz und für immer loszumachen. Deshalb macht er ein finsteres Gesicht, wenn er sich etwas Angenehmes versagen soll, und bricht leicht in Zorn aus, wenn ihm ein anderer Widerstand leistet.

2. Sobald er aber seine Lust befriedigt hat, straft ihn das Gewissen auf der Stelle, und die Hand dieses Richters liegt schwer auf ihm.

Denn er hat zwar seine Leidenschaft befriedigt, aber diese Befriedigung kann ihm nicht im geringsten zum Frieden verhelfen, den er gesucht hat.

Also nicht dadurch, daß du deinen Begierden wie ein Knecht nachgibst, sondern dadurch, daß du ihnen widerstehst, findest du den wahren Frieden des Herzens.

In einem Herzen, das dem Gesetz des Fleisches dient oder in äußerlichen Dingen Ruhe sucht, gibt es also keinen Frieden, sondern nur in dem Menschen ist Friede, der dem Gesetz des Geistes dient und das heilige Feuer auf seinem Herde nicht ausgehen läßt.

7. KAPITEL

Laß keine eitle Hoffnung und keine stolze Einbildung in dein Herz

1. Wer auf Menschen oder auf andere Geschöpfe seine Hoffnung setzt, der baut in die Luft.

Schäme dich nicht, aus Liebe zu Jesus anderen Menschen zu dienen, und laß dich gern für arm und gering in dieser Welt ansehen.

Vertraue nicht auf dich selbst, denn auch du bist ein Geschöpf; sondern Gott allein sei es, auf dem all deine Hoffnungen ruhen!

Tu, was du kannst, und Gott wird deinem guten Willen freundlich beistehen.

Vertraue nicht auf deine Wissenschaft noch auf die noch so große Klugheit eines anderen Menschen.

Setze vielmehr dein ganzes Vertrauen auf die Gnade Gottes, der den Demütigen Hilfe schickt und die zu demütigen weiß, welche frevelhaft auf ihre eigene Macht vertrauen, so daß sie ihre Ohnmacht fühlen müssen.

2. Rühme dich nicht deiner Reichtümer, wenn du reich bist, nicht deiner Freunde, wenn du mächtige Freunde hast, sondern dein Gott, der dir alles Gute, das du schon hast,

gegeben hat und über allen anderen Gaben sich selbst noch geben will, dein Gott sei auch dein Ruhm.

Sei nicht stolz auf die Größe oder Schönheit deines Leibes; denn sieh, schon eine leichte Krankheit zerstört ihn und verwandelt alle Schönheit in Häßlichkeit.

Laß auch darüber, daß du etwa viel Geschicklichkeit und Scharfsinn besitzt, kein eitles Wohlgefallen in dir aufkommen.

Denn sieh, sobald du dir selbst wohlgefällst, so mißfällst du Gott, dem alles gehört, was du von Natur Gutes hast.

3. Halte dich nicht für besser als andere; denn sonst möchtest du im Auge Gottes noch viel schlechter sein als andere. Gottes Auge täuscht sich nicht; es sieht, was im Menschen ist.

Erhebe dich auch nicht über andere um deiner guten Werke willen; denn Gott richtet anders als die Menschen.

Ihm mißfällt oft, was den Menschen wohlgefällt.

Und wenn du auch wirklich etwas Gutes in dir hast, so darfst du doch von andern das Bessere denken, um deine Demut als Stütze deiner Tugenden fest und sicher zu stellen.

Es schadet dir nicht, wenn du hinter alle zurücktrittst. Aber es kann dir sehr schädlich werden, wenn du dich auch nur über einen einzigen stellst.

Wo Demut ist, da ist steter Friede; aber wo Stolz herrscht, da ist Eifersucht, Zorn und Verbitterung.

8. KAPITEL

Achte auf deinen Umgang
und meide allzu große Vertraulichkeit

1. Öffne dein Herz nicht vor jedem (Sir 8, 19), sondern suche dir einen Mann aus, der den Herrn fürchtet und wahrhaft weise ist, und mache den zu deinem Vertrauten in allem, was dir am Herzen liegt.

Sei nicht oft mit Jünglingen und Fremden zusammen.

Schmeichle den Reichen nicht und erscheine nicht gern vor den Großen.

Geselle dich lieber zu denen, die sich durch Einfalt und Demut, durch Andacht, Züchtigkeit und Sittsamkeit deinem Herzen empfehlen, und rede mit ihnen von Dingen, die erbauen.

Flieh den vertraulichen Umgang mit Frauen und begnüge dich damit, alle frommen Frauen dem Herrn zu empfehlen.

Der vertraute Umgang mit Gott und seinen Engeln sei immer der liebste Wunsch deines Herzens, und deshalb meide den Umgang mit Menschen.

2. Liebe muß man gegen alle im Herzen haben, aber Vertrautsein mit jedem, das taugt nicht.

Oft leuchtet ein Unbekannter von weitem durch das Licht seines guten Rufs; aber wenn er in deiner Nähe ist, verliert sich der Glanz in deinem Auge.

Manchmal glauben wir, andere würden sich sehr freuen, wenn wir ihre Gesellschaft suchen.

Aber sobald sie unser zuchtloses Betragen wahrnehmen, haben sie mehr Mißfallen an unsern Fehlern als Wohlgefallen an ihrer Bekanntschaft mit uns.

9. KAPITEL

Sei gehorsam und untertänig

1. Es ist nichts Geringes, Gehorsam zu leisten, unter einem Oberen zu leben und nicht sein eigener Herr zu sein.

Es ist freilich auch ungleich sicherer, Untertan zu sein als Vorgesetzter.

Aber viele sind untertan, mehr weil sie müssen, als aus Liebe zu Gott.

Diese haben Plage über Plage, jede Kleinigkeit ist für sie groß genug, darüber zu murren.

Nie werden sie zur wahren Freiheit des Geistes gelangen, wenn sie sich nicht ihrem Vorgesetzten unterwerfen.

Armer Mensch, du magst dahin oder dorthin laufen, du findest doch nirgends Ruhe als im demütigen Gehorsam unter Leitung deines Obern. Die Einbildung, neue Verhältnisse oder der Wechsel des Wohnorts machten dich glücklich, hat schon manchen getäuscht und täuscht auch dich.

2. Es ist wahr, jeder lebt gern nach *seinem* Sinn und hat Zuneigung zu denen, die mit ihm gleichen Sinnes sind.

Aber, wenn Gott in unserer Mitte wohnt, müssen wir oft, um den Frieden zu erhalten, auf unsere eigene Meinung verzichten.

Wer ist denn so weise, daß er alles weiß und alles, wie es ist, vollständig weiß?

Darum traue in keiner Sache zuviel auf deine Einsicht, sondern höre gern, was andere Leute davon denken.

Ist deine Meinung gut, und du stehst doch um Gottes willen davon ab und folgst einem andern, so wirst du ungleich mehr Nutzen davon haben, als wenn du deinem eigenen Kopfe gefolgt wärest.

3. Es ist ein wahres Wort, und ich habe es oft sagen hören: Es sei ungleich sicherer, sich raten zu lassen, als andern Rat zu geben.

Es mag wohl auch dein Urteil ab und zu richtig sein; aber wenn du nie nachgeben willst, auch da nicht, wo dir vernünftige Gründe zum Nachgeben raten, so ist es ein sicheres Zeichen, daß du ein eitler Tor und ein eigensinniger Kopf bist.

10. KAPITEL

Fliehe unnützes Geschwätz und leere Wortmacherei

1. Laß, wenn du irgendwie kannst, dich nicht in das Getümmel der Welt hineinziehen. Denn sieh, weltliche Händel, in die du dich einmischst, verwirren und beschweren den Geist, wenn du auch eine gerade, wohlmeinende Absicht dabei hast.

Ach, die Eitelkeit befleckt so schnell den schwachen Geist

und nimmt so schnell den freien Sinn des Menschen gefangen. Ich wünschte, ich hätte öfter geschwiegen und wäre nicht unter Menschen gewesen.

Aber warum reden wir denn so gern und schwatzen miteinander, wo wir doch nur sehr selten wieder schweigen, ohne unser Gewissen befleckt zu haben?

Wir reden so gern miteinander, weil in der Unterhaltung einer beim andern Trost und Erquickung sucht und man dem Herzen, das mit so vielen Gedanken beschwert ist, gern Luft machen möchte.

Und was wir lieben und wünschen, oder was uns drückt und drängt, davon zu reden, daran denken wir gern.

2. Aber leider, eitel und fruchtlos ist gar oft all unser Denken und Reden. Denn dieser äußere Trost, den wir uns selbst schaffen, verbaut uns den inneren, den nur Gott geben kann.

Darum laßt uns wachen und beten, damit die Zeit nicht ungenutzt dahinfließe.

Darfst du reden, und nützt es zu reden, nun so sprich, was zur Erbauung dient.

Aber weil wir von Jugend auf gewohnt sind zu tun, was nicht taugt, und immer zu wenig auf unsern Fortschritt im Guten bedacht sind, eben darum sind wir bei Bewahrung der Zunge so äußerst nachlässig.

Es soll aber nicht geleugnet werden, daß ein ernstes Gespräch über Dinge der Seele das geistliche Leben kräftig fördert, besonders wenn Menschen *eines* Sinnes und *eines* Geistes sich in Gott als ihrem Mittelpunkte zusammenfinden.

11. KAPITEL

Wie man Frieden in sich haben und besser werden kann

1. Wir könnten viel Ruhe und Frieden haben, wenn wir uns Kopf und Herz nicht so sehr marterten mit dem, was andere reden und tun und was doch eigentlich uns gar nicht berührt.

Wie kann *der* lange in Frieden leben, der sich so gern in fremde Angelegenheiten mischt, der so viele äußere Anlässe zur Unstetigkeit aufsucht, der sich so selten oder nur flüchtig in sich sammelt?

Selig, die die rechte Einfalt des Herzens besitzen; denn sie werden viel Frieden haben!

2. Warum sind wohl einige Heilige so zu reiner Vollkommenheit und zu so hoher Anschauung der Wahrheit gekommen? Weil sie bestrebt waren, sich von allen irdischen Begierden freizumachen, konnten sie mit aller Kraft Gott allein folgen und ganz und gar für ihr Heil wirken.

Die Leidenschaften in uns und die vergänglichen Dinge außer uns machen dem armen Herzen viel zu schaffen; sie halten es in steter Bewegung und jagen es von einer Empfindung zur anderen.

Wir erringen auch selten über ein einziges Laster einen vollkommenen Sieg. Es fehlt uns durchaus an dem heiligen Eifer, täglich besser zu werden; deshalb bleiben wir immer so lau oder werden gar kalt.

3. Wären wir uns selbst ganz abgestorben, wäre unser Innerstes nicht in so viele Dinge verstrickt und befangen, dann könnten auch wir das Göttliche verstehen und von der himmlischen Anschauung der Wahrheit schon hier einen Vorgeschmack bekommen.

Das größte, oder besser gesagt, das einzige Hindernis sind wir selbst: wir sind nicht frei von Leidenschaften und Lüsternheit und haben nicht Mut genug, den Weg der Heiligen zu betreten.

Es darf nur eine kleine Plage an unserer Tür anklopfen, gleich ist unser Mut dahin, und wir sehen uns wieder um nach menschlichem Trost.

4. Wären wir entschlossen, wie tapfere Krieger auf dem Schlachtfeld zu stehen, schnell würden wir die Hilfe des Herrn über uns vom Himmel kommen sehen.

Denn er will denen, die streiten und auf seine Gnade vertrauen, so gewiß Hilfe senden, so gewiß er uns Anlaß zum Streit werden ließ, damit wir siegen lernen.

Wenn wir aber unsere Fortschritte im Guten nur immer in jene äußerlichen Übungen setzen, so ist unsere Verbundenheit mit Gott bald zu Ende.

An die Wurzel, an die Wurzel müssen wir die Axt anlegen, damit wir einmal von ungeordneten Neigungen frei werden und ruhigen Sinn und ungetrübten Seelenfrieden bekommen.

5. Wenn wir jedes Jahr nur *ein* einziges Laster ausrotteten, so wären wir bald vollkommene Menschen.

Aber es zeigt sich nicht selten das Gegenteil; wir müssen gestehen, daß wir in den ersten Tagen unserer Besinnung reiner und besser waren als jetzt nach vielen Jahren.

Der Eifer im Guten und das Gute selbst sollten mit jedem Tag in uns zunehmen, aber jetzt wird es schon als große Seltenheit angesehen, wenn jemand nur noch einen Funken des ersten Eifers in sich trägt.

Wenn wir uns in Bekämpfung unserer Neigungen nur anfangs etwas Gewalt antun möchten, so würden wir in der Folge alles noch einmal so leicht und freudig tun.

6. Es ist schwer, gegen seine Gewohnheit zu handeln; aber noch schwerer, gegen seinen eigenen Willen anzugehen.

Aber wenn du geringe, leichte Hindernisse nicht überwinden kannst, wie willst du große, schwere Hindernisse aus dem Weg schaffen?

Leiste deinen Neigungen Widerstand gleich im Entstehen und mache dich durch frühe Entwöhnung von aller bösen Gewohnheit los, damit aus einer geringen Beschwernis nicht nach und nach noch eine größere werde.

Wenn du doch begreifen könntest, wieviel du selbst an innerem Frieden gewinnen und welche große Freude du andern bereiten würdest, wenn du von ganzem Herzen gut sein und recht tun möchtest! Du würdest mehr darauf achten, stets größere Fortschritte im Leben des Geistes zu machen.

12. KAPITEL

Vom Nutzen der Traurigkeit

1. Daß uns Dinge begegnen, die uns lästig und durchaus zuwider sind, das ist für uns selbst sehr gut. Denn sie treiben den Menschen, der aus seinem Herzen geflohen ist, wieder in sein Herz zurück. Er soll fühlen lernen: ich bin hier nicht zu Hause und kann meine Hoffnung auf kein Gut dieser Welt gründen.

Es ist gut, daß wir Widerspruch erfahren, daß die Menschen nicht gut und auch recht böse von uns denken und reden, obgleich wir gut handeln und im Rechttun gute Absichten haben.

Denn das festigt unsere Demut und bewahrt uns vor dem Zauberdunst der eitlen Ehre.

Gerade wenn man uns auf allen Straßen schlecht macht und uns nichts Gutes mehr zutraut, gerade dann werden wir weit mehr als sonst gedrängt, bei Gott als dem einzigen Zeugen, der unser Innerstes kennt, Zuflucht zu suchen.

2. Eben deshalb sollte sich der Mensch ganz an Gott und so fest an Gott allein halten, daß er nicht nötig hätte, viel Trost bei den Menschen zu suchen.

Wenn ein Mensch, der guten Willens ist, geplagt oder angefochten oder von bösen Gedanken gequält wird, dann leuchtet es ihm viel heller als sonst ein, daß ihm Gott unentbehrlich ist und daß er ohne ihn nichts Gutes tun kann. Dann fühlt er nichts als Traurigkeit, und er seufzt und betet in der Pein seines Herzens.

Dann wird er seines Lebens überdrüssig und sähe es gern, daß der Tod käme und die Bande des Leibes löste und ihn zu Christus heimbrächte (Phil 1, 23).

Dann lernt er wohl verstehen, daß es vollkommene Sicherheit und vollkommenen Frieden hier auf Erden nicht gibt.

13. KAPITEL

Widerstehe den Versuchungen

1. Solange wir auf dieser Erde leben, können wir nicht ohne Trübsal und Versuchung durchkommen, wie es bei Job heißt: Des Menschen Leben auf Erden ist eitel Kampf und Plage (Job 7, 1).

Deshalb soll jeder bei allem, was ihn zum Bösen reizen kann, sorgsam und im Gebet wachsam sein, damit der Teufel nicht Gelegenheit erhalte, ihn zu hintergehen; denn der Feind schläft nicht, sondern geht umher und sucht, wen er verschlinge (1 Petr 5, 8).

Es ist kein Vollkommener so vollkommen, kein Heiliger so heilig, daß er nicht manchmal zum Bösen versucht werde. Und als Mensch hienieden von allen Versuchungen freizubleiben, ist schlechterdings nicht möglich.

2. Doch gerade die Versuchungen geben dem Menschen nicht selten große Vorteile, wenn sie ihm auch noch so lästig und beschwerlich sein sollten. Denn sie demütigen, sie reinigen, sie unterweisen ihn in manchem Guten.

Alle Heiligen mußten durch viele Trübsal und Anfechtungen gehen und sind eben nur in dieser Kampfschule so gut und groß geworden.

Die aber in den Versuchungen nicht auszuhalten vermochten, sind von Gott abgefallen und verworfen worden.

Es ist kein Stand so heilig, kein Ort so heimlich, daß Versuchung oder Trübsal nicht Eingang fänden.

3. Solange der Mensch lebt, ist er nie ganz sicher vor Versuchungen. Denn wir tragen den Keim der Versuchung in uns, weil wir Fleisch vom Fleisch geboren sind (Joh 3, 6).

Ist eine Versuchung oder Trübsal überstanden, so folgt eine zweite der ersten oft auf dem Fuße; zu leiden gibt es für uns immer etwas. Denn das große Gut unserer Seligkeit ist uns verlorengegangen.

Viele wollen den Versuchungen entfliehen und fallen auf der Flucht noch tiefer hinein.

Durch Entfliehen können wir sie nicht überwinden; nur Geduld und Demut machen uns stärker als unsere Feinde.

4. Wer nur so von außen den Versuchungen aus dem Wege geht und nicht die Axt an die Wurzel legt, richtet im Grunde wenig aus; denn die Versuchungen werden nur desto schneller wieder an ihn herankommen und die letzten Dinge werden dann ärger als die ersten sein.

Nach und nach, in Geduld und Langmut, wirst du, gestützt auf Gottes Hilfe, leichter überwinden, als wenn du mit Ungestüm und Starrheit gegen den Feind angingst.

Bist du wirklich in Versuchung, so frage um Rat bei denen, die dir raten können; ist aber dein Bruder in Versuchung, so kehre ja nicht die rauhe Seite gegen ihn heraus; sinne darauf, wie du ihn ermuntern, ihn trösten kannst, und tu ihm alles, wie du wünschst, daß er dir täte, wenn du an seiner Stelle wärest.

5. Die Unbeständigkeit des Menschen und das geringe Vertrauen zu Gott sind der Ursprung aller Versuchungen zum Bösen. Denn wie ein Schiff ohne Steuermann von den Wellen hin und her getrieben wird, so wird ein schwacher Mensch, der seinen Vorsatz aufgegeben und das Vertrauen zu Gott verloren hat, von allerlei Versuchungen hin und her geworfen.

Das Feuer prüft das Eisen, die Trübsal den Gerechten.

Oft wissen wir selbst nicht, was wir können, aber die Versuchung macht es uns offenbar, was wir sind.

Wachen, wachen müssen wir, besonders im Anfang der Versuchung. Denn wenn wir den Feind nicht zur Tür hereinlassen, sondern noch vor der Türschwelle beim ersten Anklopfen zurückschlagen, so wird uns der vollkommene Sieg nicht mehr schwer werden. Deshalb sagte der römische Dichter Ovid: Laß den Arzt gleich im Anfang der Krankheit rufen; ist einmal die Krankheit längere Zeit hindurch übermächtig geworden, so kommt alle Arznei zu spät.

Anfangs ist es nur ein flüchtiger Gedanke, der dich angreift, dann kommt eine lebhafte, mächtige Vorstellung dazu; zur Vorstellung gesellt sich die Lust, zur Lust die Begierde; dann sagt der Wille ja und die Sünde ist vollbracht.

So nimmt der Feind nach und nach die ganze Festung ein, wenn man ihm nicht gleich anfangs Widerstand leistet.

Und je länger du säumst, Widerstand zu leisten, desto schwächer wirst du, desto übermächtiger wird dein Feind.

6. Manche haben im Anfang ihrer geistigen Einkehr große Versuchungen auszuhalten, andere am Ende.

Wieder andere haben ihr ganzes Leben hindurch hart zu kämpfen.

Noch andere werden von Anfechtungen verschont und von ihnen fast freundlich behandelt – alles nach Weisheit und Güte der heiligen Vorsehung, die Stand und Vermögen des Menschen wägt und alles zum Heil der Auserwählten vorherbestimmt.

7. Darum dürfen wir in der Versuchung den Mut nicht sinken lassen, sondern müssen mit neuem Eifer zu Gott flehen, daß er uns in aller Trübsal zu Hilfe kommen und, nach dem Wort des Apostels Paulus, den Gang der Versuchung lenken und uns einen guten Ausweg schaffen wolle (1 Kor 10, 13).

Laßt uns also in jeder Trübsal und Versuchung im Gefühle unseres Elends uns beugen unter die allmächtige Hand Gottes, der die Demütigen errettet und erhöht (Ps 33, 19).

8. Versuchungen und Trübsal sind der Prüfstein, der über den ganzen Wert des Menschen und besonders über seine Fortschritte im Guten entscheidet; sie sind die Feuerprobe, die der Tugend neuen Wert verleiht und das verborgene Gute ans Tageslicht zieht.

Wenn der Mensch nichts hat, das ihn drückt und beschwert, dann ist es nichts Großes, andächtig und inbrünstig zu sein. Aber in Tagen der Trübsal geduldig zu sein und sich in Geduld festhalten zu können, das läßt große Fortschritte in allem Guten hoffen.

Menschen, die zur Zeit noch vor großen Versuchungen bewahrt bleiben, aber in den täglichen kleinen Anfechtungen oft überwunden werden, sollen aus den Niederlagen Demut lernen und einst bei großen Versuchungen nicht zu viel auf eigene Kraft vertrauen, da sie in geringen Anfechtungen so schwach waren.

14. KAPITEL

Richte über andere nicht unbedacht

1. Kehre deinen Blick nach innen auf dich selbst, und vermiß dich nicht, darüber zu richten, was andere tun. Denn wer andere gern richtet, tut unnütze Arbeit, er verfehlt öfter die Wahrheit, als er sie trifft, und versündigt sich leichter, als er glaubt. Wer sich aber selbst erforscht, sich selbst richtet, arbeitet immer mit Nutzen.

Wie unser Herz gegenüber einer Sache gestimmt ist, so urteilt unser Verstand über sie. Den geraden, wahren Anblick der Sache verlieren wir leicht, denn wir lieben uns selbst mehr als die Wahrheit.

Wäre Gottes Wohlgefallen immer das einzige Ziel unseres Wollens, so könnten uns die unangenehmen Eindrücke von außen nicht so leicht aus der Fassung bringen.

2. Aber bald zieht uns etwas in uns, das wir selbst nicht wahrnehmen, bald kommt etwas von außen hinzu und zieht uns mit sich fort.

Viele suchen in allem nur sich selbst, doch sie merken es nicht, daß sie nur sich selbst suchen.

Sie glauben wohl, auch inneren, festen Frieden zu haben, solange alles nach ihrem Wunsch und Willen geht. Wenn sich aber die Sache gegen ihren Willen dreht, so sind sie im Augenblick mit sich entzweit und lassen den Kopf hängen.

Weil eben jeder Mensch seinen eigenen Kopf und jeder Kopf seine eigene Meinung hat, so gibt es auch unter Freunden und Bürgern, unter Ordensleuten und selbst unter Andächtigen leider oft genug Mißverständnis und Zwietracht.

3. Alter Gewohnheiten können wir uns nur mit äußer-

ster Mühe entwöhnen, und niemand sieht es gern, daß man ihn weiter führt, als sein Auge reicht.

Wenn du dich mehr auf deine Einsichten und auf deine Tüchtigkeit stützt als auf die Kraft Jesu Christi, der alles untertan sein soll, so wirst du selten und spät genug zur wahren Erleuchtung des Geistes gelangen. Denn es ist Gottes Wille, daß wir uns ihm in allen Dingen vollkommen unterwerfen und uns auf den Flügeln der flammenden Liebe über den engen Kreis unserer eigenen Einsichten erheben lassen.

15. KAPITEL

Von den Werken, die aus Liebe geschehen

1. Um keines Menschen willen darfst du Böses tun, und wenn du die ganze Welt dadurch gewinnen könntest. Aber aus Liebe zu deinem Nächsten, der Hilfe nötig hat, darfst du hie und da ein gutes Werk unterlassen oder vielmehr das geringere in ein besseres verwandeln. Denn wenn du deinem Nächsten zu Hilfe kommst, wird dadurch das gute Werk nicht zerstört, sondern in ein besseres verwandelt.

Ohne innere Liebe ist alles äußere Tun nichts nütze. Was aber aus Liebe geschieht, das ist groß, das bringt reiche Frucht, so gering und ungeachtet es in den Augen der Menschen immer sein mag.

Denn auf der Waage Gottes wiegt das, was dich zum Tun treibt, ungleich mehr als die Tat selber.

2. Wer viel Liebe hat, der hat viel getan. Wer eines recht tut, hat viel geleistet. Wer lieber der Gemeinschaft als seinem Eigenwillen dient, tut wohl daran.

Oft scheint es Liebe zu sein, die uns treibt und drängt, und ist doch eitel Fleisch und Blut.

Denn natürliche Zuneigung, Eigenwille, Hoffnung auf Wiedervergeltung, Trieb zur Bequemlichkeit mischen sich fast immer in unsere guten Werke.

3. Wer die wahre, vollkommene Liebe hat, der sucht in keiner Sache sich selbst; nur die Ehre seines Gottes will er in allen Dingen gefördert sehen.

Er sieht auch keinen Menschen neidisch an; denn er sucht nach keiner Freude, die nur er für sich und kein anderer mit ihm genießen könnte. Auch ist das, was ihm Freunde macht, nicht er selbst, sondern hoch über alle Güter und über sich selbst schwingt sich sein Geist hinauf und will nur in Gott selig sein.

Er schreibt keinem Geschöpf etwas Gutes zu, sondern führt alles Gute ungeteilt und so ganz, wie es von Gott kam, wieder auf Gott zurück. Denn Gott ist ihm der Brunnquell, aus dem alles Gute quillt, und Gott ist ihm der Endpunkt, in dem alle Heiligen Ruhe finden und den höchsten Genuß, der sie selig macht.

Wenn jemand von uns nur ein Fünkchen wahrer Liebe in sich trüge, er würde sich des Gefühls nicht erwehren können, daß alles Irdische voller Eitelkeit ist.

16. KAPITEL

Fehler anderer muß man ertragen

1. Was der Mensch an sich und an andern nicht bessern kann, das muß er in Geduld ertragen, bis Gott es ändert.

Denke nur, daß es so vielleicht besser sei, indem es wenigstens hilft, deinen Sinn zu bewähren und dich in Geduld zu üben, ohne die unsere guten Werke nicht sonderlich viel Gutes in sich haben.

Indes mußt du doch bei allem, das dir im Wege liegt und du nicht leben kannst, zu Gott bitten, daß er dir zu Hilfe komme und du mit stillem, sanftem Gemüte tragen lernst, was sich nicht ändern läßt.

2. Hast du deinen Nachbarn einmal oder zweimal ermahnt und mit deinen Ermahnungen nichts ausgerichtet, so laß dich mit ihm in keinen Zank ein, sondern stelle die

ganze Sache Gott anheim, daß sein Wille geschehe und seine Ehre in allen seinen Dienern gefördert werden möge. Denn er weiß ja auch das, was böse ist, zum Guten zu lenken.

Lerne fremde Fehler und Schwachheiten mit Geduld ertragen. Denn du hast auch vieles an dir, was andere ertragen müssen.

Denn du kannst aus dir selbst nicht den Menschen schaffen, den du gern aus dir machen möchtest, wie wirst du denn einen andern nach deinem Sinn und Gefallen umschaffen können?

Wir sähen es gern, daß die anderen keine Fehler hätten, aber unsere eigenen wollen wir nicht bessern.

3. Wir sähen es gern, daß andere in strenge Zucht genommen würden; für uns aber soll die strenge Zucht nicht gelten.

Wir haben großes Mißfallen daran, daß andern so vieles, was sie gegen die Ordnung begehren, gestattet wird, und können es nicht leiden, daß uns nur das Geringste, was wir haben wollen, versagt wird.

Wir wünschen, daß andere durch schärfere Verordnungen im Zaum gehalten werden, und können es nicht ertragen, daß unsere Freiheit nur im geringsten beschränkt wird.

So wird es offenbar, wie selten wir unsern Nächsten in dem Maße beurteilen wie uns selbst.

Wenn alle Menschen um dich her vollkommen wären, was hätte dann einer vom andern für die Sache Gottes zu leiden?

4. Nun aber hat Gott es für dieses Leben so und nicht anders geordnet, daß einer die Bürde des andern trage (Gal 6, 2). Denn ohne Fehler ist keiner, keiner ohne Bürde, keiner sich selbst genug; keiner weiß sich in allem selbst zu raten; einer muß den andern ertragen, einer den andern trösten, stützen, unterweisen, ermahnen.

Wie groß aber die Kraft deines Geistes ist, zeigt sich am besten in Widerwärtigkeiten. Denn sie machen den Menschen nicht erst schwach und gebrechlich, sondern zeigen nur, wie schwach und gebrechlich er schon war und ist.

17. KAPITEL

Vom Leben der Ordensleute

1. Noch in vielen Dingen mußt du deinen Eigensinn brechen lernen, wenn du in Frieden und Eintracht mit andern leben willst.

Es ist nicht leicht, in Klöstern oder andern Gemeinschaften ohne Widerrede und Klagen zu leben und darin bis zum Tode treu auszuhalten. Wohl dem, der in einem Kloster heilig lebt und sein Leben selig endet!

Willst du im Guten feststehen und immer vorwärts wandeln, so mußt du dich stets als einen Fremdling, als einen Pilger auf Erden ansehen.

Willst du ein gottseliges Leben führen, so mußt du um Christi willen leiden können, daß man dich als einen Toren ansieht.

2. Denn ein Ordenskleid und ein geschorener Kopf, die genügen nicht. Erst wenn man Sinn und Wandel ändert und alle böse Neigungen in sich ertötet, das macht den wahren Ordensmann.

Wer in Klöstern etwas anderes sucht als Gott allein und das Heil seiner Seele, der wird nichts finden als Leid und Plage.

Es kann auch mit deinem Frieden keinen Bestand haben, wenn du dich nicht mit der untersten Stelle begnügen und für den Geringsten gelten willst.

3. Zu dienen bist du gekommen, nicht zu herrschen. Wisse: leiden und arbeiten ist dein Beruf, nicht Müßiggang und Geschwätz.

Das Klosterleben ist eigentlich ein Glutofen, darin der Mensch wie Gold im Feuer geprüft wird. Wer sich nicht aus Liebe zu Gott von ganzem Herzen demütigen kann, der wird nicht lange darin aushalten.

18. KAPITEL

Von den Beispielen der Heiligen

1. Schau hin auf die lebendigen Beispiele der heiligen Väter, aus denen die wahre Vollkommenheit und Gottseligkeit leuchtet, und du wirst sehen, wie alles, was wir tun, wenig, ja fast gar nichts ist. Ach, was ist unser Leben, wenn wir uns mit ihnen vergleichen!

In Hunger und Durst, in Frost und Blöße, in Mühe und Plage, in Wachen und Fasten, in heiligen Gebeten und Betrachtungen, in mancherlei Verfolgung und Schmach haben die Heiligen, die wahren Freunde Christi, diesem ihrem Herrn gedient.

2. Wie viele schwere Leiden haben die Apostel, die Märtyrer, die Bekenner des Herrn, die heiligen Jungfrauen und alle anderen, die den Fußstapfen Jesu Christi gefolgt sind, ausgestanden!

Aber sie haben dies zeitliche Leben geopfert, um einst das ewige dafür in Besitz zu nehmen. Die heiligen Väter in der Wüste, wie streng und losgerissen von aller Eitelkeit der Erde lebten sich doch! Wie groß und schwer waren die Versuchungen zur Sünde, denen sie mannhaft widerstanden! Wie oft wurden sie vom unsichtbaren Feinde geplagt! Wie viele glühende Gebete opferten sie dem Herrn! Wie streng war ihre Enthaltsamkeit, wie groß ihr Eifer, im Guten zu wachsen, wie heiß der Kampf, den sie zur völligen Besiegung der Sünde bestanden! Wie rein und wie gerade war das Streben ihres Herzens zu Gott!

Der Tag war der Handarbeit und die Nacht dem heiligen Gebet gewidmet; aber auch dann, wenn die Hand arbeitete, dauerte das stille Gebet des Geistes ununterbrochen an.

3. Nützlich wurde die Zeit zugebracht; aber auch die längste Zeit, in der sie mit Gott Umgang hatten, war ihnen noch zu kurz. Die Süßigkeit, die sie in der heiligen Anschauung Gottes durchströmte, war manchmal so groß, daß sie dar-

über vergaßen, dem Leib die notdürftige Erquickung zu verschaffen.

Allem, was Reichtum, Würde, Ehre, Freundschaft, Verwandtschaft heißt, hatten sie den Abschied gegeben; sie begehrten nichts mehr von der Welt als das Notwendigste für den Leib; und daß sie dies dem Leibe reichen mußten, war ihnen oft bitter und schmerzlich.

4. Sie waren also arm an irdischen Gütern, aber sehr reich an Gnade und Tugend; dürftig im Äußeren, aber im Innern voll Gnade und göttlicher Tröstung; abgewandt von der Welt, aber Gottes nächste Verwandte und trauteste Freunde; in ihren eigenen Augen nichts und in den Augen der Welt verachtet, aber im Auge Gottes köstlich und teuer.

Wahre Demut war der Grund und Boden, auf dem sie standen, schlichter Gehorsam ihr Leben, Liebe und Geduld ihr Wandel; so kam es, daß sie mit jedem Tag im Geist zunahmen und große Gnade bei Gott erlangten.

Sie sind Beispiele für alle Ordensleute und Gottsucher, und sie sollten uns viel mehr zum Guten anspornen, als die Zahl der Lauen uns zum Nachlassen im Eifer verführen könnte.

5. Wie mächtig war der Eifer der Ordensleute in den ersten Tagen ihrer heiligen Stiftungen! Wie groß ihre Andacht im Gebet, wie rastlos ihr Ansporn im Tugendleben! Wie blühend die Zucht, wie freudig der Gehorsam und die Ehrerbietung unter der Regel ihres Meisters!

Die Fußspuren, die sie uns hinterlassen haben, bezeugen, daß es heilige und vollkommene Männer waren, die so tapfer gekämpft und die Welt so glücklich überwunden haben.

Jetzt hält man *den* schon für einen großen Mann, der kein Gebot übertritt und das Widrige, das ihn etwa trifft, geduldig trägt.

6. Ach, das laue und nachlässige Leben in unserm Stande! So früh haben wir die erste Liebe verloren, so lau und träge sind wir geworden, daß wir großen Überdruß und gro-

ße Mühe darin finden, uns auch nur durch dieses Leben hindurchzuschleppen.

Daß doch dein Eifer, besser zu werden, nicht ganz und gar einschliefe, wo du so viele Beispiele gottseliger Menschen mit deinen Augen gesehen hast!

19. KAPITEL

Von den Übungen der Gottesfreunde

1. Das Leben eines Freundes Gottes muß alle Tugenden besitzen, damit er im Innern genau das ist, was er im Äußern zu sein scheint.

Und nicht nur das: es soll in seinem Innern noch weit mehr Gutes sein, als im Äußern erscheint. Denn der uns in das Innere schaut, ist Gott, zu dem wir überall in tiefer Ehrfurcht aufsehen, vor dessen Angesicht wir überall rein wie die Engel wandeln sollen.

Jeden Tag sollen wir unseren Vorsatz erneuern und uns zu neuem Eifer erwecken lassen, als wenn wir erst heute Gott gefunden hätten; jeden Tag sollen wir zu ihm rufen: Steh Du, lieber Herr und Gott, steh Du mir bei in meinem Vorhaben und in Deinem Dienst! Mache mich stark, daß ich heut einmal recht anfange; denn alles, was ich bisher getan habe, ist nichts.

2. Wie unser Vorsatz, so ist der Fortschritt unserer Besserung. Wer immer noch besser werden will, darf nie träge, muß immer tätig sein.

Wenn aber einer, der einen starken Vorsatz gefaßt hat, doch wieder im Guten schwach wird, was muß aus dem werden, der sich selten oder nur halb etwas Gutes vornimmt!

Wir können auf mancherlei Weise unserm Vorsatz untreu werden und selten auch nur eine geringe Übung im Guten unterlassen, ohne uns selbst Schaden anzutun.

Die Gerechten wollen übrigens in ihren Vorsätzen lieber

unter dem Einfluß der Gnade als unter dem Einfluß ihrer eigenen Weisheit stehen. Gott allein ist es, auf den sie stets vertrauen in allem, was sie unternehmen.

Denn der Mensch denkt, aber Gott lenkt (Spr 16, 9). Des Menschen Weg steht nicht immer in seiner eigenen Gewalt (Jer 10, 23).

3. Wenn du eine Andachtsübung hie und da aus gottgefälligen Absichten, oder um deinen Brüdern nützlich zu sein, unterläßt, so kannst du sie leicht wieder aufnehmen.

Aber wenn du aus Überdruß oder Nachlässigkeit deine Übungen vernachlässigst, so ist es sehr gefehlt, und du wirst es bald spüren, daß es dir auch schadete. Wenn wir uns auch bemühen, nach all unserm Können vorwärts zu streben, so werden wir dennoch oft genug bei noch so geringen Hindernissen versagen.

Unsere Vorsätze müssen immer auf etwas Bestimmtes gerichtet sein und gegen das, was uns am meisten im Wege liegt.

Unser Inneres und Äußeres sollen wir streng durchforschen und gewissenhaft ordnen; denn das Innere und das Äußere, genau erforscht und wohl geordnet, hilft uns auf dem Weg zum Guten weiter.

4. Wenn du dich nicht immer sammeln kannst, so sammle dich doch hie und da, wenigstens einmal am Tag, am frühen Morgen oder am Abend.

Am Morgen erwecke einen guten Vorsatz; am Abend durchforsche deinen Wandel, wie den Tag über deine Gedanken, deine Worte, deine Handlungen beschaffen waren; denn vielleicht hast du darin gegen Gott und gegen deinen Nächsten gesündigt.

Rüste dich wie ein Kriegsmann gegen die tückischen Angriffe des Teufels. Zügle die unbezähmten Gelüste nach Speise und Trank, und du wirst dir dadurch den Sieg über die Lust des Fleisches sehr erleichtern.

Sei nie ganz müßig, sondern lies oder schreibe, bete oder betrachte, oder arbeite etwas Nützliches.

Doch bei den körperlichen Übungen mußt du besonders vorsichtig zu Werke gehen; solche Übungen sind nicht allen Menschen in gleichem Maße anzuraten.

5. Was nicht gemeinsame Übung ist, das stelle andern nicht zur Schau. Denn was besonders und für dich allein ist, das will besser im verborgenen geübt sein.

Du sollst aber nicht träge bei gemeinsamen und eifrig bei eigenen Übungen sein. Erst wenn du die Pflichten, die du mit andern gemeinsam hast, genau und treu erfüllt hast, dann gehörst du ganz dir und magst, wenn noch Zeit vorhanden ist, deiner besonderen Andacht nachgehen.

Es taugt nicht jede Übung für alle Menschen, diese ist jenem, jene diesem angemessener.

Auch sind zeitweilig einige Übungen anziehender als andere, einige an Festtagen, andere an gewöhnlichen Tagen geeigneter.

Anderer Übungen bedürfen wir in den Stunden der Versuchung, anderer in den Tagen des Friedens und der Ruhe.

Wenn uns ein Herzeleid drückt, bedürfen wir anderer Gedanken, als wenn wir im Herrn Freude empfinden.

6. An den vornehmsten Festtagen des Jahres sollen unsere guten Übungen neues Leben gewinnen und die Fürbitten der Heiligen mit mehr Inbrunst angefleht werden.

Unsere guten Vorsätze sollten immer so von einem Fest zum andern hin gefaßt werden, als ob wir das nächste Fest schon im Himmel begehen würden.

Deswegen sollen wir uns auf die heiligen Zeiten gut vorbereiten und sie mit mehr Andacht verbringen.

7. Wenn der Herr unseren Heimgang weiter hinausschiebt, so dürfen wir nur denken, wir wären zum Fest noch nicht hinlänglich geschmückt gewesen und so noch nicht würdig, an der großen Herrlichkeit teilzunehmen, die sich zu bestimmter Zeit an uns offenbaren wird, wir müßten uns also zum Heimgang noch besser vorbereiten.

O selig, sagt der Evangelist Lukas, selig der Knecht, den der Herr bei seiner Ankunft wachend vorfindet! Ich sage, er wird ihn über alle seine Güter setzen (Lk 12, 37).

20. KAPITEL

Sei gern einsam und still

1. Suche dir oft eine passende Zeit aus, wo du mit dir ganz allein zu Hause bist. Überdenke dann alle Wohltaten, die du von Gott empfangen hast.

Entzieh dich allem, was nur deine Neugier reizt. Lies und lies wieder in solchen Büchern, die, statt deine Gedanken zu zerstreuen, vielmehr dein Herz zu Gefühlen der Reue aufschließen.

Wenn du dich vom unnötigen Geschwätz, vom müßigen Umherlaufen und dem geistlosen Jagen nach Neuigkeiten fernhältst, so würdest du Zeit genug übrig haben, heilsame Betrachtungen zu üben.

Die größten Heiligen sind dem geräuschvollen Umgang mit andern, soviel sie konnten, ausgewichen, und es war ihnen weit lieber, Gott im stillen zu dienen.

2. Der Philosoph Seneca sagt sehr wahr: So oft ich unter Menschen war, bin ich beim Heimgehen weniger Mensch gewesen. Dies erfahren wir fast immer, wenn wir lange schwatzen.

Es ist leichter, nichts zu reden, als zu reden und nicht zu fehlen.

Es ist leichter, sich zu Hause verborgen zu halten, als sich außer dem Hause rein zu bewahren.

Wer also zum innern, geistlichen Leben gelangen will, muß sich mit Jesus von der Volksmenge absondern.

Niemand kann sich sicher auf dem Markte sehen lassen, der nicht gern ungesehen daheim bleibt.

Niemand kann sicher den Mund zum Reden öffnen, der nicht zu schweigen versteht.

Niemand kann sicher obenan stehen, als der gern untenan steht.

Niemand kann sicher befehlen, als der gelernt hat, gehorsam zu sein.

3. Niemand hat echte Freude, als der das Zeugnis des guten Gewissens in sich trägt.

Und selbst diese Sicherheit war bei den größten Heiligen immer mit großer Gottesfurcht verbunden.

Obgleich ihre großen Tugenden und ihre Gnade bei Gott in hellem Glanz vor den Augen der Menschen leuchteten, nahm doch ihre Wachsamkeit und Demut nicht im geringsten ab.

Nicht so die Gottlosen; ihre Sicherheit entspringt dem Stolz und vermessenen Vertrauen und endet mit Selbstbetrug.

Versprich dir doch in diesem Leben keine volle Sicherheit, wenn dich auch die Menschen für einen guten andächtigen Christen halten.

4. Nicht selten sind gerade die, welche in den Augen der Menschen die besten waren, in die größte Gefahr geraten, weil sie sich selbst zu sehr vertrauten.

Deswegen ist es für viele nützlicher, von Versuchungen nicht gänzlich frei zu bleiben, sondern öfter noch davon angegriffen zu werden; denn sonst würden sie sich in das täuschende Gefühl der Sicherheit einwiegen lassen oder sich in stolzen Einbildungen verlieren oder den Zügel abwerfen und nach äußeren Tröstungen suchen.

Wie rein und ruhig könnte *der* sein Gewissen erhalten, der keiner vergänglichen Freude nachjagen und mit der Welt nichts mehr zu tun haben würde!

Wer Mut hätte, alle eitle Sorge abzuwerfen, nur an das zu denken, was heilsam und göttlich ist, und sein ganzes Vertrauen auf Gott zu setzen, der müßte in einer unaussprechlichen Fülle des Friedens und der Ruhe wohnen.

5. Niemand ist einer himmlischen Tröstung wert, der sich

nicht zuvor in der Schule der heiligen Zerknirschung fleißig geübt hat.

Soll dein harter Sinn zerschlagen, dein verschlossenes Herz wieder aufgeschlossen werden, so geh in deine Kammer und laß die laute Welt nicht herein, wie die Schrift sagt: In eurer Kammer redet mit eurem Herrn (Ps 4, 5). In deiner Kammer wirst du wiederfinden, was draußen verlorenging.

Wenn du oft darin bist, wirst du gern darin sein; bist du aber selten darin, wirst du nicht ohne Gram und Überdruß darin sein können. Gewöhne dich gleich am Anfang deiner Bekehrung daran, die Kammer fleißig aufzusuchen; dann wird sie nach und nach eine Freundin deines Herzens und deine Trösterin sein.

6. Stille und Ruhigsein, das bringt die andächtige Seele im Guten weiter; das lehrt sie, die Geheimnisse der Schrift zu verstehen. Das schließt ihr Bäche von Tränen auf, mit denen sie sich alle Nächte wäscht und reinigt, damit sie mit ihrem Schöpfer um so vertraulicher umgehen könne, je weiter sie sich vom Getümmel der Welt entfernt.

Wer sich also von seinen Bekannten und Freunden entfernt, dem nähern sich Gott und die heiligen Engel. Besser ist es, zwischen vier Mauern verborgen zu sein und für sein Heil zu sorgen, als auf dem Markte Wunder zu tun und dabei sein Heil zu versäumen.

Es ist für einen Frommen lobenswert, selten auszugehen, sich nicht gern sehen zu lassen und auch andere nicht sehen zu wollen.

7. Wozu willst du auch sehen, was du nicht haben darfst? Sieh, die Welt vergeht und alle Lust mit ihr (1 Joh 2, 17).

Die Sinnlichkeit lockt dich zum Ausgehen, aber wenn das Stündlein vorüber ist, was bringst du dann wieder nach Hause als ein beschwertes Gewissen und ein zerstreutes Herz?

Einem heiteren Ausgehen folgt oft ein trübes Heimgehen und einem lustigen Abend ein trauriger Morgen. So ist's mit jeder Lust des Fleisches. Sie geht sanft und kosend ein, aber zuletzt beißt und tötet sie.

Was wolltest du auch anderswo sehen, das du im Grunde nicht zu Hause sähest? Siehe da Himmel und Erde und alle Elemente, denn daraus ist doch alles gemacht!

8. Sage mir, kannst du anderswo etwas sehen, das festen Bestand unter der Sonne hätte?

Du glaubst vielleicht, du wirst deine Schaulust durch Sehen befriedigen können, aber du täuschst dich und wirst es nicht erreichen.

Wenn du alle sichtbaren Dinge sehen könntest, was wäre es denn anders als ein vergängliches Sehen? Erhebe deine Augen in die Höhe zu Gott (Ps 122, 1) und bete für deine Sünden und Versäumnisse.

Das Eitle laß den Eitlen, du aber forsche und sinne in dem Gesetz des Herrn Tag und Nacht. Schließ deine Tür hinter dir zu (Mt 6, 6) und lade Jesus, deinen Geliebten, zu dir ein. Bleib bei ihm in der Kammer, denn draußen wirst du nirgends so viel Frieden finden.

Wärest du nicht hinausgegangen und hättest dir von den Neuigkeiten den Kopf verwirren lassen, so wäre dein Herz nicht so schnell um seine Ruhe gekommen. Seitdem du jeden Tag Neues hören willst, schleicht sich fast immer mit den Neuigkeiten neuer Unfriede in dein Herz.

21. KAPITEL

Das reuevolle Herz des Menschen ist ein großer Segen

1. Willst du im Guten vorwärtsschreiten, so bewahre dein Herz in der Furcht Gottes und sei nicht zu frei, das heißt: behalte deine Sinne in guter Zucht und überlaß dich nicht törichten Freuden.

Geh lieber in dich und laß dein Herz im Anblick deiner Sünde erweichen; denn auf diesem Weg wird die Andacht gefunden.

Ein wundes, zerschlagenes Herz schließt uns einen reichen Schatz des Guten auf, den aber ein zuchtloses, leichtfertiges Leben wieder zerstört.

Man kann sich nur wundern, daß ein Mensch, der sich seine Verbannung aus der Heimat und die vielen Gefahren, die seine Seele bedrohen, zu Herzen nimmt, in dieser Welt je recht froh werden kann.

2. Aber ach, der Leichtsinn unseres Herzens und die Unachtsamkeit auf unsere Fehler sind so groß, daß wir das Elend unseres Geistes nicht einmal empfinden, sondern oft noch lachen, wo wir eigentlich weinen sollten.

Und doch ist keine wahre Freiheit und keine wahre Freude zu finden außer in der Furcht Gottes und in einem guten Gewissen.

Selig, wer alles, was ihn hindert und zerstreut, von sich werfen und sich sammeln kann, daß sein Herz auftaut zu heiliger Reue!

Selig, wer alles von sich stößt, was sein Gewissen beflekken oder drücken kann!

Kämpfe wie ein Mann! Gewohnheit wird nur durch Gewohnheit überwunden.

Wenn du die Menschen in Ruhe läßt, werden sie auch deine Ruhe nicht stören.

3. Mische dich nicht in fremde Angelegenheiten und verwickle dich nicht in die Geschäfte der Großen.

Da ist einer, auf den du stets vor allen andern ein wachsames Auge haben und dem du zuerst unter all deinen Lieben ins Gewissen reden sollst, und dieser eine bist du.

Daß dir die Menschen ihre Gunst entziehen, soll dich nicht traurig machen.

Aber das laß dir zu Herzen gehen, daß du nicht immer so gut und vorsichtig wandelst, wie ein Diener Gottes und ein Ordensmann wandeln soll.

Es ist dem Menschen oft nützlicher und heilsamer, daß er nicht sonderlich viele Freuden auf Erden zu genießen hat, besonders sinnliche.

Aber daran, daß uns der göttliche Trost mangelt oder wir ihn nur selten verspüren, daran sind wir selbst schuld. Es ist unsere Schuld, daß wir uns um das, was unser Herz reumütig und für den göttlichen Frieden empfänglich macht, nicht viel bekümmern, und dem, was nur eitle und äußerliche Freuden gewährt, nicht mannhaft genug entsagen.

4. Erkenne nur, daß du des göttlichen Trostes unwürdig bist und daß du vielmehr Trübsal und Plage verdient hast.

Ist das Herz eines Menschen von Reue und Leid durchdrungen, so ist ihm die ganze Welt weiter nichts als Last und Bitterkeit.

Ein frommer Mann findet immer Grund zum Trauern und Weinen. Mag er sich oder seinen Nachbarn betrachten, so hat er bald eingesehen, daß hier niemand ohne Trübsal und Herzeleid lebt.

Je strenger er mit sich selbst zu Gerichte geht, desto mehr Grund zur Trauer begegnet ihm überall. Den tiefsten Herzensstich aber geben uns nach dem Gesetz der Gerechtigkeit unsere Sünden, in denen wir so tief begraben liegen, daß wir uns nur sehr selten zum Anblick himmlischer Dinge aufschwingen können.

5. Dächtest du öfters an deinen nahen Tod als an die Länge deines Lebens, ich glaube, du würdest das große Werk deiner Besserung mit mehr Eifer betreiben.

Wenn du dir die Strafen der Sünden, die in der Hölle oder im Fegfeuer auf den Sünder warten, zu Herzen nähmst, dann würdest du all die Mühen und Schmerzen gern aushalten, und der strengste Ernst würde dir nicht zu streng sein.

Aber weil wir uns das alles nicht ans Herz kommen lassen, weil wir die Güter dieser Erde noch viel zu lieb haben, darum bleiben wir immer so kalt und so träge.

6. Oft ist es wahrer Mangel an innerer Kraft, daß wir über ein geringes Ungemach des Leibes so bitter klagen.

So flehe denn in Demut zu Gott, daß er dir den Geist der

Reue ins Herz gebe, und sprich mit dem Propheten: Speise mich, o Herr, mit Tränenbrot und tränke mich mit Zährentrank in großem, vollem Maße (Ps 79, 6).

22. KAPITEL

Von der Betrachtung menschlichen Elends

1. Sei, wo du willst, und wende dich, wohin immer du willst, wenn du dich nicht zu Gott hinwendest, so bist du überall ein armer Mensch. Warum wirst du denn sogleich unruhig, wenn die Dinge anders laufen, als du es wünschst?

Wo ist denn der Mensch, dem alles nach seinem Sinn geht? Ich nicht und du nicht und kein Mensch auf Erden kann alles nach seinem Sinn haben.

Kein Mensch ist ohne Plage und Trübsal auf Erden, kein einziger, er sei König oder Papst.

Und was meinst du, wer ist wohl unter allen Menschen am besten daran? Sicherlich nur der, der fähig ist, für Gott zu leiden.

2. Da klagen denn die Schwachen und Unmündigen: Sieh, dieser läßt sich's recht wohl sein, ist reich und groß und mächtig und steht überall obenan!

Schau du nur mit festem Blick auf die Güter des Himmels hin, und du wirst sehen, daß alle Güter der Erde nichts sind.

Sie sind ja so unsicher und mehr Plagen als Güter, da sie ihre Besitzer wahrhaft quälen mit tausend Ängsten und Sorgen.

Das macht doch die Seligkeit des Menschen nicht aus, daß er an zeitlichen Gütern mehr hat, als er bedarf. Es genügt doch für ihn, wenn er zwischen Not und Überfluß gerade so durchkommen kann.

Recht betrachtet, ist es doch ein Elend, auf Erden zu leben.

Und gerade für den, der mehr nach dem heiligen Gesetz

seines Geistes leben will, gerade für den hat dieses Leben auch mehr Bitterkeit als für andere; denn er fühlt es mehr als andere und sieht klarer, wie schwach und gebrechlich ein Mensch in diesem Leben ist. Essen, trinken, wachen, schlafen, ruhen, arbeiten und den übrigen Bedürfnissen der körperlichen Natur unterworfen sein – das ist doch alles nur Plage und keine geringe Plage für einen Menschen, der den Umgang mit Gott schon gekostet hat und nun gern unabhängig von allem Druck der Natur und rein von aller Sünde sein möchte.

3. Wahrhaftig, die Bedürfnisse des Leibes drücken in diesem Leben den innern Menschen.

Darum bat ein Prophet, der gern von all seiner Angst und Not frei gewesen wäre: Herr, rette Du mich von diesem Druck! (Ps 24, 17)

Aber wehe denen, die ihr Elend nicht einmal erkennen, und zweimal wehe denen, die dies elende und gebrechliche Leben noch lieben können!

Es fehlt nicht an Menschen, die, obgleich sie sich nur den notdürftigsten Unterhalt durch ihrer Hände Arbeit oder durch Betteln erwerben können, doch mit ganzem Herzen so fest an diesem Leben hängen, daß sie auf Gottes Reich gern Verzicht leisteten, wenn sie nur ewig hier bleiben könnten.

4. O diese törichten und ungläubigen Menschen! Wie tief kann ein Mensch in dem Schlamm der Erde versinken, daß er nur noch für das Irdische Sinn und Verstand behält!

Am Ende wird es den Unseligen wohl noch schwer auf die Seele fallen, wie niedrig und nichtig all das war, was sie liebten.

Ganz anders die Heiligen Gottes und alle frommen Freunde Jesu! Sie sahen nicht auf das, was dem Fleisch schmeichelte, noch was in ihrem Zeitalter glänzte, sondern all ihr Hoffen und Trachten war aufwärts gerichtet zu dem, was gut ist und gut bleibt ewiglich.

Ja, aufwärts zum Himmel, zu dem bleibenden und unsichtbaren Gut flog all ihr Verlangen, damit sie nicht von der Liebe zu dem, was sichtbar und vergänglich ist, ergriffen und zur Erde herabgezogen würden.

5. Lieber Bruder, nichts, gar nichts soll dir die Zuversicht aus dem Herzen reißen, daß auch du noch im geistlichen Leben weiterkommen wirst.

Noch ist Zeit und Stunde da. Aber warum immer zögern und den Vorsatz von heute auf morgen verschieben? Steh auf und fang in diesem Augenblick an und sprich: Jetzt ist Zeit zum Arbeiten, Zeit zum Kämpfen, jetzt hat die Stunde geschlagen zu meiner Besserung!

Ist dir nicht wohl zumute und kommt eine Plage über dich, nun, so ist es für dich eben die rechte Zeit, dich zu bessern.

Du mußt noch durch Feuer und Wasser hindurch, bevor du deinen Fuß auf das Land der Erquickung setzen kannst (Ps 65, 12).

Und wenn du dich selbst nicht mit Gewalt bekämpfst, so wirst du deine Sünde nie besiegen.

Leider können wir, solange wir in dieser gebrechlichen Hütte wohnen, nicht ohne Sünde, nicht ohne Plage und Verdruß durchkommen.

Wer möchte nicht gern frei sein von allem Elend? Aber da die Unschuld durch die Sünde verlorenging, ist auch die wahre Seligkeit für uns dahin, und es bleibt nichts anderes übrig, als Geduld zu haben mit uns selbst und auf die Barmherzigkeit Gottes zu warten, bis das Reich der Sünde zerstört, bis die Sterblichkeit vom Leben verschlungen sein wird (2 Kor 5, 4).

6. Wie ist doch die Gebrechlichkeit des Menschen so groß, wie übermächtig sein Hang zur Sünde!

Heute bekennst du deine Sünde, und morgen begehst du wieder die gleiche Sünde, die du heute bekannt hast.

Jetzt faßt du den Vorsatz, auf der Hut zu sein, und nach einer Stunde handelst du so, als wenn du nie einen Vorsatz gefaßt hättest. Wir haben also Ursache genug, demütig zu sein und uns selbst für gering zu halten, weil wir gar so gebrechlich und wandelbar sind.

Es kann auch durch Nachlässigkeit schnell wieder zugrunde gerichtet werden, was Gnade und Treue mühsam aufgebaut haben.

7. Was wird am Abend unseres Lebens aus uns geworden sein, wenn wir schon am Morgen alles Feuer auf unserm Herd ausgehen ließen?

Weh uns, wenn wir schon so früh die Waffen wegwerfen, als wären Friede und Sicherheit im Lande, da wir doch keine einzige Spur der Heiligkeit auf unserm Lebensweg hinterließen!

Es wäre wohl nötig, daß wir wieder von vorn anfingen und uns von neuem zu einem heiligen Leben anleiten ließen. Vielleicht könnten wir unsere Fehler verbessern und im Guten weiter vorankommen.

23. KAPITEL

Sterblicher, denk ans Sterben!

1. Schneller, als du glaubst, wird es um dich geschehen sein. Darum sieh zu, wie es mit dir steht. Denn heute noch ist der Mensch, und morgen ist er nicht mehr.

Und ist er einmal weg aus den Augen der Welt, so ist er auch schnell fort aus ihrem Andenken.

Wie ist doch das Herz der Menschen verstockt, abgestumpft sein Gefühl, daß er, verstrickt in die Gegenwart, nicht hinausblicken mag in die Zukunft!

Alles, was du denkst und tust, alles soll so gedacht und getan werden, als wenn du heute noch sterben müßtest.

Wenn du wirklich ein gutes Gewissen hättest, so würdest du nicht sonderlich den Tod fürchten.

Es ist besser, die Sünde zu meiden, als den Tod zu fürchten.

Wenn du heute nicht bereit bist, wie willst du es morgen sein?

Der morgige Tag ist ungewiß, und wer hat es dir denn verbürgt, daß du ihn noch erlebst?

2. Was nützt es dir, lange zu leben, wenn dein Eifer, besser zu werden, von so kurzer Dauer und so geringer Wirkung ist?

Ach, ein langes Leben macht den Menschen nicht immer besser, es macht die Zahl seiner Schulden nur größer!

Hätten wir doch hier auf Erden auch nur einen Tag recht gut gelebt!

Es gibt Menschen, die von ihrer ersten Bekehrung an fleißig die Jahre zählen; aber so groß diese Zahl immer sein mag, die Frucht der Bekehrung ist doch sehr gering.

Wenn es für dich so schrecklich ist, jetzt zu sterben, so ist es vielleicht noch gefährlicher, länger zu leben.

Selig, wer die Stunde des Todes immer vor Augen hat und sich täglich zum Sterben rüstet!

Wenn du einen Menschen sterben siehst, so sprich zu dir: Diesen Weg muß auch ich gehen.

3. Wenn die Morgenstunde kommt, dann rechne damit, daß du vielleicht die Abendstunde nicht mehr erlebst.

Und ist die Abendstunde da, so wage nicht, dir noch die Morgenstunde zu versprechen.

So sei denn immer bereit und lebe so, daß dich der Tod nie überraschen kann.

Es sterben doch so viele, ehe sie es vermuten, und gehen unvorbereitet dahin. Der Menschensohn kommt auch in diesem Sinne zur Stunde, wo man es nicht glaubt (Lk 12, 40).

Wenn deine letzte Stunde gekommen ist, wirst du deine Vergangenheit in einem ganz anderen Licht sehen, und es wird dir dein Herz zerreißen, daß du im Guten so nachlässig und lau warst.

4. Wie glücklich und klug ist doch der Mensch, der keine andere Sorge kennt, als so zu leben, wie er im Tode wünschen wird, gelebt zu haben!

Den vielen Versuchungen der Welt standhaft Widerstand leisten, in allen Tugenden eifrig voranschreiten, Zucht und Ordnung liebhaben, in strenger Buße und in willigem Gehorsam, in Verleugnung seiner selbst und in Erduldung alles Widrigen aus Liebe zu Jesus ausharren, das gibt Mut und Zuversicht, selig zu sterben.

In gesunden Tagen kannst du viel Gutes tun; was du aber in kranken Tagen ausrichten wirst, das weißt du nicht. Kranksein macht wenige Menschen besser. Viele wallfahren selten heilig.

5. Baue doch dein Heil nicht auf eine ungewisse Zukunft und verlaß dich nicht auf deine Freunde und Verwandten; denn die Menschen werden dich viel früher und schneller vergessen, als du jetzt glaubst.

Es ist besser, jetzt, da du noch Zeit hast, Vorsorge zu treffen und gute Werke zu vollbringen, als auf fremde Hilfe zu warten.

Wenn du jetzt nicht für dich selbst sorgst, wer wird in Zukunft um dich besorgt sein?

Jetzt sind die Tage des Heils, jetzt ist die Zeit der Gnade (2 Kor 6, 2).

Aber wehe, wenn du diese Zeit, in der du dir einen Schatz sammeln, von dessen Früchten du die ganze Ewigkeit leben könntest, nicht besser anwendest!

Du wirst vielleicht bald um die Frist eines Tages, einer Stunde bitten, um nicht ungebessert dahinsterben zu müssen, und wer weiß, ob du sie erhältst.

6. Sieh doch, lieber Bruder, nimm es dir zu Herzen, wie groß die Gefahr, wie schrecklich die Furcht ist, von der dich nur die sorgsame, stete Vorbereitung auf den Tod freimachen kann!

So lerne denn jetzt leben und so leben, daß dir die Todesstunde mehr Freude als Schrecken bringt.

Lerne jetzt der Welt sterben, damit du im Tod mit Christus zu leben anfangen kannst.

Lerne jetzt alles Irdische verschmähen, damit du dann

frei von allen Banden zu Christus heimgehst. Laß jetzt deinen Leib die Züchtigung der heiligen Buße fühlen, damit du ihn einst mit Zuversicht verlassen darfst.

7. Du Tor, was schmeichelst du dir mit der Hoffnung, lang zu leben, da du auch nicht auf einen Tag sicher rechnen kannst?

Wie viele haben sich mit falscher Hoffnung betrogen und mußten zu einer Stunde, die sie gar nicht für ihre letzte hielten, von dieser Welt abtreten!

Wie oft hast du erzählen hören, dieser ist erstochen worden, jener ertrunken, dieser fiel vom Dach und brach sich das Genick, jener starb am Tisch, dieser beim Spiel, einen tötete das Feuer, den andern das Schwert, einen dritten die Seuche, einen vierten töteten die Räuber!

So sterben alle dahin, und das Leben des Menschen geht wie ein Schatten vorüber.

8. Wer wird an dich nach dem Tode noch denken? Wer für dich beten?

O Freund, jetzt lege die Hand ans Werk und tu, was du tun kannst.

Denn du weißt nicht, wann du stirbst und was mit dir nach dem Tode geschieht.

Jetzt, da du noch Zeit hast, jetzt sammle die Schätze, die nicht vergehn.

Die Sorge für dein Heil sei dein liebster, dein einziger Gedanke, Gottes Reich deine erste Sorge.

Jetzt mache dir die Heiligen Gottes zu Freunden, verehre sie und lebe wie sie, damit sie dich in der Stunde deines Scheidens aus diesem Leben in die Ewigkeit aufnehmen (Lk 16, 9).

9. Sei du immer wie ein Fremdling und Gast auf Erden und achte nicht auf die Dinge der Welt.

Halte dein Herz frei und in steter Richtung noch oben, zu Gott; denn es ist für dich hienieden keine bleibende Statt (Hebr 13, 14).

Dorthin sende täglich deine Tränen, Gebete und Seufzer,

damit ihnen einst deine Seele nah dem Tode selig nachfolgen und zum Herrn heimgeholt werden möge.

24. KAPITEL

Gericht und Strafe der Sünder

1. In allem, was du tust, schau auf das Ende und frage dich: Wie werde ich vor dem strengen Richter bestehen, dem nichts verborgen ist, den keine Gabe bestechen kann, der keine Ausflüchte gelten läßt, der richtet nach der Gerechtigkeit?

Elender, törichter Sünder! Du zitterst vor dem Angesicht eines zornigen Menschen, wie wirst du dich nun vor Gott verantworten, vor Gott, der alle deine Sünden kennt?

Wie kannst du doch gar so unvorsichtig auf den Tag des Gerichts dahinleben, auf einen Tag, an dem keiner den andern entschuldigen oder verteidigen kann, an dem jeder mit sich selbst genug zu tun hat?

Jetzt können deine Bemühungen Frucht tragen, deine Tränen Gnade finden, dein Seufzen Hilfe erflehen, deine Buße Gerechtigkeit wirken und dir zur Reinigung dienen.

2. Wer Geduld übt, das heißt, wem an der Kränkung seiner Ehre mehr die Sünde des andern, der ihn kränkt, als die Kränkung selbst weh tut; wer gern für seine Feinde fürbittet und ihnen das Unrecht, das sie ihm angetan haben, von ganzem Herzen verzeiht; wer selbst als der erste um Verzeihung bittet; wer sich leichter zur Barmherzigkeit als zum Zorn bewegen läßt; wer sich selbst oft bekämpft und seine Sinnlichkeit der Herrschaft des Geistes unterstellt, ein solcher Mann hat schon in diesem Leben in sich ein Reinigungsfeuer, das wahrhaft nicht gering ist und großen Segen schafft. Es ist besser, schon in diesem Leben die Bande des Lasters zu lösen und von Sünde rein zu werden, als die Reinigung für die Ewigkeit aufzubewahren. Wir täuschen uns nur selbst, wenn wir sinnliches Behagen in uns aufkommen lassen.

3. Was wird denn jenes verzehrende Feuer anderes zu verzehren haben als deine Sünde?

Je mehr du dich jetzt schonst, je mehr du deiner Sinnlichkeit nachgibst, desto empfindlicher wirst du einst dafür gestraft werden, desto mehr Stoff wirst du für jenes verzehrende Feuer mit hinüberbringen.

Worin der Sünder seine größte Lust sucht, darin wird er auch die schwerste Strafe finden.

Brennende Stacheln werden die Trägen nie ruhen lassen, Hunger und Durst die Unmäßigen peinigen, siedendes Pech und Schwefel die Wollüstigen züchtigen, wie Hunde werden die Neidischen heulen.

4. Jedes Laster wird seine eigene Plage haben. Schande und Schmach werden wie Berge über die Hoffart fallen, die Armut mit ihrer schwersten Last den Geiz erdrücken. Dort schmerzt eine Stunde Pein mehr als hier Jahrhunderte strengster Buße.

Der ungebesserte, der Verdammung verfallene Sünder wird dort keine Ruhe, keinen Trost finden, indes es für uns doch hier Zeiten der Ruhe und Stunden des Trostes gibt.

So traure denn, lieber Freund, jetzt um deiner Sünden willen; sorge jetzt für die Zukunft, damit du am Tag des Gerichts mit allen Heiligen kühn und froh dein Haupt emporheben kannst.

Dann werden die Gerechten mit Zuversicht auftreten und mutvoll dastehen gegen die, von denen sie in diesem Leben geängstigt und niedergedrückt wurden (Weish 5, 1). Dann werden alle, die sich dem Urteil der Menschen demütig und gelassen unterwarfen, sich erheben, nicht um zu schweigen, sondern um zu richten.

Dann wird der Arme und Demütige mit froher Zuversicht dastehen und der Hochmütige, der ihn verachtete, an allen Gliedern zittern.

5. Dann wird *der* als weiser Mann erscheinen, der die seltene Kunst verstand, sich um Christi willen hier auf dieser Welt für einen Toren und für Kehricht halten zu lassen.

Dann wird alle Trübsal, die mit Geduld ertragen wurde, einen frohen Sinn für uns gewinnen und alle Bosheit, die in diesem Leben den Mund weit auftat, verstummen müssen (Ps 106, 42).

Dann wird der Andächtige, der seinen Gott nie aus den Augen ließ, jubeln, und der Mensch, der gottlos in der Welt lebte, trauern müssen.

Dann wird dir die Kreuzigung des Fleisches um des Geistes willen mehr Jubel einbringen als alle Verzärtelung und die ausgesuchteste Pflege des Leibes.

Dann wird das rauhe Kleid des Gottseligen glänzen und das Seidengewand des Gottlosen allen Farbenglanz verloren haben.

Dann wird die niedere Hütte in größerem Glanze stehen als der goldene Palast.

Dann wird die standhafte Geduld größere Eroberungen machen als alle Herrlichkeit und Macht der Welt.

Dann wird der Gehorsam des einfältigen Herzens über alle weltliche Arglist triumphieren.

6. Dann wird ein gutes, reines Gewissen mehr Seligkeit verschaffen als alle Weltweisheit der Gelehrten.

Dann wird Verschmähung des Reichtums alle Schätze der Welt weit aufwiegen.

Dann wird dir ein Gebet, das aus dem Herzen strömte, mehr Trost schaffen als ein Freudenmahl, das den Bauch mit Leckerbissen füllte.

Dann wird das fromme Schweigen eines Augenblicks mehr Freude ernten als das geistlose Geschwätz eines Jahrhunderts.

Dann werden die guten Taten mehr gelten als die schönen Worte.

Dann werden dich die Tage, die du in ernster Selbstverleugnung und strenger Buße durchlebt hast, mehr erfreuen als alle Freuden der Erde.

Lerne jetzt kleinere Leiden tragen, damit du dir einst größere ersparen mögest. Erprobe jetzt, was du einst wirst leiden können. Wenn dir jetzt ein so kurzes Leiden schon zu lang ist, wie willst du einst endlose Qualen aushalten?

Wenn dich jetzt schon ein geringes Leiden ungeduldig macht, wie willst du das Leiden in der Hölle ertragen?

Sieh, zwei Paradiese gibt es nicht für dich: hier die törichten Freuden der Welt töricht mitgenießen und dort mit Christus herrschen – das kannst du nicht.

7. Hättest du bis auf diesen Tag in stetem Genuß der Ehre und der Wollust gelebt und müßtest in diesem Augenblick sterben: sage mir, was hättest du nun von all diesem Genuß?

So ist denn alles lauter Eitelkeit, nur eines nicht: Gott lieben und ihm allein dienen.

Denn wer Gott von ganzem Herzen liebt, der fürchtet nicht Tod und Strafe, Gericht und Hölle.

Die vollkommene Liebe bahnt ihm einen freien, furchtlosen Zutritt zu Gott.

Wer aber noch an der Sünde Freude hat, der hat eben darum noch Furcht vor dem Tod und Gericht.

Kann dich aber die Liebe noch nicht von allem Bösen abhalten, so ist es Gewinn für dich, daß wenigstens die Furcht der Hölle dich zurückschreckt.

Wer aber die Furcht Gottes verläßt, der wird nicht lange mehr im Guten bestehen, sondern gar bald in die Stricke des Satans fallen.

25. KAPITEL

Von der ernsten Besserung unseres ganzen Lebens

1. Sei wachsam und eifrig im Dienste Gottes!

Denke oft: wozu bin ich hierhergekommen, warum habe ich die Welt verlassen?

Kamst du nicht hierher, um Gott allein zu leben und ein neuer Mensch zu werden, den der gute Geist zu allem Guten treibt?

Laß es dir also angelegen sein, immer besser zu werden.

Denn sieh, bald wird dir der Lohn deiner Arbeit ausbezahlt werden, und dann wird keine Furcht und kein Schmerz mehr deine Seele berühren.

Es ist dir noch ein kurzes Tagewerk übrig, darauf folgt eine lange Ruhe oder vielmehr eine ewige Freude.

Bleibst du im Gutestun eifrig und treu, dann wird dein Gott gewiß auch treu und reich im Belohnen sein.

Hoffen darfst du immer, daß du den Siegeskranz erringst, aber in Sicherheit soll deine Hoffnung nicht ausarten, sonst könntest du träge oder eitel werden.

2. Ich hatte einen Freund, der wurde von Angst ergriffen und schwebte lange zwischen Furcht und Hoffnung. Eines Tages, als ihn der Kummer halb aufgezehrt hatte, warf er sich in einer Kirche vor dem Altar nieder und dachte bei sich: O wenn ich doch wüßte, daß ich im Guten bis an mein Ende verharren könnte!

Da hörte er die göttliche Antwort in seinem Innern: Und wenn du das wüßtest, was wolltest du dann tun? Tu jetzt dasselbe, was du dann tun wolltest, und du wirst sicher zum Ziel kommen.

Dies Gotteswort gab ihm Trost und stärkte ihn, daß er sich ganz dem Willen seines Herrn unterwarf, und all seine Angst hatte sich gelegt.

Er forschte nun nicht mehr neugierig, was da kommen werde; aber was Gottes Wille sei und wie er nach der Richtschnur des göttlichen Wohlgefallens alles Gute anfangen und vollenden könnte, danach forschte er Tag und Nacht.

3. Hoffe auf den Herrn und tue Gutes, sagt der Prophet, und du wirst im Lande wohnen und die Fülle seines Segens genießen (Ps 36, 3).

Es ist nur eins, das viele von dem Fortschritt im Guten und von der ernsthaften Besserung ihres Lebens zurückhält. Es ist so schwer, gegen sich selbst zu kämpfen, und dies schwere Stück Arbeit scheuen viele.

Wahrhaftig, auf der Bahn der Tugend tun sich gerade die

vor allen andern am meisten hervor, die ihre Neigungen am heftigsten bekämpfen, wo diese den stärksten Angriff wagen.

Je mehr der Mensch sich selbst überwindet und durch die Übermacht des Geistes die Werke des Fleisches ertötet, desto weiter schreitet er voran im Guten, desto größerer Gaben macht er sich fähig und wert.

4. Zwar haben nicht alle gleich viel, das sie überwinden und dem sie absterben sollten.

Wer aber das Werk der Selbstüberwindung mit edlem Wetteifer angreift, wenn er auch noch so viele Leidenschaften zu bekämpfen hätte, der wird es im Guten ungleich weiter bringen als ein anderer, der eine stille, sanfte Gemütsart besitzt, dabei aber den Eifer nicht hat, mit dem die Tugend errungen werden muß.

Zwei Dinge kenne ich, die uns in der Besserung mit besonderer Kraft weiter forthelfen: sich mit Gewalt das versagen, wozu die Natur gegen Ordnung und Pflicht hinneigt, das ist das erste. Um das Gute, an dem wir besonders arm sind, mit stetem Eifer ringen, das ist das zweite.

Auch das, was dir an andern am meisten mißfällt, meide und bekämpfe du an dir selbst mit ernstem Fleiß.

5. Achte überall darauf, wie du besser werden kannst.

Siehst oder hörst du etwas Gutes, so laß in dir den schönen Wunsch rege werden: ich will es auch so machen. Siehst oder hörst du aber etwas, was Tadel verdient, so laß es dir zur Warnung dienen, es nie nachzuahmen, oder laß es dir, wenn du es schon getan hast, zum Antrieb werden, den Fehler schnell wiedergutzumachen.

Wie dein Auge auf andere sieht, so sehen andere Augen auf dich.

Wie lieblich und schön ist es doch, Brüder zu sehen, die voll Andacht und Eifer in Zucht und Ordnung einträchtig wandeln!

Wie niederdrückend aber, Menschen zu sehen, die die Gesetze der Ordnung übertreten und das, was sie nach ihrem Beruf tun sollten, ungetan lassen!

Wie schädlich, das zu versäumen, wozu uns Beruf und Vorsatz verpflichten, und das Herz zu dem hinzuneigen, was außer unserer Pflicht liegt!

6. Denk an den schönen Entschluß, den du gefaßt hast, und blick hin auf den, der in seinem Beruf am Kreuze starb!

Du hast Ursache genug, schamrot zu werden, wenn du das Leben Jesu zu deinem Spiegel machst – schamrot, daß du ihm noch so ungleich bist, da du doch schon vor so langer Zeit den Weg zu Gott betreten hast.

Ein Ordensmann und ein jeder Christ, der das allerheiligste Leben und Leiden Jesu zum Muster seines Lebens und Leidens macht und sich mit Andacht und Eifer darnach übt und bildet, wird alles, was ihm nötig und nützlich ist, bei Jesus im Überfluß finden; er wird es nie nötig haben, außer Jesus etwas Besseres zu suchen.

O wenn nur Jesus, der Gekreuzigte, mit seinem Lichtstrahl in unser Herz träfe, wir würden schnell lernen und bald genug gelernt haben!

7. Ein eifriger Ordensmann und jeder fromme Christ nimmt alles, was ihm aufgelegt wird, willig auf sich und trägt es gern.

Ein Lauer und Träger aber hat Plage über Plage, und es ist ihm überall zu eng; denn der innere Trost fehlt ihm und dem äußeren darf er nicht nachlaufen.

Ein Mensch, der Zucht und Ordnung abschüttelt, hat dem Verderben Tür und Tor weit aufgetan.

Wer immer nur das lieber hat, was die Bande der Ordnung weiter macht, dem wird es nie an Beklemmung fehlen; denn eins oder das andere wird immer gegen seinen Geschmack sein.

8. Denke doch, wie sich andere Ordensleute so leicht in eine weit strengere Lebenszucht einpassen!

Sie gehen selten aus dem Kloster, leben still und abgeschieden, haben schlechte Kost und tragen Kleider aus grobem Tuch, arbeiten viel und reden wenig, wachen lange und stehen früh auf, beten lange und lesen viel und halten sich in allem streng an die gemeinsame Zucht.

Die Kartäuser, die Zisterzienser und andere Mönche und Nonnen unterbrechen bei Nacht den Schlaf und loben Gott in heiligen Gesängen.

Und du wolltest zur Zeit, wo so viele fromme Seelen Gott preisen, das göttliche Werk nur schläfrig betreiben? Welche Schande!

9. O daß wir nichts anderes zu tun hätten, als unsern Herrn und Gott von ganzem Herzen mit freudiger Zunge zu loben!

Wenn wir doch nicht zu essen, zu trinken, zu schlafen brauchten!

Könntest du nur immer Umgang mit der Wahrheit haben, immer Gott loben; seliger, weit seliger wärst du als jetzt, da du der Sinnlichkeit, wenn auch nur aus Notwendigkeit, dienst.

Gäbe es doch keine Bedürfnisse des Leibes und nur Bedürfnisse des Geistes; welche Seligkeit, sie zu befriedigen! Und diese Seligkeit, wie selten kosten wir sie!

10. Wenn es der Mensch dahin bringt, daß er von keinem Geschöpf mehr Trost bettelt, dann fängt er an, erst recht Gefallen am Verkehr mit Gott zu finden; dann wird er bei allem, was geschieht und geschehen mag, zufrieden bleiben.

Dann wird ihn nichts Großes erfreuen und nichts Kleines niederdrücken können.

Ganz und voller Zuversicht gibt er sich dann in Gottes Hand, der ihm alles in allem sein wird, dem nichts stirbt und nichts zugrunde geht, dem alle Dinge leben und auf jeden Wink zu dienen bereitstehen.

11. Denk immer an das Ende und denke, daß verlorene Zeit nie wiederkommt.

Ohne Eifer und Fleiß kannst du keine einzige Tugend erlangen. Sobald das Feuer des Eifers nachzulassen anfängt, so bald hört das rechte Wohlsein auf.

Wenn du aber im Eifer zu allem Guten anhältst, wirst du

großen Frieden finden und alle Arbeit wird dir leicht werden; denn Gottes Gnade und die Liebe zur Tugend machen alle Bürden leicht.

Wer Eifer und Fleiß hat, der ist zu allem bereit.

Laster und Leidenschaften zu bekämpfen ist ein heißeres Mühen, als unter rinnendem Schweiß ständig schwerste Handarbeit zu leisten.

Wer geringe Fehler nicht meidet, der wird nach und nach auch größere begehen.

Du wirst immer froh sein am Abend, wenn du den Tag nützlich zugebracht hast.

Wache über dich selbst, erwecke dich selbst, sprich dir selbst Mut zu, und mag es mit deinen Nachbarn so oder anders stehen, versäume nur du dich selbst nicht.

Endlich: soviel du dir selbst Gewalt antust, gerade so viel nimmst du im Guten zu. Amen.

Zweites Buch

Ermahnungen zur Innerlichkeit

1. KAPITEL

Vom innerlichen Leben des Menschen

1. Das Reich Gottes ist in euch (Lk 17, 21), spricht der Herr.

So wende dich denn zu Gott dem Herrn, ja wende dich von ganzem Herzen zu ihm und verlaß diese elende Welt, und deine Seele wird Ruhe finden.

Lerne verschmähen, was dich außer dir umhertreibt, lerne hochachten, was dich in dir zurechtsetzt, und du wirst das Reich Gottes in dein Herz kommen sehen. Denn das Reich Gottes in uns ist Friede und Freude im Heiligen Geist (Röm 14, 17), und dieses Reich ist kein Reich für die Gottlosen.

Christus kommt gewiß zu dir und läßt dich seine Tröstungen genießen, wenn du ihm in deinem Innern eine würdige Wohnstätte bereitet hast.

All seine Schönheit und Herrlichkeit stammt von innen, im Innern hat er seine Lust (Ps 44, 14).

Der innerliche Mensch ist es, den er oft heimsucht, da wohnt er gern; mit ihm hält er freundliche Gespräche, ihm schenkt er lieblichen Trost und die Fülle des Friedens, mit ihm geht er so vertraulich um, daß sich Himmel und Erde nicht genug darüber wundern.

2. Wohlan, treue Seele! Bereite dein Herz für den Bräutigam; denn er will zu dir kommen und in dir Wohnung nehmen, wie er selbst sagt: Wer mich liebt, der hält mein Wort, und wir werden zu ihm kommen und Wohnung bei ihm nehmen (Joh 14, 23).

Mache denn Platz für Christus; und damit er Platz habe, verwehre allen übrigen Dingen den Eingang in dein Herz.

Hast du ihn selbst, so bist du reich und hast genug an ihm.

Er wird für dich sorgen und in allen Dingen dein treuer Verwalter sein, daß du nicht erst nötig habest, auf Menschen zu bauen.

Denn schnell ändert sich des Menschen Sinn, und der Mensch ist schnell dahin. Christus aber bleibt ewig (Joh 12, 34), er bleibt ewig dein treuer Freund und weicht nie von deiner Seite.

3. Auf einen Menschen, er sei dir noch so lieb und wert, sollst du kein Vertrauen setzen; den er ist ein Mensch, gebrechlich und sterblich.

Auch sollst du dir's nicht so tief zu Herzen gehen lassen, wenn dir ein Mensch widerspricht und zuwiderhandelt. Die heute für dich stehen, können morgen gegen dich auftreten und umgekehrt.

Die Menschen ändern sich wie der Wind.

Baue deine ganze Zuversicht auf Gott. Er sei deine Furcht, er sei deine Liebe.

Er wird für dich antworten, er wird alles wohlmachen, wie es für dich am besten ist.

Hier hast du doch keine bleibende Statt (Hebr 13, 14), und wo du immer sein magst, bist du ein Ausländer, ein Fremdling und wirst nirgends Ruhe finden als in der innigsten Vereinigung mit Christus.

4. Was siehst du hier viel umher? Es ist hier kein Land der Ruhe für dich.

In himmlischen Dingen sollst du deine Ruhestätte haben (2 Kor 5, 2), und alle die irdischen Dinge nur so wie im Vorbeigehen ansehen.

Denn sie vergehen alle und du mit ihnen.

Laß dich von dem Vergänglichen nicht ins Netz ziehen, sonst möchte es dich fangen und du bleibst daran hängen und gehst darin zugrunde.

Dein Denken sei bei dem Allerhöchsten, und dein Gebet höre nicht auf, bei Christus anzuklopfen.

Kannst du deinen Geist nicht erheben zu hohen, himmlischen Betrachtungen, so suche deine Ruhestätte in dem

Leiden Christi und wohnen gern in seinen heiligen Wunden.

Denn sobald du im lauteren Trieb der Andacht zu den köstlichen Wundmalen Jesu deine Zuflucht nimmst, wirst du in ihnen gegen alle Leiden, die dich mutlos machen, neue Kraft finden und neugestärkt die verschmähenden Blicke der Menschen nicht mehr so hart empfinden und ihre beißenden Worte leichter ertragen.

5. Denn siehe, auch Christus wurde in der Welt von den Menschen verschmäht und in seiner größten Not unter Spott und Hohn von allen seinen Bekannten und Freunden verlassen.

Christus wollte leiden, Christus wollte sich verschmähen lassen, und du wagst es, den Mund aufzutun, um über deine kleinen Leiden zu klagen?

Christus hatte seine Widersprecher und Widersacher, und du willst alle Menschen zu Freunden und Wohltätern haben?

Wofür denn sollte deine Geduld gekrönt werden, wenn sie nichts Widriges zu erdulden hätte? Wenn du nichts Unangenehmes leiden willst, wie kannst du denn ein Freund des leidenden Christus werden?

Lerne vielmehr mit Christus und für Christus leiden, wenn du mit Christus herrschen willst.

6. Wärest du nur einmal in das Allerheiligste unseres Herrn tief eingedrungen, hättest du nur ein Fünkchen von seiner brennenden Liebe in deinem Herzen aufgefangen, es würde dir nicht mehr um deinen eigenen Vorteil oder Nachteil zu tun sein; du würdest vielmehr Freude daran haben, dich um des Guten willen beschimpfen zu lassen.

Denn die Liebe zu Jesus lehrt den Menschen das große Kunststück, sich selbst zu verschmähen.

Wer Jesus und die Wahrheit liebt, wer in sich wohnt und dadurch ganz innerlich und von allen ungeordneten Neigungen frei geworden ist, der kann sich ungehindert zu seinem Gott erheben, kann sich im Geist über sich selbst aufschwingen, kann in Gott seligen Genuß und im Genuß Gottes Ruhe finden.

7. Wer so weise ist, daß er alle Dinge für das hält, was sie sind, und nicht für das, wofür sie von andern gehalten und ausgegeben werden, der hat die rechte Weisheit und hat seine Weisheit mehr von Gott als von Menschen gelernt.

Wer innerlich leben kann und deshalb den Wert der Dinge nicht nach ihrer Außenseite bestimmt, der fragt nicht nach besonderen Orten und wartet nicht auf besondere Zeiten, um sich in der Andacht zu üben.

Ein innerlicher Mensch sammelt sich geschwind wieder in sich, weil er sich nie ganz in die Dinge außer sich verloren und ausgegossen hat.

Ihn kann keine äußere Mühe und Beschäftigung, die von Zeit zu Zeit notwendig ist, im Guten hindern.

Wie die Dinge kommen, so weiß er sich in die Dinge zu schicken.

Wer im Innern gefestigt und wohlgeordnet ist, den zerstreut das törichte und verkehrte Treiben der Menschen nicht.

Der Mensch wird von den Dingen nur so weit gehindert und zerstreut, als er sie an sein Herz kommen und es beunruhigen läßt.

8. Wenn du im Innern gut und rein genug wärest, müßten dir alle Dinge zum Guten dienen und zum Fortschritt im Guten helfen.

Nur deshalb findest du überall so viel Widriges und gerätst so leicht in Verwirrung, weil du dir selbst noch nicht vollkommen abgestorben und von dem Irdischen noch nicht ganz frei geworden bist.

Nichts befleckt und verstrickt das Herz des Menschen so sehr als seine unlautere Liebe zu den Geschöpfen.

Wenn du den äußeren Tröstungen Abschied geben könntest, so würdest du himmlische Dinge schauen und im Innern eine Jubelfeier nach der anderen halten können.

2. KAPITEL

Von der demütigen Unterwerfung

1. Lege kein großes Gewicht darauf, ob dieser Mensch *für* dich oder jener *gegen* dich sei, sondern dies allein laß dein Sorgen und Tun ausmachen, daß Gott es in allem mit dir halte.

Habe immer ein gutes Gewissen, und Gott wird immer dein treuer Sachwalter sein.

Wenn dir Gott helfen will, so mögen alle Menschen ihre verkehrten Anschläge gegen dich schmieden, dir wird keiner schaden können.

Wenn du schweigen und leiden kannst, so wirst du die Hilfe des Herrn gewiß kommen sehen.

Er weiß es am besten, wann und wie dir zu helfen sei; darum überlaß ihm alles und dich ganz.

Denn helfen und von aller Schande erretten, ist Gottes Sache.

Oft trägt es viel dazu bei, uns in der Demut tiefer zu gründen, daß andere unsere Fehler wissen und sie rügen.

2. Sobald sich ein Mensch wegen seiner Gebrechen demütigt, besänftigt er andere ohne Mühe und leistet denen, die ihm zürnen, leicht Genugtuung.

Den Demütigen nimmt Gott in seinen Schutz und rettet ihn; den Demütigen liebt und tröstet er; zum Demütigen neigt er sich nieder, schenkt ihm große Gnaden und hebt ihn nach den Tagen der Unterdrückung empor; aus jeder Unterdrückung erwächst ihm neuer Ruhm.

Dem Demütigen offenbart er seine Geheimnisse und ladet ihn freundlich zu sich.

Der Demütige hat auch in Tagen der Schmach den Frieden in sich; denn Gott ist seine Stütze und nicht die Welt.

Darum glaube nicht, daß du im Guten zugenommen hast, wenn du dich nicht im Gefühl deines Geringseins unter alle übrigen Menschen setzen kannst.

3. KAPITEL

Sei gut und sei friedlich

1. Schaffe du zuerst Frieden und Ordnung in dir selbst, dann kannst du auch in andern Frieden und Ordnung herstellen.

Ein Mensch, der den Geist des Friedens in sich trägt, nützt mehr als einer, der eine ausgebreitete Gelehrsamkeit besitzt.

Ein Mensch, der von heftigen Leidenschaften hin und her gestoßen wird, deutet und lenkt auch das Gute, das er sieht, zum Bösen und glaubt von andern lieber Böses als Gutes.

Wer aber den Frieden liebt, der lenkt alles zum Besten.

Wer mit sich selbst in Frieden lebt, denkt von keinem Arges.

Wer aber mit sich selbst in Unfrieden und Krieg lebt, den treibt bald dieser, bald jener Argwohn hin und her.

Er hat keine Ruhe und läßt auch andern keine. Er sagt oft, was er nicht sagen, und tut nicht, was er zu seinem eigenen Vorteil tun sollte. Er sieht nur immer auf das, was andere tun sollten, und versäumt dabei, was *er* hätte tun sollen.

Laß also deinen Eifer zuerst bei dir selbst anfangen, und dann mag er sich mit allem Recht auch um deinen Nächsten kümmern.

2. Deine eigenen Handlungen kannst du alle schönfärben und in mildem Lichte erscheinen lassen, aber fremde Rechtfertigungen willst du nicht gelten lassen.

Und doch, wenn du nach dem Gesetz der Gerechtigkeit richten wolltest, müßtest du eher dich selbst anschuldigen und deinen Bruder entschuldigen, anstatt nur immer dich zu entschuldigen und ihn anzuschuldigen.

Wenn du willst, daß dich andere ertragen sollen, so ertrage du sie zuerst.

Sieh doch, wie fern du noch bist von der wahren Liebe und Demut, die über keinen Menschen zornig oder unwillig werden kann als nur über sich!

Mit guten, sanften Menschen in Frieden leben, das ist

nichts Großes. Denn das ist uns allen von Natur aus angenehm.

Hat es doch jeder gern, wenn er unangefochten durchkommt, und liebt die Menschen, die es mit ihm halten, mehr als andere.

Aber mit harten und verkehrten oder zuchtlosen Menschen oder mit solchen, die den Geist des Widerspruchs in sich haben, friedlich leben zu können, das ist eine große Gnade, das ist lobenswert, das ist männlich und edel.

3. Es gibt allerdings Menschen, die weder in sich Frieden haben noch andere im Frieden lassen. Sie sind andern lästig, aber sich selbst noch mehr.

Endlich gibt es auch Menschen, die sich im Frieden zu erhalten wissen und außer sich den Frieden herzustellen trachten.

Doch all unser Friede, den wir in diesem elenden Leben erkämpfen, ist im Grunde mehr ein demütiges Tragen des Unangenehmen als ein Nichtempfinden des Widrigen zu nennen.

Wer sich am besten auf das Leiden versteht, der kann am meisten Frieden haben, der ist ein sieghafter Überwinder seiner selbst, ist Herr über die Welt, ist Christi Freund und Erbe des Himmels.

4. KAPITEL

Von der Einfalt und Lauterkeit

1. Zwei Flügel erheben den Menschen über das Irdische: Einfalt und Lauterkeit; Einfalt in der Absicht, Lauterkeit in der Liebe.

Die Einfalt sucht Gott, die Lauterkeit findet ihn. Die Einfalt strebt nach Gott, die Lauterkeit genießt ihn.

Das Gute, das du äußerlich zu tun hast, kann dich nicht um die Freiheit des Geistes bringen, wenn dich innerlich keine ungeordnete Neigung darum gebracht hat.

Suchst du nichts anderes, als nur Gott zu gefallen und deinem Nächsten zu nützen, dann wirst du die rechte Freiheit des Geistes genießen.

Wäre dein Herz ohne Falsch, dann wäre jedes Geschöpf ein Spiegel des Lebens und ein Buch heiliger Lehre für dich.

Denn es ist kein Geschöpf so klein und unbedeutend, daß es nicht eine Spur von der Güte Gottes an sich trüge.

2. Wärest du im Innern gut und rein, dann hättest du einen hellen, ungetrübten Blick und würdest alles recht sehen und leicht verstehen. Ein reines Herz dringt durch Himmel und Hölle.

Wie jeder in sich selbst beschaffen ist, so urteilt er von den Dingen außer sich.

Gibt es eine wahre Freude auf Erden, so ist sie nirgendwo anders als in einem reinen Herzen zu finden.

Und gibt es Angst und Plage auf Erden, so weiß ein böses Gewissen am besten, was Angst und Plage ist.

Wie Eisen im Feuer seinen Rost verliert und ganz glühend wird, so verliert ein Mensch, der sich ganz zu Gott bekehrt, das Erdhafte seiner Natur und wird in einen neuen Menschen umgewandelt.

3. Wenn der Mensch anfängt, lau zu werden, so scheut er auch eine geringe Mühe und hat es gern, wenn ihm von den fünf Sinnen etwas Trost gereicht wird.

Aber wenn er einmal angefangen hat, sich vollkommen zu überwinden und wie ein Held auf dem Weg Gottes zu wandeln, dann ist ihm alles leicht, was er vorher noch so schwer gefunden hat.

5. KAPITEL

Von der Beachtung seiner selbst

1. Wir dürfen uns selbst nicht zuviel trauen; denn oft fehlt uns die Gnade und der gerade Blick für die Dinge.

Es flimmert ein kleines Licht in uns, und dieses kleine Licht ist bald ausgelöscht, wenn wir es nicht mit besonderer Treue pflegen.

Oft nehmen wir es sogar nicht wahr, daß wir im Innern gar so blind sind. Wir tun Böses und machen das Böse, das wir getan haben, durch Entschuldigung noch böser.

Oft treibt uns Leidenschaft, und wir glauben, es sei frommer Eifer, was uns bewegt.

Geringe Fehler strafen wir an andern sehr scharf und lassen große an uns ungestraft.

Was wir von andern auszustehen haben, das empfinden wir schnell genug und rechnen es hoch an. Aber was andere von uns ertragen müssen, das nehmen wir nicht einmal wahr.

Wer Lust hätte, das Seine immer genau abzuwägen, dem würde alle Lust vergehen, das Fremde hart zu richten.

2. Wer in sich für Gott zu leben weiß, der stellt die Sorge darum allen andern Sorgen voran.

Und wer auf sich selbst ein wachsames Auge hält, dem wird es nicht schwer, bei fremden Fehlern zu schweigen.

Du wirst nie ein innerlicher, andächtiger Mensch werden, wenn du nicht bei allem, was dich nichts angeht, stumm und für alles Fremde blind werden kannst, wenn du nicht immer auf dich siehst.

Wenn aber dein Gemüt am liebsten nur in sich hinein und von da zu Gott aufschaute, dann würde das, was du von außen wahrnimmst, nur einen schwachen Eindruck auf dich machen. Sage mir, wo bist du denn daheim, wenn du es nicht bei dir selbst bist?

Und wenn du alle Welt durchlaufen und dein Heil darüber versäumt hättest, was nützte dir all dieses Laufen und Rennen?

Wenn du Frieden haben und wahrhaft eins mit dir werden willst, so mußt du alles übrige gehen lassen und dich allein im Auge behalten.

3. Du wirst also sehr viel gewinnen, wenn du allen zeit-

lichen Sorgen Abschied geben und dich in dieser Abgeschiedenheit von allen zeitlichen Sorgen befreien kannst.

Wenn du aber glaubst, etwas Zeitliches wäre deiner Sorge wert, so wirst du schwach und unfähig zum Guten werden.

Nichts soll in deinen Augen groß, nichts erhaben, nichts lieblich, nichts angenehm sein außer Gott allein, oder was von Gott ist.

Halte allen Trost, den dir ein Geschöpf geben kann, für eitel, für nichtig.

Eine Seele, die ihren Gott liebhat, hält im Blick auf ihn alle Dinge für nichts.

Gott allein, der Ewige, der Unermeßliche, der Allerfüllende, Gott allein ist der wahre Seelentrost, er allein ist die wahre Freude des Herzens.

6. KAPITEL

Vom guten Gewissen

1. Der Ruhm des guten Menschen ist das Zeugnis seines guten Gewissens (2 Kor 1, 12).

Habe immer ein gutes Gewissen, und du wirst immer Freude haben.

Ein gutes Gewissen kann viele Lasten tragen und kann auch mitten in der Trübsal heiter sein.

Aber ein böses Gewissen ist immer voller Furcht und Unruhe.

Du wirst immer ein sanftes Ruhekissen haben, wenn dich dein Herz nicht straft.

Suche keine andere Freude außer im Rechttun, kein Wohlsein außer im Gutsein.

Denn die Bösen haben keine wahre Freude und genießen nichts von dem inneren Frieden. Die Gottlosen haben keinen Frieden (Jo 48, 22), spricht der Herr.

Und wenn sie noch so oft sagen: O ja, wir haben Frieden,

über uns kommt kein Übel, wer sollte es wagen dürfen, uns weh zu tun?, so glaube du ihnen nicht.

Denn siehe, schnell bricht der Zorn des Herrn auf, und zu nichts wird alles Tun der Gottlosen, und verloren auf immer sind alle ihre Anschläge.

2. Wer die Liebe hat, wird es nicht schwer finden, sich sogar seiner Trübsal zu rühmen.

Denn das heißt eigentlich, seinen Ruhm im Kreuz Christi suchen.

Flüchtig und unstet ist alle Ehre, die Menschen voneinander annehmen und Menschen einander geben.

Die Ehre der Welt hat immer Angst und Traurigkeit in ihrem Gefolge.

Die Guten haben ihre Ehre in sich, in ihrem Gewissen, nicht außer sich im Munde der Menschen.

Die Gerechten freuen sich nur in Gott und ihres Gottes wegen; sie haben ihre Lust an der Wahrheit.

Wer die wahre, unvergängliche Ehre sucht, der kümmert sich nicht viel um die vergängliche.

Und wer noch vergängliche Ehre sucht oder sie noch nicht von Herzen verschmäht, der beweist eben dadurch, daß ihm die unvergängliche Ehre noch nicht über alles lieb und teuer geworden ist.

Der Mann hat Ruhe in seiner Seele, der sich weder Lobsprüche noch Schmähworte der Menschen zu Herzen gehen läßt.

3. Wer ein reines Gewissen hat, ist mit wenigem zufrieden und leicht zu begnügen.

Du bist nicht besser, wenn man dich lobt, und nicht schlechter, wenn man dich tadelt.

Was du bist, das bist du, und alle Worte der Menschen können dich nicht besser machen, als du in dem Urteil Gottes wirklich bist.

Wenn du nun darauf siehst, was du im Innern wirklich bist, so wird es dich nicht sonderlich kränken, was die Menschen von außen gern aus dir machten.

Der Mensch sieht auf das Gesicht, Gott in das Herz (1 Kg 16, 7).

Der Mensch legt nur auf die Waage, was die Menschen *tun*; Gott hat eine Waage für die Absicht, welche die Menschen treibt, das zu tun, was sie wirklich tun.

Immer recht tun vor Gottes Augen und doch gering in seinen eigenen sein, das ist der rechte Prüfstein einer demütigen Seele.

Wenn du dir keinen Trost mehr von den Geschöpfen holen magst, so ist das ein sicheres Zeichen dafür, daß dein Herz große Lauterkeit und deine Zuversicht bleibende Herrlichkeit in sich hat.

4. Wer kein Zeugnis von außen für sich aufsucht, der gibt zu verstehen, daß er sich ganz in die Hand Gottes gegeben hat.

Denn nicht *der* ist ein bewährter Mann, der von sich selbst gut spricht, sondern der, für den sein Gott gut spricht, der ist wahrhaft gut, wie der heilige Paulus lehrt (2 Kor 10, 12).

Im Innern mit Gott freien Umgang haben und in diesem freien Umgang sich durch keine Neigung von außen stören lassen, darin besteht das Leben des inneren Menschen.

7. KAPITEL

Was heißt es, unsern Herrn Jesus Christus lieben?

1. Wohl dem, der es versteht, was es heißt, Jesus zu lieben und um Jesu willen sich selbst zu verachten.

Man muß manches Liebe um des Liebsten willen aufgeben; denn Jesus will allein über alles geliebt sein.

Mit der Liebe zu den Geschöpfen ist es ein trügliches, unstetes Ding; aber die rechte Liebe zu Jesus ist treu und unwandelbar.

Wer sich an ein Geschöpf hängt, fällt mit dem Hinfälligen; wer sich an Jesus hält, steht ewig fest.

Den mußt du lieben, den als deinen Freund behalten, der dich auch dann nicht verläßt, wenn dich alles verläßt, und der dich nicht zugrunde gehen läßt, wenn alles andere zugrunde geht.

Einmal mußt du dich doch von allen Geschöpfen trennen, du magst wollen oder nicht.

2. Halte dich fest an Jesus im Leben und im Sterben und überlaß dich ganz der treuen Liebe dessen, der allein noch helfen kann, wo alle andere Hilfe zu kurz kommt.

Es liegt im Wesen deines Geliebten, daß er sein Reich mit keinem andern teilen will; er will dein Herz ganz für sich allein haben; er will darin wie ein König auf seinem Thron herrschen.

Könntest du doch dein Herz für ihn ganz leer machen, leer von allen Geschöpfen, so müßte er bei dir Wohnung nehmen und würde sie am liebsten bei dir nehmen.

Im Grunde wirst du doch finden, daß fast alles verloren ist, was du nicht bei Jesus suchst und so gern bei Menschen finden möchtest.

Ach, traue nicht und stütze dich nicht auf ein Schilfrohr, das der Wind hin und her bewegt. Denn alles Fleisch ist Heu, und alle Herrlichkeit des Fleisches fällt ab wie eine Heublume (Is 40, 6).

3. Du bist leicht betrogen, wenn du nur auf das siehst, was an den Menschen weiter nichts als Glanz und Anstrich ist.

Sobald du bei andern Trost und Gewinn suchst, wirst du meist nur Schaden und Herzeleid dabei finden.

Wenn du Jesus überall suchst, wirst du ihn auch überall finden.

Wenn du aber dich selbst suchst, wirst du dich selbst auch überall finden, aber zu deinem eigenen Verderben.

Denn der Mensch, der Jesus nicht sucht, schadet sich selbst ungleich mehr, als alle Welt und alle seine Feinde ihm schaden könnten.

8. KAPITEL

Vom vertrauten Umgang mit unserem Herrn Jesus Christus

1. Ist Jesus bei dir daheim, so ist alles gut und alles leicht. Ist aber Jesus nicht bei dir, so ist alles bitter und hart.

Wenn dir Jesus keinen inneren Trost spendet, ist alle andere Tröstung kraftlos.

Aber ein einziges Wort aus seinem Mund bringt großen Trost in dein Herz.

Ist nicht Maria sogleich von der Stelle, wo sie weinte, aufgestanden, als ihr Martha sagte: Der Meister ist da und ruft dich? (Joh 11, 28)

Selig die Stunde, wenn Jesus ruft vom Tränenbrot zur Geistesfreude!

O Mensch, wie ist doch in dir alles so dürr und so kalt ohne Jesus! Wie bist du doch eitel und töricht, wenn du etwas außer ihm suchst!

Ach, ihn nicht haben, das ist ein größerer Verlust, als die ganze Welt verloren zu haben.

2. Was kann dir denn die ganze Welt geben ohne ihn? Ohne Jesus sein, das ist eine ganze Hölle von Angst.

Bei Jesus sein, das ist ein Paradies voll lieblicher Früchte.

Ist Jesus bei dir, so kann dir kein Feind schaden.

Wer ihn findet, der hat einen köstlichen Schatz gefunden, ein Gut, besser als alle Güter.

Wer ihn aber verliert, der hat zuviel verloren, mehr als die ganze Welt.

Wer ohne Jesus lebt, der ist von allen Armen der ärmste.

Wer mit Jesus gut steht, der ist von allen Reichen der reichste.

3. Es ist aber eine große Kunst, in Vereinigung mit Jesus leben zu können.

Es ist eine große Weisheit, Jesus bei sich zu behalten.

Sei demütig und friedsam, und Jesus ist bei dir. Sei andächtig und stille, und Jesus bleibt bei dir.

Du kannst ihn schnell von dir vertreiben und seine Gnade verlieren, wenn du dich zu dem neigst, was unter dir sein soll.

Und wenn du ihn vertrieben, ihn verloren hast, zu wem wirst du dann in aller Trübsal deine Zuflucht nehmen, wo wirst du wieder einen Freund finden? Ohne Freund kann dir nicht wohl sein, und wenn Jesus nicht dein bester Freund ist, wirst du immer nur traurig und verlassen sein

Du handelst also töricht, wenn du auf einen andern baust oder in einem andern Freude suchst.

Man soll lieber die ganze Welt zum Feinde haben, als das zarte Auge Jesu zu betrüben. Von allen deinen Freunden soll also Jesus dein liebster Freund sein.

4. Du sollst alle Menschen um Jesu willen lieben, aber Jesus um seinetwillen.

Christus ist vor allen andern Freunden gut und treu erfunden worden. Er ist es also vor allen andern wert, geliebt zu werden.

Um seinetwillen und in ihm sollen dir alle, Freunde und Feinde, lieb sein.

Für alle sollst du zu ihm bitten, daß ihn alle erkennen und lieben möchten.

Laß dich nie danach gelüsten, daß du von andern geliebt und gelobt werden möchtest. Denn das steht allein Gott zu, der seinesgleichen nicht hat.

Auch sollst du nie die erste Stelle in eines Menschen Herz einnehmen wollen, die Gott allein geweiht sein soll, noch einen andern Menschen diese Stelle in deinem Herzen einnehmen lassen.

Jesus nehme diese Stelle ein in dir und in jedem guten Menschen!

5. Sei rein und frei in deinem Innern und laß dich von keinem Geschöpf gefangennehmen.

Du mußt dein Herz rein und frei vor Gott bringen, wenn du innewerden willst, wie süß der Herr ist (Ps 33, 9).

Dazu kommst du nicht, wenn dich seine Gnade nicht ruft

und nach innen zieht, daß du von allen Dingen Abschied nehmen und, geschieden von allem, dich einzig mit dem Einzigen vereinigen kannst.

Denn kommt die Gnade Gottes in den Menschen, so vermag er alles; scheidet sie aber von ihm, so ist er wieder der arme, schwache Mensch wie vorher und taugt fast zu nichts, als seinen Rücken den Geißelstreichen hinzugeben, die von allen Seiten eindringen.

Das muß dich aber nicht mutlos machen noch viel weniger zur Verzweiflung bringen. Lerne vielmehr mit Gleichmut feststehen, bereit zu allem, was Gottes Wille ordnet, und alles, was über dich kommt, zur Ehre Jesu zu tragen.

Denn sieh, nach dem Winter kommt der Frühling, nach der Nacht der liebliche Morgen und nach dem Sturmregen wieder der heitere Himmel.

9. KAPITEL

Was es heißt, ohne jeden Trost zu sein

1. Menschlichen Trost zu verschmähen, wenn man einen besseren, den göttlichen hat, das ist nichts Großes.

Aber das ist groß, das ist recht groß, den menschlichen und göttlichen Trost entbehren zu können. Es ist groß, um der göttlichen Ehre willen gern mit seinem Herzen wie ein Vertriebener aus dem Lande alles Trostes umherzuirren, sich selbst in keinem Ding zu suchen und nirgends auf eigene Verdienste oder Vorteile zu rechnen.

Was ist es denn Großes, bei dem sanften Wehen der kommenden Gnade freudig und andächtig zu sein?

Diese Stunde möchten alle gern haben. Das ist eine gar liebliche Fahrt durch dieses Leben, wenn einen die Gnade Gottes sanft dahinträgt!

Was Wunder, wenn der keine Bürde fühlt, den der Allmächtige auf seinen Händen trägt, den der höchste Führer überall hindurchführt!

2. Wir behalten uns gern etwas zurück, an dem unser Herz noch Trost finden kann, und sich selbst legt der Mensch am unliebsten ab.

Der heilige Blutzeuge Laurentius hat die Welt überwunden, weil er wie sein Priester alles, was die Welt Reizendes hatte, verschmähen konnte.

Überdies konnte er es aus Liebe zu Christus mit gelassenem Herzen ertragen, daß sein Freund, der Papst Sixtus, den er innig liebte, von ihm getrennt wurde.

Es hat also in ihm die Liebe zu Gott über alle Liebe zu einem Menschen gesiegt und das Wohlgefallen Gottes mehr bei ihm gegolten als aller Menschentrost.

So mußt denn auch du einen Freund, der dir noch so lieb und noch so unentbehrlich sein mag, aufgeben können, um Gott allein in Liebe anzuhangen.

Auch soll es dir keine tiefe Wunde schlagen, wenn ein Freund dich verläßt; denn du weißt ja, daß die Stunde nicht ausbleibt, wo wir alle einander verlassen müssen.

3. Es muß der Mensch lange und viel mit sich selbst kämpfen, bis er lernt, sich ganz zu überwinden und sich mit all seiner Liebe Gott anheimzugeben und ihm allein anzuhangen.

Solange der Mensch noch an sich selbst hängt, neigt er sich bald wieder abwärts und sucht Menschentrost.

Wer aber einmal seinen Herrn Jesus Christus von ganzem Herzen lieben und mit allem Ernst den Tugenden des christlichen Lebens nachzuringen gelernt hat, dem ist es nicht mehr um Trost und süße Empfindungen zu tun.

Er will viel lieber starke Prüfungen aushalten und scheut um Christi willen keine Arbeit, auch die schwerste nicht.

4. Wenn dir also ein himmlischer Trost von Gott in die Seele gegeben wird, so nimm ihn dankbar an und sieh in ihm nicht den Lohn deiner Verdienste, sondern die lautere, unverdiente Gabe Gottes.

Achte dich deswegen nicht für besser, freue dich auch nicht zuviel darüber und laß keine eitle Anmaßung in dein Herz kommen.

Vielmehr soll dich die Gabe Gottes demütiger, behutsamer und in allen deinen Handlungen nur noch vorsichtiger machen.

Denn die Stunde des Trostes ist bald vorüber, und es folgt bald wieder eine Stunde der Versuchung.

Und wenn dann die Tröstung vorüber ist, mußt du den Mut nicht sinken lassen, sondern in Demut und Geduld warten können, bis das Licht des Himmels dein Auge wieder heimsucht; denn Gott ist mächtig genug, dir wieder eine Tröstung zu senden, und zwar in größerem Maße.

Dieser Wechsel von Tröstungen und Versuchungen ist denen nichts Neues und nichts Fremdes, die in den Führungen Gottes wohlbewandert sind.

Auch die großen Heiligen und die alten Propheten haben eben diesen Wechsel an sich erfahren.

5. Einer von ihnen sprach im Übermaß der Gnade: Ich habe es gesagt in der Fülle der Freude, in aller Ewigkeit wanke ich nicht (Ps 29, 7).

Was er aber in sich erfahren, als er das Gefühl der Gnade verloren hatte, beschreibt er gleich darauf: Du wandtest Dein Angesicht von mir, da ward ich verwirrt (Ps 29, 8).

Doch verlor er den Mut nicht, sondern rief nur desto dringender zum Herrn: Zu Dir, mein Herr, will ich rufen, zu meinem Gott will ich fliehen (Ps 29, 9).

Darauf ward ihm die Frucht seines Gebetes zuteil, und er bezeugt es selbst, daß er Erhörung gefunden hat: Der Herr hat mich erhört, hat sich meiner erbarmt; der Herr hat mir Hilfe gesandt (Ps 29, 11).

Aber worin bestand die Hilfe?

Du hast, spricht er, meine Klage in Jubel verwandelt und mich mit Freude umgürtet (Ps 29, 12).

Wenn es der Herr mit großen Heiligen so gehalten hat, so dürfen wir Schwachen und Armen den Mut nicht sinken lassen, wenn wir uns bald im Zustand des Eifers, bald im Zustand der Kälte befinden; denn der Geist kommt und geht nach seinem Wohlgefallen.

Deshalb heißt es bei Job: Du suchst ihn am Morgen heim und prüfst ihn, ehe er es denkt (Job 7, 18).

6. Worauf kann ich also meine Hoffnung und worauf muß ich meine Zuversicht anders bauen als allein auf die große Barmherzigkeit Gottes und allein auf die Gnade, die von oben kommt?

Denn sieh, selbst gute Menschen, Brüder voll Frömmigkeit und Liebe, treue Freunde oder heilige Bücher, schöne Abhandlungen oder liebliche, geistvolle Gesänge, soviel sie sonst helfen mögen, helfen mir doch im Grunde wenig und sind selbst geschmacklos für mich, wenn ich, ohne himmlische Gnade und mir selbst überlassen, in meiner Armut liege.

Aus dieser Not gibt es keine bessere Rettung, als geduldig zu sein, den göttlichen Willen zu erfassen und seinen eignen zu verleugnen.

7. Ich habe noch keinen Menschen gefunden, der so andächtig und gottselig gewesen wäre, daß er nie in sich eine Abnahme des Eifers gespürt oder ein Zurücktreten der Gnade erfahren hätte.

Kein Heiliger war so hoch entzückt, keiner so hell erleuchtet, daß er nicht vor oder nach seiner Entzückung und Erleuchtung in eine Versuchung gefallen wäre.

Denn wer noch nicht für das Reich Gottes durch ein Probefeuer hindurchging, ist nicht wert, zur hohen Beschauung Gottes zugelassen zu werden.

Immer kann man die vorangehende Prüfung als einen Vorboten der nachfolgenden Tröstung ansehen.

Denn nur denen, deren Treue sich durch manche Versuchung bewährt hat, wird himmlische Tröstung verheißen.

Wer überwunden hat, sagt die Schrift, dem will ich von dem Baum des Lebens zu essen geben (Offb 2, 7).

8. Auch wird uns göttliche Tröstung hier auf Erden nur dazu gegeben, damit wir neue Stärke zu neuen Leiden gewinnen mögen.

Oft folgt auch der Tröstung wieder eine neue Versuchung

auf dem Fuße nach, damit sich der Mensch des Guten wegen nicht so leicht erhebe.

Noch ist das Fleisch nicht tot, noch schläft der Satan nicht; deshalb mußt du dich unablässig zum Kampf rüsten; denn es gibt Feinde genug zur Linken und zur Rechten, die nicht müde werden, auf deinen Untergang zu lauern.

10. KAPITEL

Danke Gott für alle Gnade

1. Warum willst du denn Ruhe haben, da du doch zur Arbeit geboren bist?

Halte du dich stets mehr bereit, zu leiden, als getröstet zu werden, mehr zum Kreuztragen als zum Freudengenuß.

Denn wo wäre auch unter denen, die in der Welt leben, der Mensch zu finden, der nicht immer gern Tröstungen und Freuden des Geistes genießen möchte, wenn er sie einmal genossen hätte und immer genießen könnte?

Die Tröstungen, die wir von dem Geiste, der sie genießt, geistliche nennen, übertreffen ohne Zweifel alle Freuden der Welt und alle Wollüste des Fleisches.

Denn alle Freuden der Welt sind unedel oder wenigstens eitel; die geistlichen Freuden allein sind zugleich edel und eigentliche Freuden, weil sie von Gott in reine Seelen gesenkt und aus Tugenden geboren werden.

Aber diese göttlichen Freuden, diese himmlischen Tröstungen stehen uns nicht immer so zu Gebote, daß wir sie genießen könnten, so oft wir wollten.

Denn auf einmal schlägt die Stunde der Versuchung wieder, und sie bleibt nie lange aus.

2. Was aber der göttlichen Heimsuchung am meisten Tür und Tor verriegelt, das ist die falsche Freiheit des Gemütes und das große Vertrauen auf sich selbst.

Gott tut wohl, wenn er die Gnade der himmlischen Tröstungen sendet, aber der Mensch tut nicht wohl, wenn er

Gott nicht für alle Gaben dankt und sie durch Dank gleichsam wieder zurückgibt, ohne etwas davon für sich zu behalten.

Und eben deshalb können die Gnaden Gottes nicht ungehindert in uns einfließen, weil wir gegen den, der die Gnaden sendet, undankbar und nicht alles, was uns gegeben wird, in die Quelle, aus der es geflossen ist, zurückfließen lassen.

Denn es ist ein Gesetz der göttlichen Haushaltung: wer für die Gnade würdig zu danken weiß, der empfängt immer eine neue Gnade, und es wird dem Stolzen abgenommen, was dem Demütigen gegeben wird.

3. Ich will durchaus keine himmlische Tröstung haben, die mir den Geist der Buße aus dem Herzen nähme.

Ich möchte selbst die Gabe der Beschauung nicht haben, wenn sie mich um die Demut brächte.

Es ist nicht alles, was hoch ist, auch heilig; nicht alles, was lieblich scheint, auch gut; nicht alles, wonach sich die Menschen sehnen, auch rein; was den Menschen gefällt, auch gottgefällig.

Gern empfange ich eine Gnade, die mich demütiger, wachsamer, vorsichtiger macht und fähiger, mich selbst zu verlassen.

Wer durch die Gnade, die ihm die Güte geschenkt hat, verständig, und durch die Gnade, die ihm die Zucht wieder entzogen hat, weise geworden ist, der wird nicht wagen wollen, sich ewas Gutes zuzuschreiben, sondern lieber bekennen, daß er arm und nackt ist.

Gib Gott, was Gottes ist (Mt 22, 21), und dir, was dein ist; das heißt, danke Gott für die Gnade, die du empfangen hast, und lege dir allein die Schuld bei in Hinsicht auf das, was dir nicht wiedergegeben ward.

Lerne fühlen, daß du durch die Schuld, die auf dir liegt, weiter kein Recht erworben hast, als gestraft zu werden.

4. Setze du dich immer gern an die unterste Stelle

(Lk 14, 10), und es wird dir die oberste angewiesen werden. Denn das Oberste hat ohne das Unterste keinen festen Boden, auf dem es ruhe.

Waren doch die Heiligen, die in den Augen Gottes die größten sind, in ihren eigenen Augen die geringsten; je höher sie Gott erhebt, desto tiefer sinken sie vor ihm in ihr Nichts hinab. Erfüllt von himmlischer Wahrheit und Herrlichkeit, haben sie in sich kein leeres Plätzchen mehr für Begierden nach eitler Ehre.

Tiefgegründet und wohlbefestigt in ihrem Gott, können sie durch keine Hoffart mehr überheblich werden.

Weil sie alles Gute, das sie empfangen haben, Gott allein zuschreiben; weil sie Gott allein die Ehre geben, so suchen sie eben darum die Ehre nicht, die Menschen von Menschen entgegennehmen.

Sie wollen keine Ehre außer von Gott allein; wollen nichts anderes, als daß Gott in ihnen und in allen Heiligen über alles gelobt werde. Dies ist das hohe Ziel, nach dem sie allzeit streben.

5. Sei also dankbar auch für das geringste Gut, und der Dank für das Geringste wird dich würdig machen, Größeres zu empfangen.

Laß dir die geringste Gabe so lieb sein, als wäre sie die höchste; was andere verachten, das sei dir als eine besondere Gabe besonders wertvoll.

Wenn du auf die Würde dessen siehst, der dir die Gabe darreicht, so ist keine Gabe gering, kein Geschenk unbedeutend. Es ist nichts gering, was dir der Allerhöchste darreicht.

Sei es auch, daß dir Strafen und Schläge zugeteilt werden: auch diese mußt du als ein wertvolles Geschenk annehmen.

Denn alles, was er über uns kommen läßt, wird uns in seiner Hand zum Segen.

Wer die Gnade Gottes bewahren und auf die Dauer behalten will, der sei dankbar, wenn sie ihn besucht, geduldig, wenn sie sich zurückzieht, eifrig im Gebet, daß sie wiederkomme, demütig und vorsichtig, daß sie nicht wieder von ihm weiche.

11. KAPITEL

Viele Christen, aber wenige Freunde Christi und seines Kreuzes

1. Jesus hat jetzt viele Jünger, die im himmlischen Reich gern mit ihm herrschen möchten, aber wenige, die sein Kreuz auf Erden tragen wollen; viele, die gern seine Seligkeit mit ihm teilen möchten, aber wenige, die in der Trübsal mit ihm aushalten wollen; viele, die mit ihm essen und trinken möchten, aber wenige, die mit ihm fasten wollen.

Alle möchten sich mit ihm freuen, aber wenige wollen für ihn leiden.

Viele folgen Jesus nach – bis zum Brotbrechen beim Abendmahl, aber wenige bis zum Trinken aus dem Leidenskelch.

Viele ehren seine Wunder, die er getan, aber wenige teilen mit ihm die Schmach des Kreuzes, die er gelitten hat. Viele lieben Jesus, solange sie nichts zu leiden haben; loben und preisen ihn, solange sie Tröstungen von ihm empfangen.

Aber wenn er sich verbirgt und sie auch nur eine kurze Weile allein läßt, klagen sie gleich und verlieren gar allen Mut.

2. Die aber Jesus um seinetwillen und nicht ihres Trostes wegen lieben, die loben ihn in den Tagen der heißesten Angst wie in den Stunden des höchsten Jubels.

Und wenn er ihnen auch nie eine himmlische Tröstung senden wollte, so würden sie ihn doch immer loben, ihm allzeit danken.

3. Oh, die reine Liebe zu Jesus, die kein Eigennutz und keine Eigenliebe trübt, wieviel vermag sie nicht!

Wie kann man die, die nur immer nach Tröstungen haschen, anders nennen als Lohnknechte?

Wenn sie immer auf ihren Nutzen, auf ihren Gewinn singen, beweisen sie denn dadurch nicht, daß sie sich selbst mehr als Jesus lieben?

Wo findest du doch einen Menschen, der seinem Gott umsonst dienen will, der in Gott nichts als Gott, im Guten nur das Gute sucht?

4. Ein Mensch, der hier auf Erden so ganz nach dem Geiste lebt, daß er, von allem losgelöst, Gott allein anhängt, ist der seltenste Fund auf dieser Welt.

Das heißt, recht arm im Geiste sein und frei von aller Anhänglichkeit an irgendein Geschöpf. Wo findest du einen solchen?

Er ist wie eine kostbare Perle, die nur aus den fernsten Ländern mit dem größten Aufwand herbeigeschafft wird (Spr 31, 10).

Wenn der Mensch all seine Habe darangibt, so ist es noch so viel als nichts im Vergleich zu dieser kostbaren Perle.

Wenn er alle Wissenschaften erfaßt hätte, so wäre er noch fern vom Ziel.

Und wenn er große Tugend und brennende Andacht hätte, so fehlte ihm doch gerade das eine Notwendige.

Dieses ist: da du alles andere schon aufgegeben hast, mußt du auch dich selbst aufgeben, ganz von dir selbst herausgehen und alle Eigenliebe ohne Erbarmen ans Kreuz schlagen.

Und wenn du alles getan hast, was du nach deiner Erkenntnis tun solltest, mußt du doch so gesinnt sein, als ob du nichts getan hättest.

5. Nichts von alledem, was der Mensch tut, halte er für groß, wenngleich es groß geachtet werden könnte, sondern halte sich in Wahrheit für einen unnützen Knecht, wie uns die Wahrheit lehrt: Wenn ihr alles getan habt, was euch befohlen wurde, so sagt weiter nichts als: wir sind unnütze Knechte (Lk 17, 10).

Dann kann der Mensch recht arm und bloß im Geiste

sein und mit dem Propheten sprechen: Ich bin arm und allein (Ps 24, 16).

Desungeachtet ist niemand reicher und mächtiger als der Mann, der sich und alle Dinge verlassen und sich an den geringsten Platz setzen kann.

12. KAPITEL

Das heilige Kreuz – der königliche Weg zum Himmel

1. Es ist für viele Ohren ein hartes Wort: Verleugne dich selbst, nimm dein Kreuz auf dich und folge mir nach (Mt 16, 24).

Aber noch härter in ihren Ohren wird das letzte Wort sein, wenn sie hören müssen: Weichet von mir, ihr Verfluchten, in das ewige Feuer (Mt 25, 41).

Denn die jetzt das Wort vom Kreuze gern hören und willig befolgen, haben einst von dem Worte der ewigen Verdammung nichts zu fürchten.

Dies Zeichen des Kreuzes wird am Himmel erglänzen, wenn der Herr wiederkommen wird, um die Menschen zu richten.

Dann werden alle Freunde des Kreuzes, die ihrem Vorbild Christus, dem Gekreuzigten, nachgestrebt haben, zu Christus, ihrem Richter, mit großer Zuversicht hinzutreten.

2. Warum säumst du denn, das Kreuz auf deine Schulter zu nehmen, da doch der Weg des Kreuzes der kürzeste und sicherste Weg zum Throne ist?

Im Kreuz ist Heil, im Kreuz ist Leben, im Kreuz ist Schutz vor den Feinden, im Kreuz ist Stärke des Gemüts, im Kreuz ist Geistesfreude, im Kreuz ist höchste Tugend, im Kreuz ist vollendete Heiligung zu finden.

Es ist kein Heil der Seele, keine Hoffnung des ewigen Lebens außer in dem Kreuze.

Nimm also dein Kreuz auf dich und folge Jesus nach, und du bist auf dem geradesten Weg zum ewigen Leben.

Siehe, er ging uns ja voraus und trug uns das Kreuz voran und starb sogar für dich am Kreuze, damit auch du dein Kreuz tragen lernen und Mut haben solltest, am Kreuze zu sterben!

Denn wenn du mit ihm stirbst, so wird er auch seine Herrlichkeit mit dir teilen.

3. Sieh hier das Kreuz, sieh hier das Sterben!

Im Kreuz liegt alles Heil, am Sterben liegt's.

Es führt kein anderer Weg zum Leben, zum wahren inneren Frieden als der Weg des heiligen Kreuzes, des täglichen Sterbens.

Gehe, wohin du willst, suche, was du willst, aber einen Weg, der höher und sicherer hinaufführt, wirst du außer dem Weg des heiligen Kreuzes nicht finden.

Ordne und füge alles nach deinem Willen und nach deiner Einsicht, und du wirst es nicht anders finden, als daß es für dich überall etwas zu leiden gibt.

Gelitten muß sein, mit Willen oder wider Willen. Und darum wirst du überall ein Kreuz finden.

Denn du hast leibliche Schmerzen oder Plagen des Geistes auszustehen.

4. Bald kannst du deinen Gott nirgends finden, und es ist, als wenn er dich verlassen hätte.

Bald nimmt dich dein Nächster in die Übungsschule, und was das Schlimmste ist, oft bist du dir selbst zur Last.

Es kommen auch Fälle, die dich nirgends Arznei oder Trost, Rettung oder Linderung finden lassen; du wirst leiden müssen und so lange leiden, bis der Herr dem Leiden ein Ende macht.

Der Herr will, daß du eine Weile auch ohne Tröstung leiden und dich ihm ganz ohne Vorbehalt unterwerfen lernst und aus dem Leidensstrome demütiger hervorgehst, als du hineingingst.

Niemand kann das Leiden Jesu so herzlich und innig nachempfinden wie der, der aus gleichem Leidensbecher mit ihm getrunken hat.

So ist denn überall für dich ein Kreuz vorhanden und wartet schon auf dich, bis du kommst und es auf deine Schulter nimmst.

Du kannst auch dem Kreuze nirgends entgehen, wo immer du hinlaufen magst. Denn wo immer du hingehst, so gehst du selbst mit dir, nimmst dich selber mit dir, und so wirst du dich auch überall wiederfinden.

Wende dich, wohin du willst, nach oben, nach unten, nach innen, nach außen, in allen Wendungen wirst du das Kreuz finden.

Du mußt überall, wohin du gehst, Geduld mit dir nehmen und sie festhalten lernen, wenn du den inneren Frieden besitzen und die ewige Krone erstreiten willst.

5. Wenn du dein Kreuz willig tragen lernst, so wird das Kreuz auch dich tragen und dich zum erwünschten Ziel hinleiten, wo auch das Leiden sein Ziel und Ende haben wird.

Auf dieser Erde findet aber das Kreuz sein Ende nicht. Wenn du dein Kreuz unwillig trägst, so legst du darauf ein zweites Kreuz, machst dir die Bürde noch einmal so schwer und wirst sie am Ende doch ganz tragen müssen.

Wenn du ein Kreuz gewaltsam abschüttelst, so wirst du dir ohne Zweifel wieder ein anderes aufladen, und dies andere wird vielleicht schwerer sein als das vorige.

6. Glaubst du, du allein könntest ohne Kreuz durchkommen, da doch kein einziger Sterblicher ohne Kreuz durchkam?

Wie heißt denn der Heilige, der ohne Kreuz und Trübsal in der Welt war?

Selbst unser Herr Jesus Christus war nicht *eine* Stunde ohne Leiden, solange er auf Erden lebte.

Denn Christus mußte leiden und von den Toten auferstehen und so in seine Herrlichkeit eingehen (Lk 24, 26).

Wie willst du dir einen anderen Weg aussuchen als diesen königlichen Weg, den Weg des heiligen Kreuzes?

7. Das ganze Leben Christi war lauter Kreuz und Marter, und du willst nichts als Ruhe und Freude haben?

Irregegangen, weit irregegangen bist du, wenn du etwas anderes suchst als Leiden, weil dies ganze sterbliche Leben voller Elend und überall von Kreuz und Plagen gezeichnet ist.

Und je weiter einer im Leben des Geistes vorwärtsgeschritten ist, desto schwerere Kreuze werden ihm begegnen.

Denn je lieber ihm sein Vaterland wird, desto schmerzlicher wird es für ihn, außerhalb seines Vaterlandes leben zu müssen.

8. Doch wird es ihm bei seinen vielerlei Plagen nicht lange an Tröstungen, die sein Leiden mildern, fehlen können; denn es werden ihm aus dem Kreuz, das er mit Geduld trägt, die besten Früchte erwachsen.

Indem er sich seinem Kreuz freiwillig unterwirft, tritt die Zuversicht freundlich zu ihm und verwandelt die Bürde der Zeit in so viele Tröstungen der Ewigkeit.

Je mehr das Fleisch durch den Druck des Leidens geschwächt wird, desto mehr wird der Geist durch die innerliche Gnade gestärkt.

Manchmal fühlt der Geist bei seiner Trübsal und Plage ein solches Übermaß von Stärke, daß er, durchdrungen von der Liebe zu unserm Herrn Jesus Christus und voller Freude über die Gleichheit zwischen seinem Leiden und dem Kreuze Christi, nicht einmal ohne Trübsal und Schmerz leben möchte.

Er glaubt, daß er seinem Gott desto angenehmer sein wird, je mehr und je schwerere Leiden er für das Reich Gottes wird ausstehen müssen.

Dies ist aber nicht Menschenwerk. Es ist Gnade Christi, die in dem sterblichen Fleisch so viel vermag, so viel zustande bringt, daß der Mensch das, was er seiner sinnlichen Natur nach scheut und flieht, im glühenden Eifer seiner besseren Natur mutig angreift und liebgewinnt.

9. Das ist nicht in der Natur des sinnlichen Menschen, daß er sein Kreuz trage und liebe, das Fleisch züchtige und unter die Herrschaft des Geistes bringe; der Ehre und dem Lobe der Menschen aus dem Wege gehe und die Schmach

willig ertrage; sich selbst verschmähe und es gern sehe, daß ihn andere verschmähen; alles Widrige mit Aufopferung seines Vorteils erdulde und nichts von den glänzenden Freuden der Erde verlange.

Wenn du immer nur auf deine eigne Kraft hinsiehst, wirst du, dir selbst überlassen, so große Dinge nicht tun können.

Aber wenn du auf den Herrn vertraust, wird dir Stärke vom Himmel gereicht und Fleisch und Welt unter deine Herrschaft gebracht werden.

Auch dein Feind, der Teufel, wird für dich nichts Furchtbares mehr haben, wenn du die Waffenrüstung des Glaubens angezogen hast und mit dem Kreuz Christi bezeichnet bist.

10. Sei also als guter, treuer Knecht Christi bereit, das Kreuz deines Herrn ihm mutvoll nachzutragen, ihm, der sich aus Liebe zu dir ans Kreuz schlagen ließ und daran starb.

Sei bereit, in diesem Leben viel Widriges und mancherlei Drangsale auszustehen.

Denn sei, wo du willst, anders wird es dir nirgends ergehen, und verbirg dich, wo du willst, anders wirst du es nirgends finden.

Und so muß es auch sein; denn du kannst bei der Bedrängung durch die Gottlosen und bei den schmerzenden Gedanken von außen dem Leiden nicht entgehen als nur durch Leiden.

So trinke denn mit herzlicher Zuneigung zu dem Herrn aus seinem Leidenskelch, wenn du sein Freund sein und an seiner Herrlichkeit teilnehmen willst.

Was aber die Tröstungen betrifft, so stelle sie Gott anheim. Er mache es auch mit den Tröstungen nur, wie es ihm gefällt.

Du mußt aber immer zum Leiden bereit sein und was Drangsal ist, für Labsal halten lernen.

Denn die Drangsale dieser Zeit sind nicht zu vergleichen mit der zukünftigen Herrlichkeit (Röm 8, 18).

Sie würde den Wert deiner Geduld auch alsdann noch

unvergleichbar übersteigen, wenn du allein alle Drangsale hättest ausstehen können.

11. Bist du einmal soweit, daß dir die Bitterkeit des Leidens um Christi willen süß und schmackhaft wird, dann magst du glauben, daß es gut um dich steht. Dann hast du das Paradies auf Erden gefunden.

Solange dir aber das Leiden bitter ist und du ihm so gern aus dem Wege gehen möchtest, so lange wird es nie recht gut um dich stehen, und es wird dir, wohin du auch fliehen solltest, auf deiner Flucht überall eine Plage nachfolgen.

12. Wenn du dich auf all das gefaßt machen kannst, worauf du gefaßt sein sollst, nämlich auf Leiden und Sterben, dann wird es mit dir schnell besser werden, und du wirst Frieden haben.

Wärest du auch mit Paulus in den dritten Himmel verzückt, so wärest du doch vor Leiden und Trübsal nicht sicher.

Denn gerade von Paulus spricht Jesus: Ich will ihm zeigen, was er alles um meines Namens willen wird leiden müssen (Apg 9, 16).

Leiden ist und bleibt also dein Erbteil hienieden, wenn du Jesus lieben und ihm ohne Unterlaß dienen willst.

13. Ach, daß du würdig wärest, um des Namens Jesu willen etwas zu leiden!

Welch große Herrlichkeit würde für dich, welch göttlicher Jubel für alle Heiligen Gottes, welch gründliche Erbauung für deinen Nächsten daraus entstehen?

Denn Geduld empfehlen alle, obgleich wenige sie auszuüben vermögen.

Allerdings solltest du gern ein geringes Leiden für Christus tragen lernen, da viele so ungleich schwerere Leiden für die Welt ausstehen.

14. Laß es dir doch einmal recht gewiß und klar werden, daß das Sterben dein eigentliches Leben sein sollte.

Je mehr einer sich selbst stirbt, desto mehr fängt er an, seinem Gott zu leben.

Niemand ist fähig, himmlische Dinge zu verstehen, der nicht zuvor gelernt hat, für Christus widrige Dinge zu leiden. Nichts ist Gott angenehmer, nichts ist dir heilsamer auf Erden, als gern für Christus zu leiden.

Und wenn dir die Wahl freistünde, so müßtest du eher wünschen, recht viel Widriges für Christus zu leiden, als mit vielen Tröstungen erquickt zu werden, weil du auf dem Weg des Leidens Christus ähnlicher und allen seinen Heiligen gleicher wirst.

Denn unser rechtes Verdienst und das eigentliche Fortschreiten im Guten besteht nicht in vielen Tröstungen und Süßigkeiten, die wir genießen, sondern vielmehr in großen Drangsalen und schweren Lasten, die wir geduldig tragen.

15. Gäbe es für Menschen einen sichereren und besseren Weg zum Heil als den Weg des Leidens, so hätte Christus mit Wort und Beispiel ihn uns sicherlich gewiesen.

Hat er doch alle Jünger, die ihm nachfolgten und auch die ihm nachfolgen wollten, so klar wie möglich zum Kreuztragen angewiesen, indem er spricht: Wenn jemand mir nachfolgen will, der verleugne sich selbst, nehme sein Kreuz auf sich und folge mir nach (Mt 16, 24).

Nachdem man also alles gelesen und geforscht hat, muß man es doch bei der Schlußfolgerung bewenden lassen, daß man durch viele Trübsal in das Reich Gottes eingehen müsse (Apg 14, 21).

Drittes Buch

Vom inneren Troste

1. KAPITEL

Von dem Worte Christi in uns

Der Mensch spricht:

1. So will ich denn hören, was der Herr, mein Gott, in mir spricht (Ps 84, 9).

Selig die Seele, die den Herrn in ihrem Innersten reden hört und aus seinem Munde das Wort des Trostes vernimmt!

Selig die Ohren, die das leise Wehen des göttlichen Geistes vernehmen und von dem wilden Geräusch dieser Welt nichts hören!

Wahrhaftig, selig die Ohren, die nicht hören auf die Stimme, die von außen schallt, sondern auf die Wahrheit, die im Innern lehrt!

Selig die Augen, die für das Äußere verschlossen und für das Innere offen sind!

Selig die Menschen, die ins Innere eindringen und durch tägliche Übungen fähig werden, die Geheimnisse des Himmels zu erfassen!

Selig, die Mut haben, sich von allen Hindernissen der Welt loszureißen und sich ganz ihrem Gott allein zu weihen!

Nimm das wohl zu Herzen, meine Seele, und schließe die Tore deiner Sinne zu, damit du hören mögest, was der Herr, dein Gott, in dir redet.

2. Dies sagt dein Geliebter: Ich bin dein Heil (Ps 34, 3), ich dein Friede, ich dein Leben.

Halte dich fest an mir, so ist dein Friede gefunden!

Gib alles Vergängliche daran und suche nur das Ewige!

Was ist doch alles Zeitliche anders, als zeitlich fähig, deinen unvergänglichen Geist zu betören, und alle Geschöpfe, was nützen sie dir, wenn du von dem Schöpfer verlassen wärest!

So reiße dich denn los von allem, was vergänglich ist, und ergib dich wieder deinem Schöpfer, um ihm zu gefallen.

Gib dich ihm allein und nimm dich von ihm nicht mehr zurück, damit du die wahre Seligkeit ergreifen mögest.

2. KAPITEL

Die Wahrheit redet in uns ohne Geräusch von Worten

Der Mensch spricht:

1. Rede Du, o Herr! Denn sieh, Dein Knecht horcht auf Dein Wort! (1 Sam 3, 9)

Dein Knecht bin ich, gib mir Verstand, damit ich verstehe, was Du lehrst. Neige zuerst mein Herz zu den Worten, die aus Deinem Munde kommen (Ps 118, 125, 36), alsdann fließe Deine Rede wie Tau in meine Seele (Dt 32, 2).

Einst sprachen die Kinder Israels zu Moses: Rede du zu uns, und wir werden darauf hören; aber der Herr rede nicht mit uns, damit wir nicht etwa sterben (Ex 20, 19).

Nicht so bete ich, o Herr, nicht so.

Ich bete vielmehr wie Samuel mit seiner Demut und seinem regen Verlangen: Rede Du, o Herr, denn sieh, Dein Knecht horcht auf Dein Wort.

Nicht Moses oder einer der Propheten rede zu mir. Du, o Herr, Du, mein Gott, rede zu mir.

Denn Du bist das Licht, das alle Propheten erleuchtet, Du bist der Geist, der zu allen Propheten gesprochen hat.

Du kannst ohne sie, durch Dich allein mich vollkommen unterweisen; sie aber vermögen ohne Dich nichts.

2. Die Menschen können hochklingende Worte sprechen, aber den Geist geben sie nicht.

Lieblich ist dem Ohre, was sie sprechen, aber das Herz des Hörenden bleibt kalt dabei, wenn Du nicht mitsprichst.

Buchstaben lehren sie, aber den Sinn öffnest Du.

Geheimnisse verkünden sie, aber den Schlüssel, der die Geheimnisse aufschließt, den hast Du; Du allein schließt auf, was verschlossen ist.

Gebote rufen sie aus im Lande, aber Kraft, sie zu halten, gibst Du.

Auf den Weg weisen sie mit dem Finger, aber die Kraft zum Gehen gibst Du.

Sie wirken nur von außen, aber Du wirkst im Innern, unterweist und erleuchtest die Herzen.

Sie begießen von außen, Du gibst das Gedeihen im Innern.

Sie bringen den Schall des Wortes in das Ohr, Du den Verstand in das Herz, daß wir auch verstehen, was wir hören.

3. Also nicht Moses rede zu mir, sondern Du, mein Herr und Gott.

Du, die ewige Wahrheit rede zu mir, damit ich nicht wie ein unfruchtbarer Baum verwelke und sterbe, wenn mich nur das Wort von außen gemahnt und nicht das Wort von innen entflammt hätte.

Rede Du zu mir, damit mir nicht zum Gerichte werde das Wort, das ich gehört und nicht befolgt, erkannt und nicht geliebt, geglaubt und nicht erfüllt habe.

So rede zu mir, o Herr, Dein Knecht hört darauf.

Du hast Worte des ewigen Lebens. Rede, damit meine Seele getröstet, mein ganzes Leben gebessert und Dein Name gelobt, gepriesen und ewig verherrlicht werde.

3. KAPITEL

Höre Gottes Wort in Demut und bewahre es mit aller Treue

Der Herr spricht:

1. Mein Sohn, höre meine Worte; denn sie haben an Süße und Lieblichkeit nicht ihresgleichen und übertreffen an Weisheit alles, was die Gelehrten und Weisen dieser Welt gelehrt haben.

Meine Worte sind Geist und Leben (Joh 6, 64), und wer

ihren wahren Gehalt innewerden will, darf sie nicht auf die Waagschale menschlichen Dünkels legen.

Wer sie verstehen will, darf sie nicht unter dem Einfluß seiner eitlen Neigungen hören; sie wollen in der Stille des Geistes gehört und mit aller Demut und Inbrunst des Herzens aufgefaßt werden.

Der Mensch spricht:

2. Da sage ich: Selig, den Du unterweist, o Herr, den Du Dein Gesetz verstehen lehrst, damit er in den heißen Tagen der Not Kühlung finde (Ps 93, 12, 13) und im dürren Lande nicht verschmachte.

Der Herr spricht:

3. Ich bin's, der die Menschen von Anfang an zu Propheten gemacht hat, und noch jetzt höre ich nicht auf, zu allen Menschen zu reden.

Aber viele haben für mein Wort nichts als taube Ohren und verschlossene Herzen.

Die meisten hören die Welt lieber als Gott, leben mehr nach den Lüsten ihres Fleisches als nach dem Wohlgefallen Gottes.

Die Welt verheißt nur zeitliche und unbedeutende Güter und hat doch die eifrigsten Diener.

Ich verheiße das allerhöchste und ewige Gut, und die Herzen der Menschen bleiben kalt und träge dabei.

Wer dient und gehorcht mir in allem, was ich gebiete, mit dem treuen Eifer, den die Kinder der Erde im Dienste der Welt und ihrer Herren beweisen?

Erröte, Sidon, ruft das Meer (Is 23, 4), und wenn du nach der Ursache fragst, so höre: Einer kleinen Pfründe wegen läuft man einen weiten Weg, und um des ewigen Lebens willen mögen viele nicht einmal den Fuß von der Erde aufheben.

Für nichtswürdige Dinge laufen sie sich müde, zanken und balgen sich um ein Groschenstück. Auf niederträchtige Weise mühen und plagen sie sich Tag und Nacht, um eine Kleinigkeit, ein Nichts zu erhaschen. O Schande! Um ein Gut, das ewig währt, um eine Belohnung, die unschätzbar ist, um die höchste Ehre, um eine Herrlichkeit, die kein Ende nimmt, sich auch nur ein wenig zu bemühen, dazu sind sie viel zu träge.

4. Erröte also, du fauler und mürrischer Knecht, vor dir selbst, daß jene viel eifriger an ihrem Verderben arbeiten als du an deinem ewigen Heil.

Jene haben mehr Freude an der Eitelkeit als du an der Wahrheit.

Zwar ihre Hoffnung schlägt ihnen manchmal fehl, aber meine Verheißung täuscht keinen einzigen, und wer sich mir anvertraut, den läßt sie nicht leer ausgehen.

Was ich versprochen habe, das werde ich geben; was ich gesagt habe, das werde ich erfüllen, wenn mir nur jemand in Liebe treu bleiben wird bis ans Ende.

Ich bin es, der alle Guten reichlich belohnt, ich, der alle Frommen streng prüft.

5. Schreibe dir meine Worte ins Herz und erwäge sie fleißig; denn zur Zeit der Versuchung werden sie dir willkommen und unentbehrlich sein.

Was du in der Stunde, da du es liest, noch nicht verstehst, das wirst du am Tage, da ich dich heimsuche, schon verstehen.

Heimsuchung für meine Freunde habe ich zweierlei: die eine heißt Verheißung, die andere Tröstung.

Ich habe auch zweierlei Vorlesungen für sie, die ich ihnen täglich halte: die eine, in der ich ihnen ihre Fehler verweise, die andere, in der ich sie zum Fortschreiten in allen Tugenden ermahne. Wer mein Wort besitzt und es verachtet, der hat schon seinen Richter am Jüngsten Tag (Joh 12, 38).

Gebet um die Gnade der Andacht

6. Mein Gott und Herr, all mein Gut bist Du, und was bin ich, daß ich mich unterstehe, mit Dir zu reden?

Ich bin Dein ärmster Knecht, ich krieche auf der Erde

wie ein verworfener Wurm, weit ärmer und verachtenswerter, als es mein Verstand denken kann und meine Zunge auszusprechen wagt.

Doch Du weißt alles, weißt es am besten, daß ich nichts bin, nichts habe, nichts vermag.

Du allein bist gut, gerecht, heilig.

Du vermagst alles, gibst alles, erfüllst alles, den Sünder allein läßt Du leer ausgehen.

Sei Deiner Barmherzigkeit eingedenk (Ps 24, 6), erfülle mit Deiner Gnade mein Herz. Die Gefäße, die Du geschaffen hast, wirst Du doch nicht leer lassen wollen?

7. Wie könnte ich mich in diesem elenden Leben ertragen, wenn mich Dein Erbarmen nicht stärkte, Deine Gnade nicht hielte!

Wende Dein Angesicht nicht von mir, laß Deine Heimsuchung nicht länger ausbleiben, entzieh mir Deine Tröstung nicht, daß meine Seele nicht von Dir werde wie ein dürstendes Land ohne Regen (Ps 142, 6).

Herr, lehre mich, Deinen Willen zu tun (Ps 142, 10). Lehre mich, in Demut vor Dir zu wandeln, wie es sich vor Deinem Auge ziemt; denn Du bist meine Weisheit.

Du kennst mich, was und wie ich bin, und Du kanntest mich, ehe ich zur Welt geboren, ja ehe noch die Welt geschaffen war.

4. KAPITEL

Wandle vor Gott in Wahrheit und Demut

Der Herr spricht:

1. Mein Sohn, wandle in Wahrheit vor mir und suche mich in Einfalt des Herzens allezeit.

Wer in Wahrheit vor mir wandelt, den wird die Allmacht vor den Anfeindungen der Bösen schützen und die Wahrheit von Verführern und den üblen Nachreden der Gottlosen freimachen.

Und hat dich die Wahrheit einmal freigemacht, dann hast du die wahre Freiheit, und die leidige Wortmacherei der Menschen wird sie dir nicht mehr entreißen können.

Der Mensch spricht:

2. Herr, es ist wahr, was Du sagst, es soll auch in mir wahr werden.

Deine Wahrheit soll mich lehren, sie soll mich behüten, sie soll mich bis zum Ziel des ewigen Heiles geleiten.

Deine Wahrheit mache mich los von aller bösen Neigung, von aller ungeordneten Liebe, und ich werde mit Dir wandeln in großer Freiheit des Herzens.

Der Herr spricht:

3. So will ich denn, spricht die Wahrheit, dich lehren, was recht ist und mir wohlgefällt.

Denke mit großem Abscheu und inniger Traurigkeit an deine Sünden und laß dir deine guten Werke den Kopf nicht mit Gedanken verwirren, als wenn du deshalb etwas wärest.

Wahrhaftig, du bist ein Sünder, bist vielen Leidenschaften unterworfen und in dein Elend tief verwickelt.

Dir selbst überlassen und von dir aus planst du immer Torheit und Nichtigkeit, wirst leicht überwunden, leicht verwirrt, leicht zerstreut.

Nichts hast du, was dir ein Recht zum Selbstruhm gäbe, aber vieles, was dich in deinen Augen gering und schlecht machen mußt; denn du bist viel schwächer, als du begreifst.

4. Von all dem, was du tust, soll dir also in deinen Augen nichts groß, nichts köstlich, nichts wunderbar, nichts achtenswert erscheinen.

Denn wahrhaft groß, wahrhaft lobens- und wünschenswert ist nichts, als was ewig ist.

Gefallen soll dir über alles die ewige Wahrheit, mißfallen soll dir stets deine Nichtswürdigkeit, die du, ohne einen Rechenfehler zu begehen, als übergroß annehmen darfst.

Nichts sollst du so sehr fürchten, so sehr verachten, so sehr fliehen als deine Sünden und Laster.

Sie sollten dir mißfallen, tiefer zu Herzen gehen als jeder zeitliche Verlust.

Manche wandeln nicht aufrichtig vor mir. Von Neugierde und Stolz geführt, wollen sie nur meine Geheimnisse innewerden, wollen die Tiefen der Gottheit durchforschen, dabei vernachlässigen sie sich selbst und ihr eigenes Heil.

Menschen dieser Art fallen oft in große Versuchungen und Sünden; denn Neugier und Stolz verschließen ihnen die Augen, und ich bin gegen sie.

5. Laß die Furcht vor Gottes Gericht tief in dein Herz dringen; zittre vor dem Zorn des Allmächtigen.

Wage nicht, die Werke des Allerhöchsten auszuforschen; forsche lieber im Abgrund deines Verderbens und zähle, wenn du es zählen kannst, wieviel Böses du getan, wieviel Gutes du unterlassen hast.

Manche schöpfen ihre Andacht bloß aus Büchern, andere aus Bildern, wieder andere aus äußerlichen Zeichen und Vorstellungen.

Manche haben mich im Munde, aber in ihrem Herzen ist wenig von mir.

Es gibt aber auch welche, die himmlisches Licht im Verstand und himmlische Reinheit im Herzen haben, immer nach dem Ewigen die Hände ausstrecken, ungern vom Irdischen reden hören, ihre natürlichen Bedürfnisse mit Unlust befriedigen.

Diese nehmen fleißig wahr, was der Geist der Wahrheit in ihnen spricht.

Denn er lehrt sie als Irdische verschmähen und das Himmlische lieben, das Vergängliche außer acht lassen und dem Unvergänglichen Tag und Nacht mit ungeteiltem Herzen anhangen.

5. KAPITEL

Die heilige Liebe in ihrer Macht und Herrlichkeit

Der Mensch spricht:

1. Vater im Himmel, Vater meines Herrn Jesu Christi, ich preise Dich, der Du mich in meiner Dürftigkeit nicht vergaßest!

Vater aller Erbarmungen und Gott alles Trostes, ich danke Dir, daß Du mich, obgleich alles Trostes unwert, dennoch Deines erquickenden Trostes zuweilen froh werden läßt!

Preisen, verherrlichen, anbeten möchte ich Dich immer und immer, Dich und Deinen eingeborenen Sohn und den Heiligen Geist, den Geist des Trostes, von Ewigkeit zu Ewigkeit. Amen.

Du, mein heiliger Freund, mein Gott und mein Herr, komme doch in mein Herz.

All mein Inneres frohlockte Dir in festlichem Jubel entgegen.

Du bist mein Ruhm, Du die Freude meines Herzens, Du meine Hoffnung, Du meine Zufluchtsstätte in den Tagen der Trübsal (Ps 58, 17).

2. Aber sieh, weil meine Liebe noch so schwach und meine Tugend noch so dürftig ist, deshalb wird mein Herz Deiner Tröstung und Deiner Stärkung nicht wohl entbehren können.

So suche mich denn öfter heim und unterweise mich in Deiner heiligen Wahrheit.

Erlöse mein Herz von allen Leidenschaften, die es gefangenhalten, und heile es von allen Neigungen, die es krank machen, damit ich, von allen Banden erlöst und von allen Krankheiten geheilt, endlich ganz rein und fähig werde zum Lieben, stark zum Leiden, mutvoll zum Ausharren.

3. Es ist ein großes Ding um die Liebe. Die Liebe ist in Wahrheit ein großes Gut.

Sie allein macht alle Bürden leicht und duldet alle widrigen Dinge mit Gleichmut.

Sie trägt die schwersten Lasten und fühlt sie nicht.

Sie macht alles Bittere süß, alles Widerliche schmackhaft. O die edle Liebe Jesu!

Sie treibt zu großen Taten und weckt das Verlangen, immer noch größere zu tun.

Was rechte Liebe ist, dringt aufwärts und will nicht unten auf der Erde kriechen.

Die Liebe will frei sein, fern von allem Weltsinn, damit ihr innerer Blick unbefangen bleibe und von keinem irdischen Gut geblendet, von keinem zeitlichen Ungemach niedergeschlagen wird. Lieblicher, mächtiger, erhabener, umfassender, seliger, vollkommener, edler als die Liebe ist im Himmel und auf der Erde nichts.

Denn sie ist aus Gott geboren und kann eben deshalb sich über alle Geschöpfe schwingen und nur in Gott ruhen.

4. Schnell ist der Lauf der Liebe, hoch ihr Flug, rein ihre Freude, frei und unaufhaltsam ihr Sinn.

Die Liebe gibt alles für alles und hat alles in allem.

Denn sie findet ihre Ruhe nur in dem einen höchsten Gut, das die Quelle alles Guten ist.

Die Liebe sieht nicht auf die Gabe, sie schwingt sich zum Geber hoch über alle Gaben hinauf.

Sie kennt kein Maß, und über alles Maß flammt ihr Eifer empor.

Die Liebe fühlt keine Last, findet in der Arbeit keine Mühsal, fragt in ihrem Streben nie: Wo nehme ich Kräfte her?

Sie klagt nicht über Unmögliches, denn sie glaubt: Ich kann alles und darf es auch.

Eben darum taugt sie zu allem, vollendet vieles und bringt zustande, was einer, der nicht liebt, ohnmächtig liegenläßt.

5. Die Liebe wacht und schläft im Schlafe nicht.

Keine Mühe ermüdet sie, keine Beklemmung beklemmt sie, kein Schrecken erschreckt sie; wie eine lebendige Flamme, wie eine hochbrennende Fackel dringt sie mächtig in die Höhe und bricht überall sicher durch.

Wer liebt, versteht den Schrei der Liebe, faßt den unendlichen Sinn des Wortes Liebe.

Ein Machtschrei in Gottes Ohr ist die glühende Empfindung einer Seele, die da ohne Worte spricht: Mein Gott, meine Liebe! Du ganz mein, ich ganz Dein!

6. Herr, weite mein Herz und fülle es aus mit Liebe, daß mein Innerstes kosten möge, wie süß es sei zu lieben, von Liebe zerfließen und im Meer der Liebe zu schwimmen!

Die Liebe halte mich fest, wenn ihre Flamme Maß und Grenze überschreitet und in heiligen Entzückungen mich über mich erhebt!

Das Lied der Liebe möchte ich singen lernen und Dir, meinem Geliebten, in der Höhe nachwandeln und im Lobsingen Deines Namens, im Jubel der Liebe aufgelöst werden!

Lieben möchte ich Dich mehr als mich und mich nur um Deinetwillen, und alle, die Dich lieben, möchte ich in Dir lieben können, wie es das Gesetz der Liebe gebietet, das Du lichthell in unsere Seele geschrieben hast.

Der Herr spricht:

7. Die Liebe ist schnell, aufrichtig, fromm, lieblich, froh, mild, stark, geduldig, treu, klug, langmütig, mannhaft und sucht nirgends sich selbst.

Denn wo einer sich selbst sucht, da hat er die Liebe schon verloren.

Die Liebe ist vorsichtig, demütig, offen, gerade, nicht weichlich, nicht leichtsinnig, nicht auf Eitelkeiten bedacht, nüchtern, keusch, standhaft, ruhig und in allen Sinnen wohlbewahrt.

Die Liebe ist untertänig und gehorsam den Obern, ist in ihren eigenen Augen gering und schlecht, ist Gott ganz ergeben, voll Dank und Zuversicht und harrt auch dann auf ihn, wenn sie keinen Geschmack an ihm findet; denn ohne Schmerzgefühl lebt sich's in der Schule der Liebe nicht.

8. Wer nicht entschlossen ist, für seinen Geliebten alles

zu leiden und ihm jeden Wink von seinem Auge abzusehen, der ist nicht wert, den schönen Namen eines Liebenden zu tragen.

Wer liebt, muß um seines Geliebten willen sich alles Bittre süß und alles Schwere leicht sein lassen.

Alles Ungemach mag über ihn kommen, aber kein Ungemach darf ihn von seinem Geliebten losreißen können.

6. KAPITEL

Prüfung der Liebe

Der Herr spricht:

1. Mein Sohn, du liebst mich zwar, aber deine Liebe hat noch nicht Licht und Kraft genug.

Der Mensch spricht:

2. Herr, warum nicht?

Der Herr spricht:

3. Ein geringes Hindernis kann dich so mutlos machen, daß du die Bahn, die du betreten hast, gleich wieder verläßt, dies ist dein erster Fehler.

Du läufst auch noch viel zu hitzig nach allem, was dir etwas Trost verheißt, dies ist dein zweiter Fehler.

Die kraftvolle Liebe steht fest in allen Versuchungen und traut den listigen Eingebungen des Feindes nicht.

Wie ich ihr in heiteren Tagen gefalle, so mißfalle ich ihr auch in trüben Stunden nicht.

4. Die erleuchtete Liebe sieht nicht so sehr auf die Gabe dessen, der liebt, als auf die Liebe dessen, der gibt.

Sie schätzt mehr das Herz, das von Liebe überfließt, als die Wohltat, die aus der Liebe fließt, und der Geliebte gilt ihr weit mehr als alle Gaben.

Die edle Liebe findet ihre Ruhestätte in keiner Gabe, sondern schwingt sich über alle Gaben und ruht in mir, dem Geber.

Deshalb ist aber nicht gleich alles verloren, wenn dein

Denken und Empfinden von mir oder von meinen Heiligen nicht immer so hell und rein ist, wie du es gern haben wolltest.

Denn jene liebliche und heilige Empfindung, die hie und da dein Inneres durchströmt, kommt von stärkeren Zuflüssen der himmlischen Gnade her und ist ein Vorgeschmack der Seligkeiten der himmlischen Heimat.

Aber auch auf diese liebliche Empfindung mußt du nicht sonderlich bauen; denn sieh, sie kommt und geht wieder.

Kämpfen gegen alle Regungen des Bösen, die du in dir wahrnimmst, und die Eingebungen der Hölle mit Verachtung zurückweisen, das ist das sicherste Wahrzeichen der Tugend, das ist das Ordensband des Verdienstes.

5. Wenn also gleich allerhand fremde, nichtswürdige Einbildungen deinen Kopf belagern, so übergib du nur die Festung nicht, sei mannhaft, bleib deinem Vorsatz treu und behaupte die gerade Richtung deines Herzens zu Gott.

Wenn auch deine Freude an Gott manchmal in hohe Entzückung übergeht und dein Herz bald darauf zu seinen alten Torheiten zurückgeht, so mußt du deshalb deine Tugend nicht gleich für eine Täuschung halten.

Denn der freie Wille erleidet in der Tat mehr bei jenen Schwachheiten, als daß er selbst mitwirkt.

Und solange sie dir mißfallen und dein Wille sich tapfer dagegen wehrt, so lange hast du in den Augen Gottes nur gewonnen und nicht verloren.

6. Vergiß die Warnung nie: dein alter Feind sucht im Grunde nichts anderes, als deinen Wettlauf nach Heiligkeit zu unterbrechen und dich von allen Übungen der Frömmigkeit abzulocken.

Er will es dahin bringen, daß du weder das Ehrwürdige an meinen heiligen Freunden ehren noch an meine Leiden in stiller Liebe denken, noch dein eigenes Herz bewahren, noch den gefaßten Entschluß, im Guten voranzustreben, erneuern möchtest.

Er bestürmt dich mit mancherlei bösen Gedanken, um

dich furchtsam, mißmutig und des Guten überdrüssig zu machen und dir nach und nach alles Beten und Lesen in heiligen Schriften zu verleiden.

Ein demütiges Bekenntnis deiner Sünden ist ihm ein Dorn im Auge, und er möchte dich auch vom Tisch des Herrn auf immer fernhalten, wenn er könnte.

Glaube seinem Wort nicht und fürchte seine List nicht, wenn er dir auch noch so oft Fallstricke legt. Versucht er durch böse und unlautere Bilder deine Einbildungskraft, so weise sie mit Verachtung zurück.

Sprich zu ihm: Fort mit dir, du unreiner Geist! Schäme dich, Elender! Du mußt ein sehr unreiner Geist sein, weil du mir solche Bilder, die deiner würdig sind, in den Sinn bringst. Weiche von mir, du erster aller Verführer! Du sollst keinen Teil an mir und kein Recht auf mich haben.

Denn Jesus ist *für* mich, und wenn Jesus, dieser tapfere Streiter, *für* mich ist, so mußt du zuschanden werden.

Ich will lieber sterben, ja alle Pein ausstehen, als eines Sinnes mit dir werden.

Du magst noch so viele Plagen auf mich wälzen wollen: der Herr ist mein Licht, mein Heil, wen soll ich fürchten? (Ps 26, 1)

Wenn sich ganze Kriegsheere gegen mich lagern sollten, mein Herz zittert nicht. Der Herr ist meine Hilfe, der Herr ist mein Erlöser (Ps 18, 15).

7. Kämpfe wie ein tapferer Streiter; und wenn du manchmal aus Schwachheit zur Erde fällst, so stehe wieder mutig auf und sammle im Aufstehen neue Kräfte, die die verlorenen reichlich ersetzen.

Erwarte mit Zuversicht von mir neue Gnaden, die dich mächtiger unterstützen, und bewahre dich sorgsam vor eitler Selbstgefälligkeit und aller Hoffart.

Selbstgefälligkeit und Hoffart sind es, die viele Menschen von Irrtum zu Irrtum treiben, sie vollends blind und ihre Blindheit nach und nach fast unheilbar machen.

Dieser Sturz der Hochmütigen, die mit blindem Frevel

auf sich selbst bauen, sei dir eine Schule der Wachsamkeit und Demut, und in dieser Schule beharre bis ans Ende.

7. KAPITEL

Demut sei Hülle und Hüterin der Gnade

Der Herr spricht:

1. Mein Sohn! Die Gnade der Andacht geheimhalten, dich deshalb nicht über andere erheben, nicht viel davon reden, nicht viel Gewicht darauf legen, vielmehr dich selbst verachten und auch in Hinsicht auf die Gnade der Andacht, die dir ohne dein Verdienst gegeben ward, nicht ohne alle Furcht sein: das ist für dich ohne Ausnahme das Sicherste und Beste.

Doch sollst du dein Herz sich nicht so fest daran klammern lassen; denn alles, was Empfindung ist, kann schnell dahin sein und einer andern Platz machen.

Ist die Gnade der Andacht da, so vergiß nicht, wie dürftig und elend du bist, wenn sie nicht da ist.

Auch besteht das wirkliche Fortschreiten im geistlichen Leben nicht etwa nur darin, daß du die Gnade himmlischer Tröstungen genießest, sondern auch darin und vorzüglich darin, daß du voll Demut und Selbstverleugnung, auch bei zurücktretender Gnade, dein Herz in Geduld bewahrst.

Laß deshalb den Eifer zum Gebet nicht kalt werden und die übrigen guten Werke, die du sonst getan hast, jetzt nicht ganz ungetan.

Vielmehr tue alles, was du noch tun kannst, nach deinem besten Willen und Können. Tue es willig und vernachlässige nicht etwa wegen der Dürre des Geistes und wegen der Angst der Seele, die dich drückt, dich selber ganz und gar.

2. Denn es gibt viele, die, wenn es ihnen nicht nach Wunsch geht, sogleich ungeduldig oder träge werden.

Der Mensch mag wohl gehen wollen, aber weder der Weg noch der Gang liegen immer in der Macht des Menschen.

Geben und trösten ist Gottes Sache.

Er gibt Trost, wem er will, wann er will und so viel er will, und nicht mehr.

Einige gingen in dem Gefühl der Andacht unbehutsam zu Werke und richteten sich selbst zugrunde, weil sie mehr tun wollten, als sie konnten, weil sie das geringe Maß ihrer Kräfte überspannten, weil sie sich mehr der Neigung ihres Herzens überlassen als den Ansprüchen der Vernunft zur Leitung übergeben wollten.

Und weil sie in Anmaßung des blinden Eifers größere Dinge unternahmen, als Gottes Wille durch sie ausrichten wollte, so war die Gnade – ehe sie sich versahen – dahin. Sie wollten ihr Nest in den Himmel bauen und fielen, sich selbst überlassen, auf die Erde herab.

Sie mußten arm und gering im Staub kriechen, damit sie in Armut und Niedrigkeit lernen möchten, nicht mehr mit ihren eigenen Flügeln in die Höhe zu fliegen, sondern unter der Decke meiner Flügel in stiller Zuversicht ruhen.

Die noch Neulinge und in der Führung des Herrn unerfahren sind, die kann leicht irgendein Schein täuschen oder eine Übermacht erdrücken, wenn sie nicht das Auge erfahrener Ratgeber ihren Leitstern sein lassen.

3. Wenn sie aber lieber ihrem eigenen Dünkel folgen als dem Urteil der Geübteren glauben wollen und also hartnäkkig auf ihrer vorgefaßten Meinung bestehen, so wird ihr Lauf oder Flug ein gefahrvolles Ende nehmen.

Die in ihren eigenen Augen sich selbst weise genug sind, haben eben deswegen selten Demut genug, die weise Anleitung anderer sich gefallen zu lassen.

Besser ist es, wenig Wissenschaft mit viel Demut als große Reichtümer von Wissenschaft mit viel Selbstgefälligkeit zu besitzen.

Besser für dich, wenig zu haben als viel, das dich durch Eitelkeit zugrunde richten kann.

Dem fehlt es sicherlich an Klugheit, der sich in der Stunde überströmenden Trostes ganz der Freude hingibt, seine vorige Dürftigkeit vergißt und die heilige Furcht Gottes verläßt, die nie selbstsicher wird, sondern immer sorgsam umhersieht, daß ihr ja die gegebene Gnade nicht wieder geraubt werde.

Auf der anderen Seite fehlt es auch *dem* an der Weisheit der Heiligen, der in der Stunde der Trübsal und Bedrängnis sogleich den Mut sinken läßt, in Verzweiflung hin und her schwankt und nicht mit so viel Zuversicht, als er noch könnte und sollte, den Gedanken an mich und den Sinn für mich in seinem Herzen festhält.

4. Wer in den Zeiten des Friedens zuviel Sicherheit in seinem Herzen wurzeln läßt, der wird in den Tagen des Krieges zuviel Furcht und Zaghaftigkeit spüren lassen.

Könntest du immer züchtig, demütig und gering in deinen Augen bleiben und die Bewegungen des Geistes wohl mäßigen und regieren, so würdest du nicht so oft in Gefahr geraten und nicht so leicht anstoßen.

Es ist ein weiser Rat: wenn in der Andachtsstunde die Flamme des Eifers lichterloh brennt, so denke, wie es dir zumute sein werde, wenn Licht und Feuer wieder verschwunden sind.

Und sind dann Licht und Feuer wirklich verschwunden, so denke, daß sie wiederkommen können, weil ich sie gegeben, weil ich sie auf eine Zeit zurückgenommen habe, um dich in der Wachsamkeit zu festigen und meinen Namen an dir zu verherrlichen.

5. Eine solche Prüfung ist für dich weit nützlicher, als wenn dir alles nach deinem eigenen Willen glücklich vonstatten ginge.

Denn das, was den eigentlichen Wert des Menschen ausmacht, muß man nicht messen nach den vielen Erscheinungen oder himmlischen Tröstungen, auch nicht nach der Breite und Tiefe seiner Schriftkenntnis oder der höheren Stufe des Amtes, der Ehre.

Der allein rechte Maßstab des Verdienstes besteht darin: in wahrer Demut tiefgegründet und mit Liebe zu Gott erfüllt sein; in allem die Ehre Gottes allein und allzeit und ohne alle Nebenabsicht suchen; sich für nichts achten und in Wahrheit verachten und mehr Freude an Verachtung und Erniedrigung als an Hochachtung und Erhöhung vor der Welt haben.

8. KAPITEL

Noch einmal und immer dasselbe:
sei gering in deinen Augen und vor deinem Gott

Der Mensch spricht:

1. Ich will zu meinem Herrn sprechen, obgleich ich Staub und Asche bin (Gen 18, 27).

Hielte ich mich für mehr als Staub und Asche, sieh, Herr, Du ständest auf gegen mich, und meine Sünden bezeugten die Wahrheit, und ich könnte diesem Zeugnis nicht widersprechen.

Sobald ich mich aber geringachte vor mir selbst und wie nichts vor Dir, o Gott, sobald ich alle eitle Hochschätzung meiner selbst an das Kreuz schlage und mich zum Staub erniedrige, wie ich auch Staub bin, dann eilt mir Deine Gnade mit ihrem holden Blick entgegen, und Dein Licht naht sich meinem Herzen.

Und wenn ich mich in diesem neuen Licht betrachte, dann ist alle eitle Wertschätzung meiner selbst, sie sei noch so geheim und leise, im Tal meines Nichts verschlungen und für alle Ewigkeit dahin.

In diesem Deinem Licht zeigst Du mir, was ich bin und was ich war, woher ich kam und wohin ich mich verirrte.

Da zeigst Du mir recht hell, daß ich nichts bin und nichts weiß. Werde ich mir selbst überlassen, so bin ich nichts als Schwäche und Gebrechlichkeit.

Aber wenn Du mich wieder anblickst, strömt mit Deinem Blick neue Kraft in meine Seele, neue Freude in mein Herz.

Wahrhaftig, ein großes Wunder! So schnell hebst du mich zu Dir empor; so zärtlich umarmst Du mich wieder, den seine eigene Schwere stets abwärts und bis in die unterste Tiefe zieht!

2. Das ist das Werk Deiner Liebe, die ohne all mein Verdienst meinen Bedürfnissen zuvorkommt, die mich in mancherlei Nöten unterstützt, die mich vor drohenden Gefahren bewahrt und, um die ganze Wahrheit zu sagen, mich von unzähligem Jammer erlöst.

Denn dadurch, daß ich mich töricht liebte, habe ich mich selbst verloren; da ich aber Dich allein suchte, und Dich allein um Deinetwillen liebte, habe ich mich und Dich miteinander gefunden und mich aus Liebe zu Dir noch tiefer in mein Nichts versenkt.

Denn Du, die Liebe selbst, süßer als jede andere Süßigkeit, handelst mit mir über alles Verdienst und gibst mir weit mehr, als ich mir zu hoffen oder zu bitten getraute.

3. Gelobt seist Du, mein Gott; den obgleich ich alles Guten unwert bin, so kann doch Deine unbegrenzte Güte, welche die Majestät Deines Wesens ausmacht, nimmer aufhören, wohlzutun, auch den Undankbaren, auch denen, die sich von Dir zu weit entfernt haben.

Bekehre Du uns alle zu Dir, damit wir alle dankbar, demütig und andächtig werden: denn Du bist unser Heil, Du unsere Kraft und unsere Stärke!

9. KAPITEL

Gott ist des Menschen höchstes Gut und letztes Ziel

Der Herr spricht:

1. Mein Sohn, wenn du die wahre Seligkeit finden willst, so muß ich dein höchstes und letztes Ziel sein.

Und wenn ich dein höchstes und letztes Ziel bin, dann einigt sich alles Sinnen und Trachten deines Herzens, das sich so oft zu dir und andern Geschöpfen abwärts neigt und eben dadurch befleckt wird, daß es sich abwärts neigt und auf der Erde kriecht.

Denn sobald du dich selbst in irgendeinem Ding suchst, so findest du dich auch, das ist: lauter Dürre und Ohnmacht zum Guten.

So mußt du denn alle Dinge zu mir als dem Urquell zurückführen; denn ich bin ja der eine Geber aller Dinge.

Lerne alle Dinge so ansehen, wie sie als so viele Bächlein aus dem höchsten Gut ausfließen, und leite ebendarum alle Dinge zu mir als ihrem Ursprung wieder zurück.

2. Groß und klein, arm und reich, alle schöpfen aus mir als ihrer lebendigen Brunnquelle lebendiges Wasser.

Und die mir aus freier Liebe dienen, die erhalten Gnade um Gnade von mir.

Wer aber anderswo als in mir Ehre sucht oder in einem andern Gut als in mir, in einem Gut, das ihm besonders angehören soll, Freude finden will, der sucht umsonst. Nirgends wird er dauerhaft Freude finden, überall wird es seinem Herzen zu eng sein, und auf allen seinen Wegen wird ihm Hindernis und Herzeleid begegnen.

Du mußt also das Gute, das etwa in dir sein mag, nicht dir und die Tugend, die du in irgendeinem Menschen findest, nicht dem Menschen, du mußt alles Gute Gott zuschreiben. Denn ohne Gott hat der Mensch nichts Gutes.

Ich habe alles gegeben, was gut ist, und ich will alles wiederhaben; ich fordere den Dank, der mir alles wiedergibt von allen, die Gutes empfangen haben, und fordere diesen Dank mit großer Strenge.

3. Dies ist die rechte Wahrheit, die alle eitle Ruhmgier aus dem Herzen des Menschen verbannt.

Und wenn in irgendeinem Herzen die himmlische Gnade und die wahre Liebe Herberge nehmen, da finden Neid und Eigenliebe und alles, was dir die Freiheit des Herzens rauben könnte, keinen Platz mehr.

Denn die göttliche Liebe überwindet alles Ungöttliche und erweitert alle Kräfte der Seele.

Hast du einmal die rechte Weisheit gefunden, dann findest du keine Freude mehr als in mir allein, dann ruht alle Hoffnung auf mir allein.

Denn niemand ist gut als Gott allein (Mk 10, 18), und wer der Alleingute ist, der soll auch über alles gelobt und in allem verherrlicht werden.

10. KAPITEL

Selig, wer das Vergängliche verschmäht und dem Unvergänglichen dient

Der Mensch spricht:

1. Nun kann ich nimmer länger schweigen: ich muß wieder einmal reden, wieder einmal vor meinem Gott, vor meinem Herrn und König, der da in der Höhe ist, mein ganzes Herz ausbreiten.

Wie groß ist doch die Fülle der Süße, die Du für alle die, welche in heiliger Furcht vor Dir wandeln, im Verborgenen aufbewahrt hast (Ps 30, 20). Und wenn Du denen schon so lieblich und so süß bist, was mußt Du erst denen sein, die Dir von ganzem Herzen in Liebe dienen?

Wahrhaftig, unaussprechliche Seligkeit genießen alle, die Dich lieben in der Anschauung Deiner Liebe!

Deine Liebe hat sich auch an mir nicht unbezeugt gelassen. Sie hat mich erschaffen, da ich nicht war, sie hat mich zu Dir, zu Deinem heiligen Dienst wieder zurückgeführt, da ich irregegangen war; hat mir ein süßes Gebot ins Herz geschrieben, das Gebot, Dich zu lieben.

2. O Quelle der ewigen Liebe, was soll ich von Dir sagen?

Wie sollte ich Deiner vergessen können, da Du, der Hocherhabene, noch an mich dachtest, auch nachdem ich schon in Sünde dahingesunken und zugrunde gegangen war?

Du hast Dein Erbarmen über all mein Hoffen an Deinem Knecht walten lassen; hast mir, ohne all mein Verdienst, Deine Gnade und Freundschaft wiedergeschenkt.

Wie kann ich Dir doch für diese Gnade genug danken?

Denn das ist nicht allen Menschen gegeben, daß sie allem Vergänglichen entsagen, die Welt mit ihren Freuden verlassen und in irgendeinem Kloster ein wahrhaft geistliches Leben führen.

Ist es denn etwas Großes, daß ich Dir diene, da Dir jedes Geschöpf dienen muß? Das soll in meinen Augen nichts Großes sein, daß ich Dir diene; vielmehr soll das in meinen Augen groß und wunderbar sein, daß Du so gütig warst, ein so ärmliches und unwürdiges Wesen in die Zahl Deiner Diener aufzunehmen und mit Deinen geliebten Knechten zu vereinigen.

3. Sieh, Dein ist alles, was ich habe und womit ich Dir diene.

Doch in Wahrheit dienst Du mir weit mehr als ich Dir.

Himmel und Erde, die Du zum Dienst des Menschen erschaffen hast, stehen bereit und tun täglich, was Du ihnen geboten hast.

Und dies ist noch wenig; selbst die Engel hast Du zum Dienste der Menschen bestellt.

Und was dies alles weit übersteigt: Du hast den Menschen so hoch erhoben, da Du selbst ihm dienen, daß Du Dich selbst ihm geben willst nach Deiner Verheißung.

4. Was werde ich Dir denn für alle diese tausend und abertausend Gaben wiedergeben?

O könnte ich alle Tage meines Lebens in Deinem Dienst zubringen!

Könnte ich Dir auch nur einen einzigen Tag würdig dienen!

Wahrhaftig, Du bist alles Dienstes, aller Ehre und des ewigen Lobes würdig!

Du bist wahrhaftig mein Herr, und ich bin Dein Knecht.

Ich sollte Dir mit allen meinen Kräften dienen, sollte im Lobpreis Deines Namens nie überdrüssig werden.

So wollte ich es gern, so wäre es der Wunsch meines Herzens, und was mir fehlt, das ersetze Du selber gnädiglich!

5. Es ist eine große Ehre, ein großer Ruhm, Dir zu dienen und um Deinetwillen alles übrige zu verschmähen.

Denn große Gnaden werden denen zuteil, die sich in freier Liebe Deinem heiligen Dienst geweiht haben.

Die süßen Tröstungen des Heiligen Geistes werden die zu genießen haben, die aus Liebe zu Dir alle Vergnügungen der Sinne preisgegeben haben.

Große Freiheit des Herzens, weiten Raum in sich werden die gewinnen, die um Deines Namens willen die schmale Bahn des Lebens der breiten vorziehen und die kleinlichen Angelegenheiten der Welt großmütig verachten.

6. Es gibt also eine edle Knechtschaft, die den Menschen wahrhaft frei und heilig macht.

Gott dienen – o liebliche, selige Knechtschaft!

O heiliger Stand, in dem sich die Diener Gottes befinden! Ein Stand, der den Menschen Gott wohlgefällig, den Engeln gleich, der Hölle fürchterlich, allen Guten ehrwürdig macht!

Wahrhaftig, ein Gottesdienst, der uns stets wünschenswert, allzeit willkommen sein soll!

Er macht uns würdig, das höchste Gut zu erlangen; er verschafft uns eine Freude, die kein Ende hat.

11. KAPITEL

Prüfe deine Wünsche und mäßige all dein Verlangen

Der Herr spricht:

1. Mein Sohn, du hast noch vieles hinzuzulernen, was du bisher noch nicht gut gelernt hast.

Der Mensch spricht:

2. Herr, was ist dies?

Der Herr spricht:

3. Das mußt du noch lernen: Mein Wohlgefallen als die einzige Richtschnur all deines Verlangens ansehen; nicht dich lieben, sondern meinen Willen in edlem Wetteifer vollbringen.

Es fehlt bei dir nicht an Begierden, die dich schnell entzünden und mächtig treiben.

Aber prüfe dich genau, was dich denn eigentlich entzünde und treibe, ob meine Ehre oder dein Nutzen.

Bin ich es, dessen Ehre dich in Bewegung setzt, so wirst du jedesmal ganz zufrieden sein, ob ich es so ordne oder anders.

Sobald du aber dich selbst suchst, und sei dies Suchen noch so geheim, so ist es eben dies geheime Suchen deiner selbst, du selbst bist es, was dich fesselt und drückt.

4. Darum baue nicht sonderlich auf irgendein Verlangen deines Herzens, das du, ohne mich zuvor um Rat gefragt zu haben, in dir aufkommen ließest.

Denn es kann dich bald gereuen, was du als das Bessere so eifrig suchtest; bald kann dir mißfallen, was dir als das Schönere sonderlich wohlgefiel.

Du mußt nicht jeder Bewegung, die dir gut zu sein scheint, sogleich folgen, und nicht jede Empfindung, die dir zuwider ist, sogleich verwerfen.

Du mußt auch öfters in frommen Übungen der vordringenden Begierde den Zaum anlegen.

Sonst könnte das ungestüme Treiben dein Gemüt zerstreuen, dein zuchtloses Betragen den Schwachen zum Ärgernis werden und der heftige Widerstand anderer dich selbst in Verwirrung und zum plötzlichen Fall bringen.

5. Manchmal muß man aber gegen die Anfechtungen der Sinnlichkeit mit Gewalt angehen und ihnen mannhaften Widerstand entgegensetzen; man muß gar nicht darauf achten, was das Fleisch will oder nicht will, sondern muß mit allen Kräften dahin arbeiten, daß das Fleisch auch gegen seinen Willen dem Geist unterworfen wird.

Und so lange muß die sinnliche Natur in Zucht gehalten, so lange zur Unterwürfigkeit gezwungen werden, bis sie sich zu allem bereitwillig zeige, sich mit wenigem begnügen lerne, am Einfachen Freude habe und sich keine einzige Widerrede mehr gegen etwas Widriges erlaube.

12. KAPITEL

Wie man in Geduld und im Kampf gegen die Begierde bestehen kann

Der Mensch spricht:

1. Mein Herr und mein Gott, Geduld ist mir, soweit ich sehe, ein unentbehrliches Ding; denn dieses Leben hat so viel Widriges, daß man ohne Geduld nicht wohl durchkommen kann.

Wenn ich auch alles tue, was ich tun kann, um Friede und Ruhe in meinem Herzen zu erhalten, so kann es denn doch nicht anders sein, als daß es immer etwas Unangenehmes gibt, das ich leiden, etwas Böses, wogegen ich streiten muß.

Der Herr spricht:

2. So ist es, mein Sohn! Aber das ist auch mein Wille nicht, daß du einem solchen Frieden nachlaufen sollst, der dir für Versuchungen und Leiden einen Freiheitsbrief mitbrächte.

Vielmehr sollst du glauben, erst dann auf der rechten Friedensbahn zu wandeln, wenn du durch allerlei Drangsale geläutert und durch viele widrige Erfahrungen bewährt sein wirst.

Wenn du sagst, du könntest nicht so viel leiden, so sage mir: wie wirst du denn einst das große Reinigungsfeuer aushalten können?

Unter zwei Übeln muß man doch immer das geringere wählen. Damit du also nicht den Strafen der Ewigkeit anheimfallest, so übe dich darin, daß du die Leiden dieser Zeit im Aufblick zu Gott und für die Sache Gottes gleichmütig tragen lernst.

Und außerdem: Glaubst du denn, daß die Menschen, die nach dem Geist der Welt leben, nichts oder nur wenig zu leiden haben?

Frage bei denen nach, die den feinsten Sinn für die Freuden der Welt haben, und sie werden dir anderes sagen.

3. Aber, denkst du, sie haben doch auch viele Freuden zu

genießen, leben im Grunde doch nur nach ihrem eigenen Willen, und eben deswegen halten sie ihre Drangsale nicht für sonderlich groß.

4. Sei es so: hätten sie auch alles, was sie wollten, sage mir, wie lange glaubst du denn, daß dies ihr elendes Paradies auf Erden dauern werde?

Sieh, die hier alles in Überfluß haben, wie Rauch vergehen sie (Ps 36, 30), wie nichts verschwindet ihre Herrlichkeit, und sie werden die Freuden, die sie hier genossen haben, nicht einmal mehr im Traum der Einbildungskraft wieder genießen können.

Aber auch hier, solange dieses Leben währt, können sie nirgends wahre Ruhe finden; denn Bitterkeit, Furcht und Überdruß mischen sich in alle ihre Freuden.

Und eben das, worin sie Freude suchen, bringt ihnen oft eine reiche Ernte von Schmerz und Strafe ein.

Das ist eben das Gesetz der Gerechtigkeit: Weil sie gegen die Ordnung den törichten Freuden nachlaufen, so können sie den ungeordneten Trieb nach Freude nicht ohne das Gefühl von Scham und Schmerz befriedigen.

5. Wie kurz und trügerisch, voll Unordnung und Schande sind doch alle diese Vergnügungen!

Aber da die Menschen der Verblendung und dem Rausch hingegeben sind, so sehen sie dies mit sehenden Augen nicht.

Wie vernunftlose Tiere vergraben sie sich in die hinfälligen Freuden dieses kurzen Lebens und finden in diesem Lebensgenuß den Tod der Seele.

Also eile nicht deiner Begierde nach, lieber Sohn! Wende dich vielmehr weg von all dem, zu dem dich deine Begierde hinzieht (Prd 18, 30).

Suche deine Freude im Herrn, und er wird dir geben, was dein Herz verlangt (Ps 36, 4).

6. Wenn du wahre Freude finden und überfließende Tröstung von mir erhalten willst, so fasse Mut, alle Lust der Welt zu verschmähen und alle niedere Freude aufzugeben.

Darin wirst du Segen finden, dafür wird dir eine reiche Quelle des inneren Trostes geöffnet werden.

Und je mehr du den Trost, den dir die Geschöpfe anbieten, verschmähen lernst, desto süßer und inniger wird die Fülle des Trostes sein, den du in mir findest.

Aber anfangs wird es dich manchen heißen Kampf kosten, und du wirst dich durch manche finstere Stunde durchschlagen müssen, bis du dahin gelangst.

Entgegensetzen wird sich dir die tiefgewurzelte Gewohnheit, aber sie wird durch eine neue, bessere Angewöhnung überwunden werden.

Empören wird sich dagegen das Fleisch, aber diese Empörung wird durch den siegenden Eifer des Geistes wieder überwunden werden.

Reizen wird dich die alte Schlange und durch ihre Reizungen deinen Kampf noch heißer machen, aber das Gebet wird sie verscheuchen, und eine nützliche Beschäftigung wird ihr Tür und Tor verriegeln.

13. KAPITEL

Jesus, dein Vorbild in Demut und Gehorsam

Der Herr spricht:

1. Mein Sohn, wer gern das Band das Gehorsams auflösen möchte, das ihn an seinen Obern knüpft, der löst auch das Band der Gnade, das ihn an Gott knüpft.

Und wer immer nur Eigenes haben will, der verliert am Ende das Gemeinsame.

Wer seiner Obrigkeit nicht gern und willig gehorcht, der beweist dadurch, daß ihm seine sinnliche Natur noch nicht voll Gehorsam leistet, sondern oft gegen ihn murrt und ausschlägt.

Lerne also, dich deinen Obern ohne Widerrede zu unterwerfen, wenn du eigenes Fleisch unter das Joch bringen willst.

Denn dein äußerer Feind, der Leib, wird bald in Ordnung gebracht sein, wenn in deinem inneren Menschen, in deinem Geist, keine Unordnung mehr herrscht.

Dein schlimmster und lästigster Feind bist du selbst, wenn du dich mit dem heiligen Gesetz deines Geistes entzweist.

Du mußt also dich selbst verleugnen lernen, wenn du Fleisch und Blut meistern willst.

Eben deshalb, weil du dich selbst gegen alle Ordnung so unsinnig liebst, sträubt sich dein Wille so sehr, sich einem Fremden Willen völlig zu unterwerfen.

2. Aber was ist es denn Großes, wenn du, Staub und nichts vor mir, um Gottes willen doch einem andern Menschen unterwirfst, nachdem ich, der Allmächtige, der Schöpfer aller Dinge, mich um des Menschen willen dem Menschen unterworfen habe?

Ich bin der Allerniedrigste und Allerletzte geworden, um durch meine Demut deinen Stolz zu brechen.

Lerne gehorsam sein, du Erdenstaub!

Lerne dich erniedrigen, denn du bist aus Staub gemacht!

Lerne dich unter alle Menschen erniedrigen!

Lerne deinen Eigenwillen brechen und gern allen Menschen untertänig sein.

3. Laß einen heiligen Eifer in dir gegen dich entbrennen, laß den aufblähenden Stolz in dir nicht Wurzel fassen, nicht Leben gewinnen.

Sei so klein in deinen Augen und so willig zum Gehorsam, daß jeder Pilger über dir als Erdenstaub einhergehen und jeder Fußtritt dich wie Gassenkot zertreten könnte.

O Mensch, du unstetes, eitles Ding, worüber hast du denn zu klagen?

Ein Sünder, voll Geschwüre, wie darfst du gegen die, die dich lästern, deinen Mund auftun, der du wider deinen Gott so oft gesündigt und dich der Höllenstrafe so vielmals schuldig gemacht hast?

Aber sieh, schonend blickte mein Vaterauge auf dich herab, weil dein unsterblicher Geist in meinen Augen köstlich ist.

Schonend blickte mein Vaterauge auf dich herab, damit du meine Liebe doch einmal erkennen und im Dankgefühl gegen mich wahre Demut und wahren Gehorsam gegen andere Menschen beweisen und die Verachtung, die dir von andern begegnet, mit Geduld ertragen lernst.

14. KAPITEL

Die geheimen Gerichte Gottes

Der Mensch spricht:

1. Herr, Deine Gerichte donnern fürchterlich über meinem Haupt; mit Furcht und Zittern zermalmst Du all mein Gebein, und tiefer Schrecken liegt auf meiner Seele.

Ich stehe und staune und denke den schauerlichen Gedanken: In Deinen Augen sind auch die Himmel nicht rein (Job 15, 15).

Wenn Du in den Engeln Sünde gefunden hast (Job 4, 18) und die Engel nicht schontest, was wird mit mir geschehen?

Sterne sind vom Himmel gefallen (Offb 6, 13), und ich, Staub der Erde, wie wage ich es zu hoffen?

Menschen, deren Handlungen den Schein des Guten hatten, fielen in den Abgrund des Bösen, und die das Brot der Engel aßen, sah ich mit den Trebern der Schweine ihre Gier befriedrigen.

2. So steht denn keine Heiligkeit fest, wenn Du, Herr, Deine Hand zurückziehst.

So rettet denn keine Weisheit, wenn Du nicht regierst.

So hilft denn keine Stärke, wenn Du nicht schützest.

So dauert denn keine Keuschheit, wenn Du sie nicht bewahrst.

So nützt denn keine eigene Wachsamkeit, wenn Dein heiliges Auge nicht wacht.

Wenn uns Deine Hand losläßt, so fallen wir ins Wasser

und gehen unter; wenn uns aber Deine Hand anfaßt, so kommen wir wieder ans Land und leben.

Unsere Schritte schwanken hin und her, doch Du befestigst sie.

Unsere Herzen sind lau und kalt, aber Du zündest sie wieder an.

3. Oh, ich kann nicht gering und niedrig genug von mir denken!

Wie für gar nichts muß ich es achten, wenn ich etwas Gutes an mir zu haben scheine?

Wie tief muß ich mich versenken in den Abgrund Deiner Gerichte, o Herr, da ich an mir nichts anderes finde als nichts?

Eine unermeßliche Last liegt auf mir, ein unüberschiffbares Meer vor mir, da ich nichts an mir finde.

Wo sollte doch die eitle Ehre noch eine Falte finden, hinter der sie sich versteckte?

Wo sollte noch ein vorgefaßtes Vertrauen auf eigene Tugend in mir Platz finden können?

Verschlungen ist alle eitle Ehre im Abgrund Deiner Gerichte über mir.

4. Gott, was ist alles Fleisch vor Deinem Angesicht?

Wird sich auch ein Gefäß aus Ton rühmen gegen den, der es gebildet hat? (Is 29, 16)

Wie sollte eitles Ruhmgeschwätz ein Herz noch in die Höhe treiben können, das die Wahrheit einmal tief genug unter Gott gebeugt hat?

Wen die Wahrheit sich unterwürfig gemacht hat, den kann die Welt nicht mehr zum Stolz erheben.

Wer seine ganze Hoffnung auf Gott gegründet hat, den werden die Lobsprüche einer ganzen Welt nicht mehr bewegen können.

Denn sieh, auch die da reden, sind alle nichts, verschwinden mit dem Schall ihrer Worte, aber die Wahrheit des Herrn, die bleibt ewig (Ps 116, 2).

15. KAPITEL

Wie wir uns bei den mancherlei Wünschen unseres Herzens verhalten sollen

Der Herr spricht:

1. Mein Sohn, so sprich bei allem, was dein Herz begehrt: Herr, wenn Dir dies gefällt, so soll es geschehen!

Wenn Dir dies zur Ehre gereicht, so will ich es in Deinem Namen wagen und zustande bringen!

Wenn Du siehst, daß mir dies gut und nützlich ist, so gib mir Kraft, es zu Deiner Ehre zu gebrauchen!

Wenn Du aber siehst, daß es mir schaden und das Heil meiner Seele nicht fördern würde, so nimm auch das Verlangen danach aus meinem Herzen!

Denn nicht jedes Verlangen der Seele, wenn es noch so gut und heilig zu sein scheint, kommt vom Heiligen Geist!

Es ist sehr schwer, richtig zu unterscheiden, ob dich der Heilige Geist, ein fremder Geist oder dein eigener Geist treibt, dieses oder jenes zu verlangen.

Viele haben es am Ende eingesehen, daß es Täuschung war, was sie anfangs für die Eingebung eines guten Geistes hielten.

2. Sooft dir also etwas gut und verlangenswert scheint, so begehre es nie anders als in der Furcht des Herrn, nie anders als mit Demut des Herzens und stelle die ganze Sache mit vollkommenster Hingebung deines Willens dem meinigen anheim.

Sprich zu mir: Herr, Du weißt, was für mich besser ist. Was und wie Du willst, das und so soll es geschehen. Gib mir das, was Du mir geben willst; gib mir, so viel Du willst, und gib es zur Zeit, wann Du es geben willst.

Schalte und walte mit mir, wie Du weißt, daß es für mich gut ist; wie es Dir gefällt, wie es Dir zur größeren Ehre gereicht. Stelle mich hin, wohin Du willst, und tu mit mir in allem frei und ungehindert, was Du willst.

Ich bin in Deiner Hand, wende mich hin und her; drehe mich um und um.

Siehe, ich bin Dein Knecht, bereit zu allem.

Ich will nicht mir leben, sondern Dir und Dir allein. Ach, daß ich Dir allein leben könnte, wie ich Dir leben sollte und wie es Deiner würdig ist, daß Dir alles lebt!

Gebet, daß Gottes Wille in uns und an uns vollbracht werde

3. Du, die Fülle der Gnaden, Jesus Christus, unser Herr! Sende Deine Gnade herab, daß sie bei mir sei, daß sie mit mir arbeite (Weish 9, 10), daß sie bis ans Ende bei mir bleibe.

Laß mich immer nur das verlangen und suchen, was Dir das Angenehmste, das Liebste ist!

Dein Wille sei der meine, und mein Wille folge immer dem Deinen und sei vollkommen eins ihm.

Mein Wollen und mein Nichtwollen sei immer eins mit dem Deinen!

Daß ich doch nur das allein wollen könnte, was Du willst, nur das allein nicht wollen könnte, was Du nicht willst!

4. Schenke mir Geist und Kraft, allem abzusterben, was vergänglich ist, um hier auf Erden Deinetwillen gern unbekannt und verkannt zu sein; über alles Wünschen und Verlangen aller andern Dinge nur zu Dir aufzusteigen, nur in Dir Ruhe zu finden, den unendlichen Hunger meines Herzens in Dir allein zu sättigen!

Denn Du bist der wahre Friede, Du allein der wahre Ruhepunkt des menschlichen Herzens; außer Dir ist überall Unruhe und Plage des Geistes.

In dieser Friedensstätte, das ist in Dir, dem einen höchsten, ewigen Gut, will ich ruhen, sanft ruhen ewig! Gewähre mir diesen sanften Schlaf (Ps 4, 9). Amen.

16. KAPITEL

Gott allein unser Trost

Der Mensch spricht:

1. Was ich immer von wahrem, vollständigem Trost wünschen oder denken kann, das erwarte ich nicht hier in diesem Leben, sondern in dem kommenden.

Hätte ich auch alle Tröstungen dieser Welt, alle Freuden dieses Lebens ganz allein zu genießen, so wüßte ich doch gewiß, daß dieser Genuß keinen Bestand haben könnte.

Darum, liebe Seele, kannst du keinen vollständigen Trost, keine vollkommene Erquickung finden außer in Gott allein, der die Armen tröstet und die Demütigen erquickt.

Der Herr spricht:

Warte noch eine Weile, meine Seele, harre noch kurze Zeit auf die Erfüllung der göttlichen Verheißungen, und es wird die Fülle aller wahren Güter im Himmel dein sein.

Wenn du aber den gegenwärtigen Gütern zu hitzig und mit ungeordneter Liebe nachjagst, so verlierst du die himmlischen, ewigen Güter.

Was der Zeit unterworfen ist, das gebrauche; was ewig ist, danach strebe!

Es kann dich doch kein zeitliches Gut sättigen; denn siehe, du bist nicht geschaffen, das Zeitliche zu genießen.

2. Und wenn du alle erschaffenen Güter hättest, so würdest du doch keine volle Ruhe und Seligkeit darin finden.

Denn nur in Gott allein, der alle Dinge erschaffen hat, ist volle Ruhe, die ganze Seligkeit zu finden.

Diese Seligkeit ist ganz anders beschaffen als die, welche von den törichten Freunden der Welt gekannt und hochgerühmt wird.

Diese Seligkeit ist eben jene, welche die edlen Freunde Christi erwarten und von der nur die reinen Seelen, die nach dem Geiste leben, hie und da einen Vorgeschmack bekommen, indem sie ihren Wandel und ihre Hoffnung im Himmel haben.

Alles, was menschlicher Trost heißt, währt nicht lange und ist im Grunde eitel.

Wahrer, seliger Trost ist nur der, den wir von der Wahrheit in unserm Innersten empfangen.

Wer die wahre Andacht in sich hat, der trägt seinen Tröster Jesus immer und überall mit sich und spricht zu ihm: Hilf mir, Herr Jesus, an jedem Ort und zu jeder Zeit.

Das sei mein Trost, gern alles menschlichen Trostes entbehren zu wollen!

Und wenn sich mir auch Deine göttliche Tröstung entziehen sollte, so sei Dein Wille und die gerechte Prüfung, die von Deinem Willen kommt, mein höchster Trost! Denn Du zürnst nicht immer und drohst nicht ewig (Ps 102, 9).

17. KAPITEL

Wirf alle deine Sorgen in Gottes Schoß

Der Herr spricht:

1. Mein Sohn, laß mich mit dir schalten, wie ich will; denn ich weiß, was dir gut ist.

Du denkst wie ein Mensch und urteilst von vielen Dingen, wie es dir dein menschliches Fühlen eingibt.

Der Mensch spricht:

2. Herr, es ist, wie Du sagst. Du sorgst weit mehr für mich, als ich selbst für mich sorgen kann.

Und wer nicht all sein Sorgen in Deinen Schoß niederlegt, der steht auf einem Grund, der unter seinen Füßen gar zu sehr schwankt.

Herr, wenn mein Wille nur immer auf Dich gerichtet ist und in dieser Richtung festbleibt, dann sei alles übrige Dir anheimgestellt.

Mache es mit mir, wie es Dir gefällt. Denn was Du mit mir machst, das kann nicht anders als gut sein.

Wenn Du willst, daß Finsternis um mich her werde, so

preise ich Dich im Finstern; wenn Du willst, daß Licht um mich her sei, so preise ich Dich im Licht.

Ich preise Dich, wenn Du mich eines Trostes würdigst, und wenn Du Trübsal über mich kommen lässest, so preise ich Dich auch in der Trübsal.

Der Herr spricht:

3. Mein Sohn, so mußt du gesinnt sein, wenn du mit mir wandeln willst.

Zum Leiden mußt du gleich bereit sein wie zur Freude; so willig zur Armut und Dürftigkeit wie zur Fülle und zum Reichtum.

Der Mensch spricht:

4. Herr, ich will um Deinetwillen gern leiden, was Du über mich kommen lassen wirst.

Gleichmütig will ich von Deiner Hand annehmen Gutes und Böses, Süßes und Bitteres, Freudiges und Trauriges und Dir danken für alles, was mir begegnet.

Bewahre mich nur vor aller Sünde, dann fürchte ich Tod und Hölle nicht.

Wenn nur Du mich nicht wegwirfst, Du mich nicht auslöschest aus dem Buch des Lebens, so kann mir von allen Trübsalen, die über mich kommen mögen, keine schaden.

18. KAPITEL

Trage alle irdischen Mühsale mit Gleichmut wie Christus

Der Herr spricht:

1. Mein Sohn, ich stieg um deines Heiles willen vom Himmel herab, kleidete mich in das Gewand des menschlichen Elends und trug alle deine Plagen, nicht weil ich mußte, sondern weil ich wollte, und ich wollte, weil ich dich liebte.

Ein Beispiel wollte ich dir geben, wie du dich in Geduld üben und das Elend dieser Zeit mit gelassenem Herzen tragen solltest.

Siehe, von der Stunde meines Eintritts in diese Welt bis

zum Scheiden aus ihr am Kreuz gab es für mich immer etwas zu leiden.

Mangel an zeitlichen Gütern, öffentliches Klagen und Murren über mich, Spott und Hohngelächter waren mein tägliches Brot, und ich ergab mich still in diese Leiden.

Meine Wohltaten haben sie mir mit Undank, meine Wunder mit Gotteslästerung, meine Belehrungen mit Tadel vergolten.

Der Mensch spricht:

2. Lieber Herr! Weil Dein ganzes Leben ein lauteres Bild der Geduld gewesen und durch eben diese Geduld der Auftrag Deines Vaters vollbracht worden ist, so achte ich es für billig und recht, daß auch ich, ein Sünder und als Sünder arm und elend, nach Deinem Willen und nach Deinem Beispiel mich in Geduld übe.

Die Last dieses gebrechlichen Lebens will ich zu meinem Heil still leidend so lange weitertragen, bis Du sie mir abnimmst.

Zwar ist dieses Leben eine schwere Last, aber diese schwere Last erleichtern viele Gnaden von Dir, die uns zu guten Werken fähig und zu großer Belohnung würdig machen können.

Die Beispiele der Heiligen und vorzüglich Deine eigenen Fußstapfen, die vor unseren Augen daliegen, machen uns die Last dieses Lebens erträglicher und freundlicher.

Auch fließen jetzt in unser Erdenleben mancherlei Quellen des Trostes herab, die in den Zeiten des Alten Bundes versiegelt waren.

Die Pforte des Himmels war verriegelt, die Bahn dahin verlor sich ins Dunkle, da so wenige Pilger die Burg des Himmels zum Ziel ihrer Reise machten.

Und auch die Gerechten, die in Zuversicht auf das Heil der Welt das Auge schlossen, konnten nicht gleich in das Reich des Himmels eingehen, ehe Du Dein Leiden vollbracht und durch Dein heiliges Sterben die Schuld des Todes an das Kreuz geheftet hattest.

3. Wie kann ich Dir genug danken, daß Du mir und allen, die an Dich glauben, die gute, gerade Bahn in Dein ewiges Reich so mild und licht gewiesen hast!

Wahrhaftig, Dein Leben ist unsere Bahn, und indem wir Deiner Geduld mutig nachgehen, erreichen wir das Ziel und kommen zu Dir, Du unser Heil und unsere Krone!

Wärest Du uns nicht vorausgegangen, hättest Du uns nicht mit Wort und Tat eine Bahn gebrochen, wer würde sich bemühen, Dir nachzufolgen?

Wie viele würden in großer Entfernung vom Ziel zurückbleiben, wenn sie nicht auf Dein herrliches Beispiel vorwärtsblickten?

Jetzt noch, nachdem wir von Deinen Wundern und Lehren so zuverlässige Zeugnisse vor uns haben, jetzt noch werden wir lau und träge im Guten: was würde erst aus uns werden, wenn uns kein so helles Licht strahlen würde!

19. KAPITEL

Worin die wahre Geduld besteht und daß man Unrecht geduldig leiden muß

Der Herr spricht:

1. Was klagst du, mein Sohn? Nimm dir einmal zu Herzen, was ich und die Heiligen gelitten haben, und mache dem Klagen ein Ende.

Du hast ja noch nicht bis zum Blutvergießen gegen Sünde und Unrecht gekämpft (Hebr 12, 4).

Alles, was du zu leiden hast, ist im Grunde nichts oder sehr wenig im Vergleich zu dem, was die Heiligen ausgestanden haben, die sich durch so schwere Versuchungen, heiße Plagen, mannigfaltige Prüfungen durchkämpfen mußten.

Du sollst dir also die größeren Leiden anderer Menschen vor Augen halten, damit du deine geringen Leiden leichter tragen lernst.

Und wenn dir deine Leiden nicht so gering vorkommen, so achte darauf, ob dies nicht eine Frucht deiner Ungeduld sei, die aus kleinen Leiden große macht.

Ob diese Leiden klein oder groß sind, das tut nichts zur Sache. Du sollst alles, was Leiden heißt, geduldig tragen lernen.

2. Je besser du dich in das Leiden schickst, desto vernünftiger handelst du, desto angenehmer bist du in meinen Augen und desto würdiger der himmlischen Belohnung.

Du wirst auch deine Leiden um so leichter tragen, je mehr du dich durch kleine Leiden zu größeren schon vorbereitet und darauf gefaßt gemacht hast.

Du mußt dann aber nicht sagen: Von einem solchen Menschen kann ich so ein Unrecht unmöglich ertragen, und wenn ich es auch könnte, so müßte ich es doch nicht. Den er hat mir einen so großen Schaden zugefügt. Er hat mir solche Dinge aufgebürdet, an die mein Herz nie gedacht hat.

Wenn mir ein anderer Mensch dasselbe Unrecht zugefügt hätte, da wollte ich es tragen und mich um Kraft umsehen, es geduldig zu ertragen.

Ein solcher Gedanke ist im Grunde doch nur Torheit. Denn wer so denkt, der weiß nicht, worin das Wesen der Geduld besteht, blickt auch nicht zu dem auf, der die Geduld krönen wird, sondern sieht nur immer auf die Menschen, die weh tun, und auf das Unrecht, das sie ihm angetan haben.

3. Wer nur so viel leiden will, als er nach dem Gutachten seiner fünf Sinne oder seiner Neigung leiden zu können oder zu müssen glaubt, oder nur von solchen Menschen, von denen er noch am liebsten etwas leiden wollte, der mag viel haben, aber die wahre Geduld hat er nicht.

Wer die wahre Geduld besitzt, der sieht nicht darauf, ob der, von dem er etwas zu leiden hat, über ihm oder unter ihm steht oder seinesgleichen ist.

Er sieht nicht darauf, ob er von einem guten, heiligen

Mann oder von einem bösen Menschen in der Geduldschule geübt wird.

Alles Widrige, das ihm von diesem oder jenem Geschöpf begegnet, nimmt er gleichmütig und wie von der Hand Gotte dankbar an und hält dieses Leiden für einen großen Gewinn.

Denn das geringste Leiden, das ein Mensch um seines Gottes willen duldet, wird ein großer Edelstein in der Krone des Dulders.

4. Rüste dich also zum Streit, wenn du den Siegeskranz erstreiten willst.

Denn ohne Streit kannst du die Krone der Geduld nicht erlangen.

Wenn du nicht leiden willst, so sprichst du zur Krone: Ich will dich nicht.

Wenn du aber die Krone willst, streite wie ein Held und leide wie ein Mann.

Ohne Arbeit wird keine Ruhe, ohne Streit kein Sieg errungen.

Der Mensch spricht:

5. Lieber Herr, laß mir durch Deine Gnade möglich werden, was mir nach meiner Natur unmöglich zu sein scheint.

Du weißt es am besten, daß ich so wenig Leiden ertragen kann, daß mich der leiseste Wind von Trübsal, der sich gegen mich erhebt, zu Boden wirft.

Laß mir jede Übung in der Geduld um Deines Namens willen recht wünschenswert und lieblich werden! Denn um Deinetwillen leiden und geplagt werden, das macht gut und selig.

20. KAPITEL

Von der Schwachheit des Menschen und von den Trübsalen dieses Lebens

Der Mensch spricht:

1. Ich will gegen mich selbst Zeugnis ablegen, will mein Unrecht gestehen, will meine Schwachheit vor Dir, o Gott, bekennen (Ps 31, 5).

Oft ist es eine Kleinigkeit, die mich mutlos und traurig macht.

Jetzt fasse ich den Entschluß, mich tapfer zu wehren gegen alles Böse; aber sieh, gleich darauf tritt eine geringe Versuchung an mich heran, und ich bin schon in großer Bedrängnis.

Manchmal ist es etwas ganz Unbedeutendes, woraus eine schwere Prüfung für mich entsteht.

Und wenn ich mich ein wenig sicher glaube, so rauscht, ehe ich mich versehe, ein leichter Windstoß daher und wirft mich samt all meiner Sicherheit zu Boden.

2. So sieh denn, o Herr, mit Erbarmen auf meine Niedrigkeit und Gebrechlichkeit, die Dir noch besser als mir selbst bekannt sind.

Erbarme Dich meiner und reiß mich heraus aus dem Schlamm, daß ich nicht noch tiefer hineinsinke und vollends darin versinke (Ps 68, 15).

Ach! Das ist es eben, was mich so oft vor Deinen Augen zuschanden macht und tief verwundet, daß ich so gar gebrechlich bin, so ohnmächtig, den bösen Neigungen Widerstand zu leisten.

Und wenn ich auch dem Reiz zum Bösen nicht Folge leisten will, so ist es für mich doch lästig und peinlich, daß der Reiz zum Bösen mich immer wieder verfolgt und in die Enge treibt.

Es ist doch verdrießlich, täglich in lauter Zank und Streit mit mir selbst und gegen mich selbst leben zu müssen.

Auch dadurch offenbart sich mir meine Schwachheit, daß

die schändlichen Vorstellungen von verbotener Lust viel leichter in meine Einbildungskraft eindringen, als sich wieder daraus vertreiben lassen.

3. Gott Israels, Du starker, heiliger Freund aller Seelen, die mit treuer Liebe Dir anhangen!

Ach, daß Du heruntersähest auf die Arbeiten und Kämpfe Deines Knechtes und ihm in allem, was er unternimmt, zur Seite ständest!

Salbe mich mit himmlischer Kraft, damit der alte Mensch, das Fleisch, das der Geist noch nicht voll unter das Joch gebracht hat, nicht wieder die Oberherrschaft erlange, das Fleisch, gegen das mein Kampf nicht früher aufhören darf als mein Aufenthalt in diesem Land des Jammers.

Was für ein Leben ist das, wo es niemals an Trübsal und Elend fehlt, wo überall Schlingen und Feinde genug auf unsern Untergang lauern?

Denn wenn eine Trübsal oder Versuchung fortgeht, so zieht schon wieder eine andere auf den Kampfplatz, und oft, wenn wir noch mit einer im Streit liegen, fallen uns schon mehrere andere in den Rücken, ehe wir uns ihrer versehen konnten.

4. Und wie ist es möglich, ein Leben zu lieben, das uns mit so viel Bitterkeit, Trübsal und Jammer überschüttet?

Wie kann man auch ein Leben, das so manche Krankheiten und Tod erzeugt, ein Leben nennen?

Und doch verlieben sich viele Menschen in dieses Leben und suchen ihre ganze Freude darin.

Zwar fehlt es nicht an Menschen, die die Welt schelten, daß sie voll Lug und Trug sei.

Allein ihr Herz bleibt doch an der lug- und trugvollen Welt hangen, weil sie mit den herrschenden Lüsten des Fleisches so fest verbunden ist.

Es treibt sie nämlich etwas anderes zur Weltliebe und wieder etwas anderes zur Weltverachtung.

Zur Weltliebe treiben Fleischeslust, Augenlust und Hoffart des Lebens.

Der Jammer aber und die Strafen, womit die Weltliebe ihre Freunde nach dem Gesetz der Gerechtigkeit züchtigt, treiben sie zum Haß der Welt und zum Überdruß an der Welt.

5. Aber leider söhnt eine geringe Lust ein Herz, das im Grunde doch noch an der Welt hängt, wieder mit der Welt aus. Es findet ein Vergnügen darin, sein Ruhebett auf den Dornen zu bereiten, weil es die Süßigkeit, die Gott seinen Freunden gewährt, noch nie gekostet und die innere Schönheit der Tugend noch nie erblickt hat.

Die aber die vergänglichen Dinge verschmähen und in heiliger Zucht ihrem Gott allein zu leben suchen, diese kennen die innere Süßigkeit des göttlichen Friedens, die der wahren Selbstverleugnung verheißen ist, aus Erfahrung.

Diese sehen es klarer als andere ein, wie schrecklich die Verirrungen der Welt und wie mannigfaltig ihre Selbsttäuschungen sind.

21. KAPITEL

Gott allein unser höchstes Gut

Der Mensch spricht:

1. Erhebe dich, meine Seele, über alle Dinge und suche deine Ruhe immer nur im Herrn, und du wirst sie in ihm allein finden; denn er ist die ewige Ruhe aller Heiligen.

Gib mir also, Du, die Liebe selbst und die Fülle aller Süßigkeit, Jesus Christus, unser Herr, gib mir Kraft, daß ich mich erhebe über alles Erschaffene; erhebe über alle Schönheit und Reize, über alles Heil und allen Segen, über alle Ehre und Herrlichkeit, über alle Macht und Hoheit, über alle Wissenschaft und Scharfsinnigkeit, über alle Reichtümer und Künste, über alle Freude und Entzückung, über alles Lob und Jubelgeschrei, über alle Süßigkeit und Erquikkung.

Verleihe mir Kraft, daß ich mich erhebe über alle Verheißung und Hoffnung, über alle Verdienste und Wünsche, über alle Gaben und Geschenke, die Du mitteilen kannst, über alle Himmelslust und Seligkeit, die die Seele fassen und genießen kann, über alle Engel und Erzengel, über alle Heere des Himmels, über alles Sichtbare und Unsichtbare.

Gib mir Kraft, daß ich mich erhebe über alles, was Du, mein Gott, nicht bist, daß ich, erhaben über alles, was Du nicht bist, in Dir allein Ruhe suche und Ruhe finde.

2. In Dir allein, mein Herr und mein Gott, kann ich Ruhe finden; denn Du allein bist das beste, Du allein das höchste, Du allein das mächtigste, Du allein das selbstgenügsamste und reichste, Du allein das liebreichste Wesen und die Fülle des Trostes für alle anderen Wesen.

Du allein bist die Schönheit und Liebe, Du allein die Heiligkeit und die Herrlichkeit selber.

In Dir allein ist alles Gute auf das vollkommenste vereinigt; in Dir war immer alles Gute aufs vollkommenste vereinigt; in Dir wird immer alles Gute aufs vollkommenste vereinigt bleiben.

Was Du mir also immer schenkst oder von Dir offenbarst oder verheißt, so groß und wahr und gut es immer sein mag, so ist es doch noch viel zu gering für mein Herz, solange Du Dich selbst mir nicht schenkst, Dich selbst mir nicht zu sehen und zu genießen gibst.

Denn dies mein Herz hast Du viel zu groß geschaffen, als daß es zur vollen Stillung seines Hungers gelangen könnte, bis es sich nicht über alle Geschöpfe und über alle Deine Gaben emporgeschwungen und in Dir allein seine ganze Ruhe und Seligkeit gesucht und gefunden hat.

3. O Du mein liebster Bräutigam, Jesus Christus, Du heiligster Freund unsterblicher Selen, Du Gebieter und Beherrscher aller Geschöpfe!

Wer gibt mir die Flügel der wahren Freiheit, daß ich emporfliege zu Dir, daß ich Ruhe und Seligkeit in Dir finden möge? (Ps 54, 7)

Wann wird es mir gegeben werden, von allem, was mich

bindet und hemmt, frei zu sein und zu schauen und zu erfahren, wie süß es sei, Dich, meinen Gott, zu genießen?

Wann werde ich mein ganzes Wesen in Dir allein sammeln und in Liebe zu Dir mich selbst vergessen und nichts als Dich empfinden und genießen können, Dich genießen auf eine Weise, die die wenigsten kennen, und die alle gewöhnlichen Weisen und Empfindungen übersteigt?

Jetzt ist Seufzen mein Los, mein Elend mit Schmerzen zu tragen, mein Tagewerk.

Überall begegnen mir Leiden und viel Übel in diesem Tal des Jammers, die mein Herz verwirren, betrüben und verfinstern, hindern und zerstreuen, locken und gefangennehmen, daß ich nicht freien Zutritt zu Dir finden, nicht Deine freundlichen Umarmungen genießen, nicht immer im Chor der seligen Geister mitsingen kann.

Laß Dein Herz rühren, wenn Du mein Seufzen hörst und mich auf Erden trostlos und mit viel Kummer beladen umherirren siehst!

4. Jesus, Du Abglanz der ewigen Herrlichkeit, Du Trostquelle für alle Seelen im Pilgergewand!

Meine Zunge findet kein Wort vor Dir, und nur mein Schweigen redet zu Dir! Wie lange zögert noch mein Herr, zu mir zu kommen?

Ach, daß er käme zu seinem Armen und froh machte den Traurigen!

Daß er ausstreckte seine Hand und herausrisse aus all seiner Angst den Geängstigten!

Komm doch bald; denn ohne Dich geht für mich kein Freudentag mehr auf; ohne Dich schlägt keine frohe Stunde mehr für mich; denn Du bist meine Freude, und leer ist ohne Dich mein Tisch, Du mein lebendiges Himmelsbrot.

Elend bin ich, eingekerkert und mit Fesseln gebunden, bis mich das Licht Deiner Gegenwart erquickt, Deine Wahrheit mich freimacht, Dein freundliches Angesicht den Himmel in meine Seele bringt.

5. Mögen andere ihr Paradies suchen, wo sie wollen, mir

gefällt nichts mehr und kann nichts mehr gefallen als Du, mein Gott, meine Zuversicht, mein ewiges Heil!

Nimmer schweigen, nimmer aufhören zu bitten, bis Deine Gnade wiederkommt, bis Deine Stimme wieder in mir spricht.

Der Herr spricht:

6. Sieh, da bin ich! (Is 58,9) Ich komme zu dir, weil du mich gerufen hast. Die Zähre deines Auges und das Sehnen deines Herzens, die Demut und die Zerschlagenheit deines Geistes neigten mein Herz und führten mich zu dir herab.

Der Mensch spricht:

7. Ja, ich habe Dich gerufen, ich habe mich gesehnt, Dich zu genießen, entschlossen, alles um Deinetwillen zu verschmähen.

Aber Du hast mich zuvor erweckt, daß ich Dich mit Inbrunst suchte.

Dir sei also Lob und Dank, daß Du nach der Fülle Deiner Erbarmungen Deinem Knecht so viel Gnade bewiesen hast (Ps 118, 65).

Was darf ich noch sagen vor Dir? Dein Knecht hat kein anderes Wort mehr als: Noch tiefer möchte ich mich vor Dir demütigen, nie werde ich vergessen können, wie gering und böse ich bin.

Unter allen Wundern im Himmel und auf Erden ist keines so groß als Du selbst.

Gut sind alle Deine Werke, heilig Deine Gerichte, allumfassend Deine Führungen; denn Deine Vorsehung regiert alle Dinge.

Dir also, Du Weisheit des Vaters, sei Lob und Ruhm!

Dich preise und lobe mein Mund und meine Seele, und alle Geschöpfe zugleich mögen in meinen Lobgesang einstimmen!

22. KAPITEL

Dankbare Erinnerung an die Wohltaten Gottes

Der Mensch spricht:

1. Schließ auf mein Herz, o Herr, auf daß ich Dein Gesetz verstehe, und lehre mich auf der Bahn Deiner Gebote wandeln (2 Makk 1, 4).

Gib mir Kraft, Deinen Willen zu erkennen und Deine Wohltaten im allgemeinen und besonderen mit ungeteilter Aufmerksamkeit zu betrachten und mit tiefer Ehrfurcht im Andenken zu behalten, damit ich Dir gebührend dafür danken kann.

Ich weiß es wohl und bekenne es laut, daß ich unfähig bin, Dir auch nur für die geringste Wohltat genug zu danken.

Ich bin zu gering, auch nur zu denken an alle die Gaben, die ich von Dir empfangen habe.

Und wenn ich zu der edlen Liebe des Wohltäters aufsehe, dann versagt mein Geist vor Deiner Größe.

2. Alles, was wir an Leib und Seele in uns und außer uns Gutes haben, sei es auf dem Gebiet der Natur oder sei es höher als alle Natur, alles Gute ist Deine Gabe und preist Dich als den Geber voll Güte und Milde, von dem wir alles Gute empfangen haben.

Und wenngleich einer mehr, der andere weniger empfangen hat, so ist doch alles empfangen, alles Deine Gabe, und ohne Dich hätten wir nicht das geringste.

Wer mehr empfangen hat, darf es nicht etwa als sein Verdienst ansehen, darf sich nicht über andere erheben, nicht den, der geringer ist, mit höhnendem Stolz verachten.

Denn nur der ist größer und besser, der sich selbst weniger zuschreibt und im Danken mehr Demut und Andacht bezeigt.

Und gerade wer in seinen Augen geringer und unwerter ist als andere, der ist auch fähiger, größere Gaben zu empfangen als andere.

3. Wer aber weniger empfangen hat, soll deshalb weder traurig noch unwillig werden, noch seinen reichen Nachbarn mit scheelem Blick ansehen.

Er soll zu Dir aufsehen und Deine Güte dafür preisen, daß Du, ohne jedes Ansehen der Person, so viele Gaben ausspendest, und zwar reichlich, so mild, ganz ohne alles Verdienst.

Alles ist Deine Gabe, strömend aus der einen Urquelle, die Du bist; also bist Du auch in allen Gaben zu loben.

Du weißt, was für eine Gabe jedem nützlich ist, warum dieser mehr, jener weniger empfangen hat.

Darüber können wir nicht richten, das kann Dein Blick allein entscheiden, vor dem der Wert eines jeden Menschen klar und bestimmt daliegt.

4. Daher achte ich es auch für eine große Wohltat, mein Gott und Herr, daß ich nicht viel besitze, was in den Augen der Menschen glänzt und den Besitzer groß und herrlich macht.

Eben deswegen soll ein Mensch in Anbetracht seiner Armut und Niedrigkeit nicht mißmutig, traurig oder mutlos werden, sondern sich dadurch vielmehr zum Trost und zur Freude ermuntern lassen.

Du, mein Gott, hast die armen, niedrigen Menschen, die die Welt verworfen hat, zu Deinen Hausgenossen und vertrauten Freunden gemacht.

Selbst Deine Apostel, die Du zu Fürsten in Deinem Reich gemacht hast, sind Zeugen dieser Wahrheit. Unsträflich war ihr Wandel auf Erden (Phil 3, 6), ohne Falsch und Arg ihr Sinn und so einfältig und demütig ihr Herz, daß sie es auch für Ehre und Freude hielten, um Deines Namens willen Schmach zu leiden (Apg 5, 41) und was die Welt verabscheut, mit Inbrunst zu umfassen.

5. Wer also Dich liebhat und Deine Wohltaten kennt, soll seine größte Freude daran haben, daß Dein Wille in allem geschehe und alles, was Du von Ewigkeit geordnet hast, nach Deinem Wohlgefallen vollbracht werde.

Diese Deine ewige Ordnung soll sein ganzer Trost und der Grund seiner Zufriedenheit sein.

Aus Achtung vor Deiner Ordnung sollte er so gern der Geringste sein, als ein anderer gern der Erste wäre.

Sollte so willig und so zufrieden die letzte Stelle einnehmen, wenn Du sie ihm anweisest, als wenn sie die erste wäre.

Aus Achtung vor Deiner Ordnung sollte er so willig und zufrieden dabei sein, wenn er mißkannt und verachtet wird und sein Name aus dem Andenken der Menschen verschwindet, als wenn ihn die Welt über alle anderen Menschen erheben würde und ihm die erste Stelle einräumte.

Denn Dein Wille und der Eifer, Deinen Namen zu verherrlichen, müssen ihm über alles gehen.

Dein Wille muß ihm mehr Trost und Freude gewähren als alle Gaben, die er von Dir empfangen hat oder noch empfangen könnte.

23. KAPITEL

Vier notwendige Vorbedingungen zur Erlangung des wahren Friedens

Der Herr spricht:

1. Mein Sohn, jetzt will ich dir den Weg in das Land des Friedens und der wahren Freiheit weisen.

Der Mensch spricht:

2. Mein Herr, tu nach Deinem Wort; denn von Frieden und Freiheit höre ich am liebsten reden.

Der Herr spricht:

3. Laß es dir angelegen sein, lieber den Willen eines andern als deinen eigenen zu tun.

Wähle in allem, was vergänglich ist, das wenige vor dem vielen.

Setze dich lieber untenan und sei gern untertan.

Wünsche und bete immer, daß Gottes Wille in dir voll erfüllt werde.

Wer solchen Sinn hat, der setzt seinen Fuß in das Land des Friedens und der Ruhe.

Der Mensch spricht:

4. Herr, Deine Rede hat wenig Worte und viel Sinn! Deine Lehre ist arm an Worten, aber reich an Sinn und Kraft.

Könnte ich diese Deine Lehre treu bewahren, so würden Angst und Verwirrung nicht so leicht in mir entstehen.

Denn sooft ich Unfrieden und Angst in mir fühle, so oft nehme ich wahr, daß ich Deiner Lehre untreu geworden bin.

Aber Du, der Du alles vermagst und Freude daran hast, daß die Menschen besser werden, vermehre die Einflüsse Deiner Gnade, daß ich Dein Wort erfüllen und mein Heil in Sicherheit bringen möge.

Gebet gegen böse Gedanken

5. Mein Gott und mein Herr, sei Du nicht fern von mir! Mein Gott, schau Du herab auf mich und hilf mir (Ps 70, 12).

Denn sieh, allerlei Gedanken haben sich in mir wider mich empört, und große Furcht bedrängt meine Seele.

Wie werde ich unverletzt durchkommen? Wie werde ich durchbrechen durch so viele mächtige Feinde?

Der Herr spricht:

Ich werde vor dir hergehen und die Großen der Erde demütigen (Is 45, 2).

Öffnen werde ich die Türen des Kerkers und meine Geheimnisse dir offenbaren.

Der Mensch spricht:

Tue, o Herr, wie Du sprichst, und fliehen sollen alle bösen Gedanken vor Deinem Angesicht!

Das ist meine Hoffnung, mein einziger Trost, daß ich in aller Trübsal zu Dir meine Zuflucht nehme, auf Dich vertrauen, Dich aus dem innersten Herzensgrund anrufen, Deine Heimsuchungen in Geduld erwarten darf.

6. Guter Jesus, erleuchte mich mit der Klarheit Deines Lichtes, das im Innern leuchtet, und jage alle Finsternisse aus dem Herzen.

Zügle meine Gedanken, daß sie sich nicht in Torheit verlieren, und töte alle Versuchungen, die mich mit Gewalt bestürmen.

Streite Du für mich; denn Du bist und heißt der Starke, und erlege die wilden Tiere, die aufreizenden Lüste.

Deine siegende Kraft stelle den Frieden in mir her (Ps 121, 7), damit das Lob Deines Namens ertöne und widertöne im heiligen Saal, im reinen Gewissen.

Dein Wort gebiete dem Wind und dem Sturm. Sprich zum Meer: Sei ruhig! und zum Nordwind: Schweig! und es wird große Stille werden (Mk 4, 39).

Sende Dein Licht und Deine Wahrheit herab (Ps 42, 3) und laß sie auf Erden leuchten; denn ich bin ein finsteres Land, wüst und leer, bis Du mich erleuchtest.

Gieße die Ströme Deiner Gnade aus; schütte den Tau des Himmels auf mein Herz.

Die heilige Träne der Andacht tränke dieses Erdreich, daß es gute, daß es die besten Früchte bringe.

Erhebe mein Gemüt, das von der Last der Sünden niedergedrückt ist. Richte mein ganzes Verlangen zu den himmlischen Gütern empor und befestige es in dieser Richtung, damit ich die Seligkeit, die da droben zu Hause ist, verkosten und im Vorgeschmack des Himmlischen das Irdische für nichts achten kann.

Zieh mich, reiß mich los von allem flüchtigen Trost, den die Geschöpfe geben.

Denn kein Geschöpf kann mein Herz voll befriedigen, kein endliches Gut meinen Hunger nach dem Unendlichen stillen.

Vereinige mich mit Dir durch das unauflösliche Band der Liebe. Denn an Dir allein hat der Liebende genug, und ohne Dich ist ihm alles übrige nichts.

24. KAPITEL

Forsche nicht neugierig, was andere tun, und lauf dem Schatten der Eitelkeit nicht nach

Der Herr spricht:

1. Mein Sohn, sei kein Sklave der Neugier und wirf alle leeren Sorgen, die nutzlos sind, aus deinem Herzen.

Was geht dich dieses oder jenes an? Folge du mir nach (Joh 21, 22).

Was geht es dich an, ob jener so oder anders sei, dieser so oder anders handle oder rede?

Du brauchst dereinst nicht für andere zu antworten, aber für dich selbst mußt du einst Rechenschaft geben.

Was mischest du dich also in Dinge, die dich nichts angehen? Sieh, ich kenne alle, wie sie sind. Ich sehe alles, was unter der Sonne geschieht. Ich weiß, wie es mit jedem steht, was er denkt, was er will und was der Zweck seines Laufens und Rennens ist.

Mir mußt du also alles anheimstellen, dich im Frieden halten und jeden unruhigen Treiber sein Wesen treiben lassen, so viel er will.

Alles, was er sagen oder tun mag, fällt am Ende doch auf sein Haupt zurück. Denn mich kann er nicht hintergehen.

2. Bekümmere dich nicht um den nichtigen Schatten eines großen Namens, nicht um die täuschende Eitelkeit, viele Freunde zu haben und sich von vielen geliebt zu sehen.

Denn dies wirft den Menschen aus seinem Innern in alle Welt hinaus und erzeugt in seinem Herzen große Finsternisse.

Gern möchte ich oft ein freundliches Wort in deine Seele sprechen, dir meine Geheimnisse offenbaren, wenn du nur auf meine Ankunft fleißig achten und, wenn ich an dein Herz anklopfe, die Tür auftun möchtest.

Sei also achtsam, wache im Gebet und halte dich demütig still in allem.

25. KAPITEL

Worin der dauernde Friede des Herzens und der Fortschritt in allem Guten besteht

Der Herr spricht:

1. Mein Sohn, ich habe einst das Wort ausgesprochen und spreche es jetzt wieder in dein Herz: Frieden lasse ich euch zurück, meinen Frieden gebe ich euch, nicht wie die Welt ihn gibt, gebe ich ihn (Jo 14, 27).

Alle wollen Frieden haben, aber das, was allein wahren Frieden schaffen kann, das wollen nicht alle.

Mein Friede kehrt bei denen ein, die demütig und sanftmütig von Herzen sind.

Mein Friede wohnt da, wo viel Geduld wohnt.

Mein Friede bleibt da, wo man mein Wort gern hört und treu befolgt.

Der Mensch spricht:

2. Was soll ich also tun?

Der Herr spricht:

3. Sei aufmerksam auf alles, was du redest und was du tust, und richte dein Streben dahin, daß du mir allein gefällst und außer mir nichts verlangst, nichts suchst.

Was aber andere tun oder reden, darüber erlaube dir nie ein frevelhaftes Urteil und mische dich in kein Geschäft, das dir nicht anvertraut ist.

Und so mag es geschehen, daß dein Herz selten in Unruhe gerät oder wenigstens die Unruhe kein Aufruhr wird.

Wenn du aber nie uneins mit dir werden, nie etwas von der Bedrängnis des Leibes oder Geistes erfahren wolltest, so verlangst du etwas, das nicht in dieser Zeit, sondern nur im Land der ewigen Ruhe zu finden ist.

Glaube also nicht, daß der wahre Friede für dich eine gefundene Sache sei, sobald dich nichts drückt und drängt.

Denke nicht, daß alles gut sei, wenn du mit keinem Feind zu streiten hast, oder daß es ein sicheres Wahrzeichen der

Vollkommenheit sei, wenn dir alles nach Wunsch und Neigung geht.

Noch weniger halte dich für etwas Großes oder für einen besonderen Freund Gottes, wenn du eine Fülle der Andacht und inneren Süßigkeit empfindest.

Denn auch diese Empfindung ist nicht die rechte Feuerprobe des wahren Tugendfreundes, nicht das Wesen des Heldenganges zum Guten, nicht das Wahrzeichen der Vollkommenheit.

Der Mensch spricht:

4. Worin besteht denn aber das Wesen der Tugend?

Der Herr spricht:

5. Darin, daß du dich von ganzem Herzen an Gott und seinen Willen hingibst und nicht dich selbst und das Deinige suchst, weder im kleinen noch im großen, weder in der Zeit noch in der Ewigkeit.

Darin besteht das Wesen der Tugend, daß du anstrebst, in Leiden und Freuden mit gleichem Herzen und mit gleichem Sinn, immer gleich dankbar gegen Gott zu bleiben und alles mit der gerechten Waage des göttlichen Willens abzuwägen.

Wenn du so viel Stärke des Geistes und ausharrende Zuversicht besitzest, daß du in den Tagen innerer Trostlosigkeit dein Herz noch zu größeren Leiden stählen und waffnen kannst, und dich nicht rechtfertigst, als hätte dieses oder jenes so große Leiden nicht über dich kommen sollen, sondern vielmehr mich in all meinen Anordnungen als gerecht und heilig lobpreisest, dann wandelst du auf der rechten und geraden Bahn des Friedens.

Dann darfst du die feste Hoffnung behalten, daß du mein Angesicht im heiligen Entzücken bald wieder sehen werdest.

Solltest du dich aber einmal zur vollen Verschmähung deiner selbst durchgekämpft haben, so sei überzeugt, daß du von dieser Zeit an all jene Fülle des Friedens genießen werdest, die ein Mensch in diesem Pilgerleben auf Erden genießen kann.

26. KAPITEL

Von der Würde der Erhabenheit und der wahren Freiheit des Geistes

Der Mensch spricht:

1. Nur der vollkommene Mann, o Herr, der den Kampf mit sich selbst vollendet hat, kann seinen Geist immer festhalten in der Betrachtung himmlischer Dinge und in der Mitte zwischen den vielen Sorgen, die ihn umgeben.

Er allein kann ohne Sorge wandeln, nicht weil er träg und ohne Gefühl ist, sondern weil er die wahre Freiheit des Geistes hat, die sich keiner ungeordneten Neigung gefangengibt.

2. Ich flehe zu Dir, mein Gott, Du allerheiligstes Wesen! Bewahre Du mein Herz, daß es von den Sorgen dieses Lebens nicht gebunden, von den Bedürfnissen des Leibes nicht gefesselt, von den Lüsten des Fleisches nicht hingerissen, von den Plagen der Zeit nicht niedergeschlagen und von den unzähligen Hindernissen der Tugend nie und nimmer überwunden werde.

Zwar haben für mich die Dinge, nach denen sich die Eitelkeit der Welt müde läuft, keinen sonderlichen Reiz mehr. Was mich aber zurückhält, daß ich mich nicht zur Freiheit des Geistes aufschwingen kann, das ist das gemeinsame Elend, das nach dem Fluch, den die Sünde in die Welt gebracht hat, verbunden ist und die Seele Deines Dieners niederdrückt und hart beschwert.

3. O mein Gott, Du unaussprechliche Süßigkeit, verwandle alle sinnliche Lust, die mich durch den trügerischen Zauber einer flüchtigen Freude und von den ewigen Gütern weglockt, verwandle mir alle diese Lust in Bitterkeit!

Nicht mehr, mein Gott, sollen mich Fleisch und Blut überwinden, so flehe ich zu Dir.

Nicht mehr soll mich weder die Welt mit ihrer kurzen Herrlichkeit blenden noch die Hölle mit ihrer Listigkeit mich hintergehen.

Gib mir Kraft, zu widerstehen, Geduld, zu tragen, Beharrlichkeit, bis ans Ende auszuhalten.

Laß mich statt aller Freuden der Erde die Salbung Deines Geistes erfahren, die an innerer Lieblichkeit alles Liebliche übertrifft.

Laß statt aller Lust des Fleisches die heilige Liebe Deines Namens mein Herz durchglühen.

4. Speise, Trank, Kleidung, und was noch zum Unterhalt des Leibes gehört, sind für einen Geist, der nur für das Ewige leben möchte, doch nur Last und Plage.

Lehre mich, all diese unentbehrlichen Erhaltungsmittel des sterblichen Lebens mäßig zu gebrauchen und die Begierde zu zähmen, daß sie sich nicht in Dinge, die nichts taugen, verwickle.

Man darf auf der einen Seite nicht alles wegwerfen, weil die Natur doch gepflegt sein muß, und soll auf der anderen Seite nach dem heiligen Gesetz nichts genießen, was zur Pflege des Leibes überflüssig und bloß der Lust dient, weil sich sonst das Fleisch gegen den Geist empört.

Deine Hand, o Gott, leite und führe mich auch in dieser Sache, daß ich auf keiner Seite zuviel tue.

27. KAPITEL

Das höchste Gut des Menschen hat keinen schlimmeren Feind als die Eigenliebe

Der Herr spricht:

1. Mein Sohn, du mußt alles für alles hingeben, mußt nichts mehr für dich und alles für mich sein.

Glaube es doch meinem Wort: Kein Ding auf Erden schadet dir mehr als du dir selbst mit deiner Liebe zu dir.

Denn jede Sache hängt nur insofern an dir, wie du mit Neigung und Liebe an ihr hängst. Ist deine Liebe rein, einfältig und wohlgeordnet, kann dich kein Ding gefangennehmen.

Nähre kein Begierde nach dem, was du nicht besitzen darfst, und ringe nicht nach dem Besitz dessen, was dir zum Anstoß werden und die innere Freiheit rauben kann.

Es ist doch sonderbar, daß du nicht dich und alles, was du hast oder haben willst, in meinen Schoß wirfst und mit dem tiefsten Grund deines Herzens darin ruhen willst.

2. Warum läßt du eitlen Kummer an deinem Herzen nagen, warum unnütze Sorgen dein Herz bedrücken?

Sei wie ein Mann bereit, dich nur nach meinem Wohlgefallen zu bewegen, dann wird dir in aller Welt nichts schaden können.

Wenn du aber bald dies, bald jenes Gut suchst, bald da, bald dort sein möchtest und überall nur auf deinen Nutzen, auf Befriedigung deiner Neigung siehst, so wirst du niemals ruhig werden, wirst vielmehr die Sorge, die dich unruhig macht, mit dir überall hinbringen. Denn an jeder Sache wirst du einen Fehler und an jedem Ort einen Menschen finden, der sich deiner Neigung widersetzt.

3. Also das hilft dir nicht zum inneren Frieden, daß du irgendeine Sache außer dir bekommen oder vermehrt hast, sondern das hilft zum Frieden, daß du diese Sache verschmäht und die Neigung dazu aus deinem Herzen mit der Wurzel ausgerissen hast.

Und dies gilt nicht bloß von Geld und Reichtum, sondern auch von jedem ehrgeizigen Streben nach Ansehen und eitlem Lob und von allem, was mit dieser vergänglichen Welt vergeht.

Die Abgeschiedenheit des Ortes schützt dich nicht, wenn dich die heilige Flamme des Geistes nicht bewahrt; und der Friede, den du im Äußern suchst, wird nicht lange währen, wenn er seine Grundfeste nicht in deinem Herzen und dein Herz seine Grundfeste nicht in mir hat.

Du magst den Wohnort ändern, so oft du willst; aber dich selbst umändern, selbst besser werden, das wirst du nie.

Denn was du an einem Ort fliehst, das wirst du an dem

andern bei dem nächstkommenden Anlaß wiederfinden und vielleicht mehr Unangenehmes, als du verlassen hast.

Gebet um himmlische Weisheit und Reinigung des Herzens

4. Weil ich, o mein Gott, so unstet bin, so befestige Du mich durch die Gnade des Heiligen Geistes.

Gib mir Kraft, die den inwendigen Menschen in mir zurechtsetzt und unwandelbar macht, damit mein Herz von aller unnützen Angst und Sorge frei werde.

Gib mir festen Sinn, daß ich weder von dem, was in den Augen der Welt köstlich, noch von dem, was in den Augen der Welt gering ist, in törichte Begierden verwickelt werde, sondern alle Dinge für das ansehen lerne, was sie sind: daß sie nur vorübergehen und ich mit ihnen.

Denn es ist nichts Bleibendes unter der Sonne: alles ist Eitelkeit und Bekümmernis des Geistes (Prd 2, 11).

Wie ist der so weise, der die Dinge von diesem Standpunkt ansehen kann!

5. Gib mir himmlische Weisheit, Dich vor allem andern zu suchen und in allem zu finden, Dich über alles zu lieben und in allem zu genießen und die übrigen Dinge an jene Stelle zu setzen, die ihnen Deine Weisheit zugewiesen hat.

Lehre mich, den glatten Schmeicheleien des falschen Freundes klug auszuweichen und die harten Worte meines Gegners geduldig zu ertragen.

Denn es ist eine große Weisheit, weder die scharfe Zugluft des Tadels noch das sanfte Gelispel des Lobes auf sein Herz wirken zu lassen.

Und nur die Weisheit führt sicher zwischen den Abwegen links und rechts hindurch.

28. KAPITEL

Wider die Pfeile der Verleumdung

Der Herr spricht:

1. Mein Sohn, laß es dir nicht schwer aufs Herz fallen, wenn die Menschen nicht gut von dir denken und wenn sie von dir reden, was du nicht gern hörst.

Von Rechts wegen solltest du selbst noch schlimmer von dir denken als andere und nicht leicht einen andern für schwächer halten als dich.

Wenn du festen Grund in deinem Herzen hast, so wirst du nicht viel darauf achten, was für Worte draußen in der Luft umherfliegen.

Es ist eine große Weisheit, in den Tagen der Verleumdung zu schweigen, dich ganz zu mir in dein Herz hineinzukehren, die Menschen richten und schelten zu lassen und darüber die Ruhe nicht zu verlieren.

2. Dein Friede ruhe nicht auf Menschenzungen; denn sie mögen es so auslegen oder anders, was du tust, du bist deswegen doch kein anderer Mensch.

Wo sind denn der wahre Friede und die wahre Ehre zu finden? Wo anders als in mir allein?

Wer das Verlangen, den Menschen gefällig, und die Furcht, den Menschen mißfällig zu werden, überwunden hat, der wird Ruhe und Frieden haben; denn alle Unruhe des Herzens und alle Zerstreuung der Sinne kommen doch nur von ungeordneter Liebe und von eitler Furcht her.

29. KAPITEL

Wie man in trüben Stunden zu Gott beten und ihn preisen soll

Der Mensch spricht:

1. Ewig sei Dein Name gelobt, Du mein Gott (Tob 3, 11);

denn Du hast diese Prüfung und Trübsal über mich kommen lassen.

Ich kann ihr nicht entfliehen, aber eins kann und muß ich, meine Zuflucht zu Dir nehmen, damit Du mir hilfst und alles zu meinem Besten lenkst.

Sieh, Herr, jetzt schmachte ich wirklich in großer Trübsal; mir ist nicht mehr wohl um mein Herz, und schwere Plagen liegen auf mir.

Und jetzt, lieber Vater, was soll ich sagen? Ich bin in Bedrängnis von allen Seiten her. Rette Du mich aus dieser Stunde (Joh 12, 27).

Doch Du hast ja eben deswegen diese Stunde über mich kommen lassen, damit sich Deine rettende Allmacht in ihrer Herrlichkeit offenbare, wenn ich tief erniedrigt bin und durch Dich gerettet werde.

Herr, laß es Dir gefallen, mich aus dieser Not zu reißen, denn ich bin arm und schwach ohne Dich; was kann ich tun, und wo will ich hingehen ohne Dich?

Geduld, o Herr, Geduld schenke mir auch diesmal. Mein Gott, sei Du meine Hilfe, dann werde ich nicht zittern, wenn auch die schwerste Last auf mich stürzt!

2. Was soll ich zu all diesem sagen? – Herr, Dein Wille geschehe! (Mt 26, 42)

Ich habe sie wohl verdient, diese Züchtigung, diese Beklemmung des Herzens. Es muß gelitten, es muß im Leiden ausgeharrt werden.

Daß ich doch mit stillem, ruhigem Sinn ausharrte, bis das Unwetter vorüber ist, bis es mit mir wieder besser wird!

Die allmächtige Hand Gottes ist ja mächtig genug, auch diese Versuchung von mir wegzunehmen oder ihren Angriff so zu mildern, daß ich nicht gänzlich unterliege. O Du mein Gott, Du meine Barmherzigkeit! Du hast es ja bei allen Leiden, die bisher über mich kamen, so gut mit mir gemacht!

Du kannst es ja auch nicht anders, als es gut mit mir machen.

Und so schwer es mir immer wird, zu leiden, so ist es

doch für Deine allmächtige Hand eine leichte Sache, zu helfen, daß alle Zungen ausrufen müssen: Das ist der Finger des Allerhöchsten! (Ps 76, 11)

30. KAPITEL

Wie man um Hilfe bitten und mit Zuversicht auf die wiederkommende Gnade warten soll

Der Herr spricht:

1. Mein Sohn, ich bin der Herr, ich schaffe Kraft und Mut in den Tagen der Trübsal (Nah 1, 7).

Komm nur zu mir, wenn dir nicht wohl ist. Eben dies, daß du so spät zu mir kommst, verzögert die Tröstung des Himmels so sehr. Denn ehe du im Drang des Glaubens zu mir um Hilfe schreist, besuchst du jede andere Trostquelle, eine nach der andern, willst nur immer in Dingen außer dir und mir Labung finden.

Und eben deshalb, weil du die Labung am unrechten Ort suchst, nützt all dein Suchen nicht, bis dir endlich die Augen aufgehen, bis es dir hell aufleuchtet, daß ich es bin, der alle errettet, die auf mich vertrauen; daß außer mir keine Hilfe helfen, kein Rat recht raten, keine Rettung auf die Dauer retten kann.

Aber nun fasse wieder Mut, denn der Sturm ist für diesmal vorüber.

Hole wieder neue Lebenskraft für dich aus der Fülle meiner Erbarmungen, die im hellen Licht vor dir leuchten.

Denn ich bin nahe, spricht der Herr; ich bin nahe, um alles wieder gut und ganz zu machen, und nicht nur, wie es vorher war, sondern besser, als es war, und alles im vollen, gerüttelten, überfließenden Maß wiederherzustellen.

2. Ist für mich irgend etwas schwer, oder bin ich auch einer von denen, die viel verheißen und nicht tun, was sie verheißen?

Wo ist doch dein Glaube? Steh fest und halte aus wie ein Mann.

Sei starkmütig und langmütig wie ein Held. Wenn die rechte Zeit kommt, so kommt Trost in dein Herz.

Harre nur, harre nur auf mich: Ich komme gewiß und heile dich.

Es ist nur Versuchung, was dich plagt, nur eitle Furcht, was dich schreckt.

Wozu nützt denn dein banges Sorgen wegen der Dinge, die da kommen könnten, als daß es dich immer noch trauriger und wieder trauriger macht?

Hat doch jeder Tag genug an seiner Plage! (Mt 6, 34)

Wenn dir das, was vielleicht nie geschieht, bald durch falsche Schrecken, bald durch falsche Hoffnungen den Sinn verrücken kann, wie eitel und fruchtlos ist dein Fürchten und Hoffen?

3. Es ist zwar menschlich, daß Menschen von trügerischen Traumbildern getäuscht werden. Wer sich aber durch jede leise Eingebung seines Feindes ziehen und wie im Kreise herumtreiben läßt, der verrät, daß er eine kleine Seele und wenig Herz hat.

Dem Feind ist es einerlei, ob er dich mit wahren oder falschen Vorstellungen hintergeht, wenn du nur hintergangen bist; es ist ihm gleichgültig, ob dich die Anhänglichkeit an das Gegenwärtige oder die Furcht vor dem Zukünftigen zu Boden wirft, wenn du nur zu Boden geworfen wirst!

Laß also keinen Schrecken, keine Furcht dein Herz überwältigen. Glaube an mich und vertraue auf meine Erbarmungen.

Oft, wenn du meinst, du seist von mir weit entfernt, bin ich am nächsten bei dir.

Und wenn du denkst, jetzt ist alles verloren, gerade da kannst du am meisten gewinnen, kannst erringen, was ewigen Wert hat.

Es ist nicht gleich alles verloren, wenn dir etwas gegen Sinn und Wunsch geht.

Du sollst nicht nach der Empfindung und aus der Empfindung, die du gerade jetzt hast, urteilen!

Was dich jetzt drückt und niederbeugt, das sollst du dir nicht so schwer auf die Seele fallen lassen, als wenn es immer auf dir liegenbleiben müßte.

4. Denke auch nicht, du wärest ganz verlassen, wenn ich dir auf eine Zeit irgendein Leiden auflade oder die erwünschte Tröstung entziehe.

Denn der Leidensweg ist der königliche Weg, der in das Himmelreich führt.

Und es ist für dich und meine übrigen Knechte ohne Zweifel besser, daß ihr in der Zuchtschule der Leiden hart mitgenommen werdet, als daß euch alles nach Sinn und Neigung geht.

Ich kenne der verborgenen Gedanken der Menschen. Ich weiß, daß es für dich gut ist, manchmal so dürr und trocken, so ohne alle Lust am Guten gelassen zu werden.

Denn sonst möchte etwa der gute Fortschritt dein schwaches Herz aufblähen und sich ein geheimes Wohlgefallen an dem, was du nicht bist, in deine Seele schleichen.

Was ich dir gegeben habe, das kann ich dir wieder nehmen und auch wieder geben, wenn ich will.

5. Wenn ich es gebe, so ist es mein, und wenn ich es nehme, so habe ich das Deine nicht genommen; denn mein ist alle gute Gabe, von mir kommt jedes Geschenk (Jak 1, 17).

Wenn ich dir etwa Schweres oder Widriges zusende, so laß den Kopf nicht schwindlig und das Herz nicht mutlos werden; denn ich kann es dir wieder leicht machen und alle Bürde in Freude verwandeln.

Wie ich es aber auch immer mit dir mache, so oder anders, ich bin in allem, was ich anordne und füge, gerecht und anbetungswürdig.

6. Wenn du einmal die rechte Weisheit und den geraden Blick auf die Wahrheit erlangt hast, dann wird dich kein Trübsal mehr mutlos und traurig machen können.

Du wirst vielmehr Freude daran haben und dafür danken. Du wirst deine einzige Freude darin finden, daß mein Wille geschehe, daß ich deiner nicht schone und allerlei Plagen an deiner Hütte anklopfen lasse.

Wie mich mein Vater geliebt hat, so liebe ich euch (Joh 15, 9).

Dies Wort sprach ich einst zu meinen lieben Jüngern, die ich ja nicht zum leichten Genuß zeitlicher Freude, sondern zum schweren Kampf, nicht zu blendenden Ehrenstellen, sondern zur Erduldung großer Schmach, nicht zum Müßiggehen, sondern zum Arbeiten, nicht zum Ausruhen, sondern zum Fruchtbringen in Geduld ausgesandt habe.

Dieses Wort, mein Sohn, sei auch deines Herzens Wort!

31. KAPITEL

Man muß alle Geschöpfe verlassen,
um ihn, den Schöpfer, zu finden

Der Mensch spricht:

1. Gnade, noch größere Gnade habe ich nötig, o Herr, wenn ich dahin kommen soll, wo mich im Umgang mit Dir kein Geschöpf mehr wird hindern können.

Denn solange mich noch irgendein Geschöpf bindet, so lange kann ich nicht frei zu Dir emporfliegen. Freien Flug zu Dir wünschte sich der, welcher sprach: Wer gibt mir Taubenflügel? Dann will ich fliegen und Ruhe finden in Dir (Ps 54, 7).

Was ist ruhiger als ein einfältiges Auge? Was ist freier als ein Herz, das von allen Dingen der Erde nichts mehr verlangt?

Wer diese Freiheit und Ruhe finden will, muß sich über alle Geschöpfe erheben, muß sich von sich selbst losmachen und feststehen in dieser Erhabenheit über alle Geschöpfe und über sich und schauen und sehen, daß Du, der Schöpfer aller Dinge, unvergleichbar höher und herrlicher bist als alle Deine Geschöpfe.

Wer sich noch nicht von allen Geschöpfen losgemacht hat, der kann nicht mit freiem Blick betrachten und schauen, was göttlich ist.

Eben deswegen kommen so wenige Menschen zu dieser himmlischen Anschauung, weil sich so wenige von dem Vergänglichen, von allen Geschöpfen lösen können.

2. Zur vollen Abgeschiedenheit von allem Vergänglichen bedarfst du einer großen Gnade, die den Geist zuerst hebt und dann über sich selbst hinausführt.

Und hat der Mensch diese Geisteshöhe noch nicht erreicht, ist er noch nicht von allen Geschöpfen frei und los und ist noch nicht mit Gott eins geworden, dann hat alles, was er weiß, und alles, was er besitzt, keine sonderlich große Bedeutung.

Wer noch etwas anderes hochschätzt als das eine, das unermeßliche, ewige Gut, wird immer kleinlich in seinen Gedanken und Absichten sein und tief unten liegenbleiben.

Denn alles, was nicht Gott ist, alles das ist nichts und muß für nichts geachtet werden.

Es ist aber zwischen der Weisheit einer erleuchteten und gottgeweihten Seele und zwischen der Wissenschaft eines gelehrten und in der Wissenschaft erfahrenen Geistlichen ein himmelweiter Unterschied.

Die Weisheit, die durch göttliche Einflüsse von oben kommt, ist viel edler als die Wissenschaft, die sich der menschliche Kopf durch mühsames Forschen zu eigen macht.

3. Man findet viele Menschen, die sich die Gabe der Beschauung wünschen, aber auf der rauhen Bahn, die dazu führt, mögen sie sich nicht üben lassen.

Auch dies ist ein großes Hindernis, daß sie so fest an Zeichen, Buchstaben und sinnlichen Dingen hängen und das Werk der vollkommenen Selbstverleugnung so nachlässig betreiben.

Ich weiß nicht recht, was für ein Geist uns eigentlich

treibt und was wir im Grunde wollen. Wir hätten es gern, daß man uns für geistreiche Männer ansähe, und doch wenden wir so viele Mühe und Sorgen auf vergängliche, nichtige Dinge und erforschen so selten in völliger Sammlung des Geistes unser Innerstes.

4. Und wenn wir uns auch auf kurze Zeit in uns gesammelt haben, so werden wir bald wieder hinausgeworfen in die äußeren Dinge und untersuchen unsere Handlungen nicht mehr so streng vor dem Richterstuhl unseres Gewissens.

Wir haben nicht acht, wie unsere Neigungen überall nur auf der Erde kriechen, und beweinen es nicht, daß alles, was die Menschen tun, so unrein ist wie ihre Neigungen.

Alles Fleisch hat einst seinen Weg verderbt (Gen 6, 12), und deswegen mußte die große strafende Flut über das Geschlecht der Menschen hereinbrechen.

Da nun unsere Neigung durch und durch verdorben und befleckt ist, so muß alles, was wir nach dem Trieb dieser Neigung tun, auch verdorben und befleckt sein, muß die Spur der zerrütteten inneren Kraft an sich tragen.

5. Man fragt zwar hie und da, was und wieviel ein Mensch getan hat, aber wie groß und rein die innere Tugendkraft sei, die diese äußere Handlung hervorgebracht hat, das wird nicht in Erwägung gezogen.

Ob einer stark, reich, schön, geschickt, ein guter Schriftsteller, ein geschulter Sänger, ein berühmter Künstler sei, danach fragen die Leute.

Ob einer aber die rechte Armut des Geistes besitzt, geduldig, sanftmütig, andächtig und in das geheime, gottselige Leben des Geistes eingeweiht ist, danach wird nicht viel gefragt.

Wo die Natur des Menschen sich selbst überlassen ist, da sieht er nur auf das Äußere an sich und an anderen Menschen; wo aber die Gnade Gottes im Herzen wohnt, da kehrt sich der Blick einwärts und erforscht das Innere.

Die Natur tut auch sehr viele Fehlgriffe in ihren Urteilen; die Gnade aber hält sich mit Zuversicht an Gott, damit sie vor Fehlgriffen bewahrt werde.

32. KAPITEL

Verleugne dich selbst
und widerstehe aller ungeordneten Begierde

Der Herr spricht:

1. Mein Sohn, die vollkommene Freiheit des Geistes kannst du nicht erringen und nicht behalten, wenn du dich nicht zur vollkommenen Verleugnung deiner selbst durcharbeitest.

Sklavenfesseln tragen alle, die eifersüchtig an irgendeinem Ding hängen, die sich selbst lieben, die lüstern und neugierig umherschwärmen, nur suchen, was ihren Sinnen schmeichelt und nicht was das Reich Christi erweitert, die immer das bauen und befestigen wollen, was keinen Grund und Bestand haben kann; denn zu nichts wird alles, was nicht aus Gott geboren ist.

Halte dich an das kurze, aber alles sagende Wort: Verlaß alles, dann findest du alles; gib Abschied der Begierde, dann kommt dir die Ruhe entgegen.

Dies Wort laß dir nie aus dem Sinn kommen; dies Wort durchforsche Tag und Nacht; und wenn du dieses Wort erfüllt hast, dann wirst du alles verstehen.

Der Mensch spricht:

2. Mein Herr, das ist keine Arbeit für einen einzigen Tag und kein Spiel für Kinder.

In dieser Schale liegt ja der ganze Kern der Vollkommenheit für alle, die Gott den Herrn suchen.

Der Herr spricht:

3. Mein Sohn, das soll dich weder zurückschrecken noch mutlos machen, wenn du von dem Weg der Vollkommenheit reden hörst; es soll dich vielmehr reizen, nach dem

höheren Ziel emporzusteigen oder wenigstens ein herzliches Sehnen nach diesem Ziel in dir zu unterhalten.

Oh, stünde es doch so gut mit dir, daß du doch schon so weit gekommen wärest, daß du, frei von der blinden Liebe zu dir selbst, bereitstündest und gefaßt auf meinen Wink und auf den Wink deines väterlichen Obern, den ich dir vorgesetzt habe.

Dann könnte mein Auge mit Wohlgefallen auf dir ruhen; dann würde dein ganzes Leben in Frieden und Freude vorübergehen.

Aber, lieber Sohn, du hast in dir noch viel zu verleugnen; und wenn du dieses viele nicht verleugnest, wenn du nicht alles mir ganz allein anheimstellst, so wirst du nicht finden, was du suchst: den Frieden der Seele.

Laß dir meinen Rat heilig sein. Kauf dir von mir geläutertes Gold, das dich reich mache (Offb 3, 18): die himmlische Weisheit, die alles Irdische mit Füßen tritt.

Gib alle irdische Weisheit, alle Menschen- und Selbstgefälligkeit daran.

4. Ich wollte sagen: Du sollst das, was in den Augen der Menschen hoch und köstlich ist, darangeben und etwas, das in den Augen der Menschen schlecht und niedrig ist, dafür kaufen.

Denn unbedeutend und schlecht in den Augen der meisten Menschen und fast ganz aus ihrem Andenken gerückt ist die wahre, himmlische Weisheit, die gering von sich denkt und auf Erden nicht groß scheinen, nicht groß heißen will; eine Weisheit, die viele mit ihrer Zunge rühmen, aber mit ihrem widersprechenden Wandel lästern, die aber desungeachtet die köstliche Perle ist, verborgen vor den Augen der Menschen.

33. KAPITEL

Von der Veränderlichkeit des Herzens und von der festen Richtung unseres Willens auf Gott

Der Herr spricht:

1. Traue, mein Sohn, deinem eigenen Herzen nicht; denn jetzt ist es so und gleich darauf wieder anders.

Solange du lebst, bist du auch gegen deinen Willen der Veränderlichkeit unterworfen: bald freudig, bald traurig; bald still, bald stürmisch; jetzt voll Andacht und gleich darauf dürr und trocken wie eine Sandwüste; jetzt fleißig, dann träge; diesmal voll Ernst, ein andermal leichtsinnig und ausgelassen.

Wer aber im Geist wohl geübt ist und die rechte Weisheit besitzt, der hat bei all dieser Veränderlichkeit seines Herzens einen unveränderlichen Standpunkt.

Er richtet seinen Blick nicht auf die Empfindung, die kommt und geht, oder auf mancherlei Seiten, von denen der Wind bald so, bald anders herweht, sondern er richtet alle seine Gedanken und Absichten zu dem einen, wahren, besten Zielpunkt hin.

Denn wenn das geheimste Auge seines Geistes bei den unzähligen, einander durchkreuzenden Begebenheiten immer zu mir und nur zu mir aufschaut, so kann er immer derselbe, sich gleich und bei allem, was von außen erschüttert, im Innern unerschüttert bleiben.

2. Je mehr sich nun dieses Auge, das ohne Unterlaß zu mir aufschaut, reinigt, desto fester steht der Mann in Sturm und Ungewitter.

Aber auch dies reine, helle Auge, das zu mir aufblickt, bleibt nicht immer rein und hell.

Es ist, sobald ein Seitenblick auf ein reizendes Gut fällt, das uns ins Auge blitzt, um es getan.

Selten findest du einen Mann, der ganz frei von Eigensucht ist. So kamen einst die Juden zu Martha und Maria nach Bethanien, nicht bloß um Jesu willen, sondern auch um den Lazarus zu sehen.

Man muß also das Auge reinigen, damit es recht sehe und immer eines sehe; man muß es über alles, was nur Mittel ist, emporrichten und zu mir als dem letzten Zielpunkt erheben.

34. KAPITEL

Gott ist das höchste Gut dessen, der Gott stärker als alles andere liebt

Der Mensch spricht:

1. Mein Gott und mein alles! Was will ich mehr, und was kann ich Seligeres wünschen?

Mein Gott, mein alles! Ein Wort voll Süße und Lieblichkeit, aber süß und lieblich nur dem, der das Ewige Wort liebhat und nicht die Welt und nicht die Güter der Welt!

Mein Gott, mein alles! Es ist mit diesem Wort dem genug gesagt, der es versteht, und wer die Liebe hat, der hört es immer gern, wenn es wieder und wieder gesagt wird.

Denn wenn Du, mein Gott, da bist, so ist alles lieblich und süß; bist Du fern, so ist alles bitter und ekelhaft.

Du machst das Herz still und schaffst großen Frieden und festliche Freude.

Du gibst es uns in das Herz, daß wir alle Dinge gut finden und Dich in allen Dingen loben.

Ohne Dich kann uns nichts auf Dauer gefallen.

Und wenn uns irgend etwas angenehm und schmackhaft werden soll, dann darf Deine Gnade nicht fehlen, dann muß es durch Deine Weisheit gewürzt werden.

2. Wer an Dir Geschmack findet, dem schmeckt alles wohl.

Und wer an Dir keinen Geschmack findet, was soll ihm Freude verschaffen?

Alle die, welche nur an der Weisheit der Welt oder an der Lust der fünf Sinne Geschmack finden, erliegen fern von Deiner Weisheit auf ihrer mühsamen Bahn.

Sie können in der Weisheit der Welt nichts als Eitelkeit und in den Freuden der fünf Sinne nichts als den Tod finden.

Die durch Verschmähung der Weltfreuden und durch Ertötung der sündhaften Lüste des Fleisches Dir nachfolgen, beweisen, daß sie die rechte Weisheit besitzen, weil sie von der Eitelkeit zur Wahrheit, vom Fleisch zum Geist durchgedrungen sind.

Diese haben Geschmack an Gott, und was sie in den Geschöpfen Gutes finden, das legt ihnen einen neuen Lobgesang auf ihren Schöpfer in den Mund.

Und dieser Geschmack an dem Schöpfer, an der Ewigkeit und an dem unerschaffenen Licht, wie ist er doch so verschieden, durchaus verschieden von dem Geschmack an den Geschöpfen, an der Zeitlichkeit und an dem erschaffenen Licht!

3. O ewig leuchtendes Licht, erhaben über alles erschaffene Licht, sende Deinen Strahl aus der Höhe wie einen Blitz in mein Herz und laß ihn das Allerinnerste meines Herzens durchdringen!

Reinige, erhelle, belebe und erfreue meinen Geist und alle meine Kräfte, daß sie Dir in dem Jubel der Entzückung ewig anhangen.

Wann wird sie denn kommen, die selige, lange ersehnte Stunde, daß mich Deine Gegenwart sättige, daß Du mir alles in allem werdest!

Ohne diese Gnade fehlt mir noch immer die Fülle der Freude.

Ach, noch lebt der alte Mensch in mir, noch ist seine Kreuzigung nicht vollendet, seine Abtötung nicht vollbracht.

Noch ist er stark genug, sich mit seinen Lüsten gegen den Geist zu empören, Kriege über Kriege zu erregen und das Reich der Seele zu beunruhigen.

4. Aber Du, der Du Gewalt hast über das Toben des Meeres und besänftigst die wilde Flut (Ps 88, 10), mach Dich auf und hilf mir!

Zerstreue die Völker, die Krieg wollen, und zermalme sie mit Deiner allzermalmenden Kraft.

Zeige diese Deine Allmacht und laß uns Deine rechte Hand in ihrer Herrlichkeit sehen; denn all meine Hoffnung, all meine Zuflucht bist Du, mein Gott und mein Herr, Du allein!

35. KAPITEL

In diesem Leben sind wir nie vor einer Versuchung sicher

Der Herr spricht:

1. Mein Sohn, in diesem Leben bist du nie vor Angriffen sicher.

Solange du lebst, hast du Wehr und Waffen nötig, mit denen sich dein Geist gegen die Sünde wehren und schützen kann.

Du wohnst unter Feinden, und links und rechts stürmen Versuchungen auf dich los.

Wenn du dich also nicht überall mit dem Schild der Geduld zu decken weißt, so wirst du nicht lange ohne Wunden durchkommen.

Und wenn du überdies dein Herz nicht so gefestigt hast, daß es fest ruht in mir allein, wenn dein Wille nicht bereit ist, alles Widrige um meinetwillen geduldig zu leiden, so wirst du die Hitze des Kampfes nicht aushalten und die Siegespalme der Seligen nicht erreichen können.

Also hindurchdringen mußt du durch alle Leiden, mit tapferer Hand mußt du hindurchstreiten durch alles, was sich dir widersetzt.

Denn nur dem Überwinder wird das Brot des Himmels dargereicht (Offb 2, 17), und dem Trägen, der keine Hand zum Streit ausstrecken mag, bleibt nichts übrig als Jammer und Not.

2. Wenn du in diesem Leben schon Ruhe haben willst,

wie wirst du in dem kommenden zur ewigen Ruhe gelangen können?

Versprich dir in diesem Land nicht viel Ruhe, sondern mache dich vielmehr auf große Geduld gefaßt.

Suche du immer den wahren Frieden, aber nicht auf Erden, sondern im Himmel, nicht bei Menschen oder anderen Geschöpfen, sondern bei Gott allein.

Aus Liebe zu Gott sollst du alles Unangenehme gern leiden, was immer es sei: peinvolle Arbeiten, Schmerz, Versuchung, Not, Drangsal, Beängstigung, Armut, Schwachheit, Unrecht, Widerspruch, Tadel, Erniedrigung, Hohn, Zurechtweisung und Verachtung.

Das alles treibt zur Tugend, das bewährt den neuen Jünger in der Kampfschule Christi; das macht für ihn die Ehrenkrone im Himmel fertig.

Ich werde dir die kurze Arbeit mit ewiger Belohnung und die vorübergehende Schmach mit endloser Herrlichkeit vergelten.

3. Glaubst du etwa, daß dir die himmlischen Tröstungen jetzt schon zu Gebote stehen sollten, daß du davon kosten könntest, sooft du nur wolltest?

Selbst meine Heiligen hatten nicht lauter Stunden des Trostes, sondern viele Drangsale, mancherlei Versuchungen und große Anfälle von Trostlosigkeit auszustehen.

Aber sie ließen sich in allen diesen Leiden nicht zu Boden werfen; sie standen aufrecht und geduldig da, vertrauten mehr auf Gott als auf sich; sie trugen die Verheißung im Herzen, daß die Leiden dieser Zeit nicht verglichen werden können mit der Herrlichkeit, mit der sie in der Ewigkeit belohnt werden (Röm 8, 18).

Willst du das sogleich und ohne Kampf haben, was so viele andere durch heiße Tränen und peinvolle Bemühungen kaum erringen konnten?

Harre auf den Herrn, sei mannhaft in allem, was du tust (Ps 26, 14); sei tapfer, fasse neuen Mut, weiche nicht von der Stelle, steh fest und gib Leib und Seele daran zur Ehre Gottes.

Denn sieh! Ich werde es dir in vollem Maße vergelten und: Ich bin bei dir in der Trübsal (Ps 90, 15).

36. KAPITEL

Wie soll ich mich verhalten, wenn mich die Menschen richten und verdammen?

Der Herr spricht:

1. Mein Sohn, lege dein ganzes Herz mit fester Zuversicht in meine Hand und fürchte kein menschliches Gericht, wenn dich dein innerer Richter, das Gewissen, freispricht.

Es ist gut und heilsam für dich, daß du auch in dieser Leidensschule hart mitgenommen wirst.

Und wenn du ein demütiges Herz hast und mehr auf Gott als auf dich selbst vertraust, so wird dir dies schwere Leiden nicht sonderlich beschwerlich sein.

Wo mancherlei Menschen reden, da muß es mancherlei Gespräche geben, und diese verdienen eben deswegen nicht viel Glauben.

Es ist ja doch ganz und gar unmöglich, allen alles recht zu machen.

Ist doch Paulus allen alles geworden und hätte es gern allen recht gemacht, um alle dem Herrn zu gewinnen. Und doch mußte auch Paulus harte Urteile über sich ergehen lassen.

Er kümmerte sich aber nicht darum, daß ihn die menschlichen Gerichte verdammten.

2. Was er zur Erbauung oder Errettung der Menschen tun konnte, das hat er mit aller Treue getan.

Aber daß ihn die Menschen hart richteten oder gar verdammten, das konnte er bei all seiner Treue nicht verhindern.

Deshalb stellte er seine ganze Sache dem anheim, der alles am besten wußte, seinem Gott.

Und seine Verteidigung gegen die harten Worte, ungerechten Urteile und stolzen Anmaßungen seiner Gegner bestand eigentlich doch nur in Demut und Geduld.

Denn wenn er auch hie und da Antwort gab, so geschah es meistens nur um der Schwachen willen, damit sie an seinem Stillschweigen kein Ärgernis nähmen.

Wer bist du denn, daß du dich vor einem Menschen fürchtest? Heute ist er, und morgen findest du seine Stätte nimmer.

Fürchte du deinen Gott, und die Menschen werden nicht mehr so viel Furchtbares für dich haben.

Was kann auch ein Mensch mit all seinen Lästerworten, wenn sie dir auch noch so viel Unrecht nachsagen, gegen dich ausrichten?

Im Grunde schadet er sich mehr als dir, und wer es auch immer sei, dem Gericht Gottes kann er doch nicht entgehen.

Behalte du stets deinen Gott im Auge, klage nicht und laß dich in keinen Wortstreit ein.

Und wenn du auch in den Augen der Menschen unterliegen und eine unverdiente Schmach erdulden müßtest, so solltest du deshalb weder zürnen noch durch Ungeduld dir den schönsten Stein aus deiner Krone rauben lassen.

Schau vielmehr zu mir auf! Ich habe die Macht, dich von aller Schmach und von allem Unrecht zu erretten und einem jeden nach seinen Werken zu vergelten (Offb 2, 23).

37. KAPITEL

Sich ganz aus Liebe zu Gott in Gottes Willen ergeben, ist der einzige Weg zur wahren Freiheit der Seele

Der Herr spricht:

1. Mein Sohn, verlasse dich, dann findest du mich.

Sei in allem ohne Eigensinn und Eigenwillen, dann gewinnst du in allem.

Den sobald du dich ganz mir überlässest und dich nicht mehr zurücknimmst, strömt Gnade um Gnade in dein Herz.

Der Mensch spricht:

2. Mein Herr, wie oft soll ich mich Dir hingeben, worin mich verlassen?

Der Herr spricht:

3. Immer und immer wieder, zu jeder Stunde, im kleinen und im großen.

Ich lasse hier keine Ausnahme gelten.

Ich will dich frei und entblößt von allem haben.

Denn wie werden wir sonst eins werden, ich dein, du mein, wenn du dich noch nicht von allem Eigenwillen im Innern und Äußern befreit und losgemacht haben wirst, wie der Räuber den Wanderer von allem Eigentum entblößt?

Je schneller du an dies große Werk Hand anlegst, desto besser für dich; je aufrichtiger und eifriger du an der Vollendung dieses großen Werkes arbeitest, desto mehr gefällst du mir und desto größer ist dein Gewinn.

4. Einige ergeben sich mir, aber mit Vorbehalt und Ausnahme.

Sie trauen ihrem Gott nicht ganz; darum wollen sie für sich selbst vorsorgen.

Einige ergeben sich mir anfangs ganz und ohne Vorbehalt, aber wenn die Versuchung sie in die Enge treibt, dann laufen sie wieder zu sich selbst zurück und können deshalb in der Tugend nicht weiterkommen.

Alle diese werden die wahre Freiheit des reinen Herzens und die Gnade meines freundlichen Umgangs nie erlangen, bis sie sich ganz mir ergeben und täglich sich selbst als Opfer dargebracht haben werden.

Denn ohne diese Selbstaufopferung kann keine Vereinigung und ohne Vereinigung kein seligmachender Genuß bestehen.

5. Ich habe es dir schon oft gesagt und sage es dir immer wieder: Verlasse dich, ergib dich mir, und du wirst in mir Frieden haben, großen inneren Frieden.

Gib alles um alles hin, suche dir nichts heraus, nimm nichts zurück von dem Opfer; ergib dich mir ohne Zögern;

halte dich fest an mir und an mir allein, und du sollst mich haben.

Dann wird dein ganzes Herz frei sein, und keine Macht der Finsternis wird dich zertreten können.

Danach ringe, darum bitte, danach strecke sich all dein Verlangen aus, daß du, von allem Eigenwillen befreit, Jesus nachfolgen, dir sterben, mir ewig leben mögest.

Dann werden alle eitlen Traumgestalten deiner Einbildungskraft, alle Verwirrungen des Gemütes, die aus dem Bösen entstehen und selbst böse sind, alle unnützen Sorgen des Herzens dahin sein.

Dann wird auch übermäßige Furcht vor dir fliehen und die ungeordnete Liebe sterben.

38. KAPITEL

Von der Freiheit und der Herrschaft der Kinder Gottes

Der Herr spricht:

1. Mein Sohn, danach mußt du mit allem Fleiß trachten, daß du überall und in allem, was du tust, in jedem äußern Werk bei dir im Innersten zu Hause seist, frei und deiner mächtig; daß alle Dinge unter dir seien und du nicht unter ihnen; daß du der Herr und der Lenker deiner Handlungen seist und nicht Knecht und Sklave derselben; daß du ein rechter Hebräer werdest, das heißt aus dem Land der Sklaverei kommest in das Land der Freiheit, das die Kinder Gottes besitzen.

Die Kinder Gottes stehen auf der Gegenwart als ihrem Fußschemel und schauen in die Ewigkeit hinüber.

Auf das Vergängliche werfen sie nur Seitenblicke mit dem linken Auge und sehen mit dem rechten auf das Himmlische.

Das Zeitliche lassen sie nicht so über ihre Neigungen herrschen, sondern beherrschen dieses vielmehr, daß es ihnen diene zu dem Ziel, wozu es Gott, der höchste Werkmeister, der in seinen Werken nichts ungeordnet ließ, bestimmt und geordnet hat.

2. Wenn du in dem, was um dich her geschieht, nicht bei dem äußeren Schein stehenbleibst und das, was du siehst und hörst, nicht nach den fünf Sinnen richtest, sondern bei jedem Geschehen sogleich mit Moses in die Stiftshütte hineingehst und den Herrn um Rat fragst, so wirst du manchmal eine göttliche Antwort hören und – über Gegenwart und Zukunft wohl belehrt – wieder herausgehen können.

Denn Moses hatte in allem, was ihm dunkel und zweifelhaft war, freien Zutritt zur Stiftshütte (Ex 33,9–11) und nahm in allen Gefahren und bei aller Bedrängnis durch gottlose Menschen seine Zuflucht zum Gebet.

So mußt du denn auch in die geheimste Kammer deines Herzens gehen und darin mit gesammelter Kraft um Gottes Rat und Hilfe flehen.

Denn deswegen konnten Josue und die Kinder Israels von den Gabaoniten betrogen werden, weil sie den Herrn zuvor nicht um Rat gefragt hatten (Jos 9, 14) und sich zu leichtgläubig durch die süßen Worte betören und durch die scheinbare Rechtschaffenheit blenden ließen.

39. KAPITEL

Sei nicht so stürmisch in deinen Geschäften

Der Herr spricht:

1. Mein Sohn, stelle deine Sache immer nur mir anheim, ich werde zur rechten Stunde alles wohl machen.

Lerne im stillen warten auf das, was ich ordnen werde, und dieses Stillhalten wird dich weiter bringen als alles stürmische Vorwärtsstreben.

Der Mensch spricht:

2. Gern, o Herr, stelle ich Dir alle meine Anliegen anheim; denn ich kann mit allen meinen Gedanken doch so viel als nichts ausrichten.

Wenn ich nur nicht so fest an der Zukunft hinge, sondern mich ganz ohne Zögerung nach Deinem Wohlgefallen hingeben könnte!

Der Herr spricht:

3. Mein Sohn, oft treibt den Menschen sein Wunsch.

Aber wenn er hat, was er wünschte, dann fängt er an, anders zu denken; denn seine Neigungen halten nicht fest an einem Ding, sondern treiben von einem zu andern.

Es ist also nichts Geringes, sich auch im Geringsten zu verleugnen.

4. Der wahre Fortschritt im Guten besteht in der Verleugnung seiner selbst; wer es in der Selbstverleugnung weit genug gebracht hat, ist ein freier Mann, ist eins mit sich und scheut kein Geschöpf.

Aber der alte Feind, der allem Guten feind ist, hört nicht auf, zum Bösen zu versuchen; er sinnt Tag und Nacht hinterlistig auf Trug und eine Falle, ob es ihm nicht gelinge, den Unvorsichtigen zu täuschen und zu fangen.

Wachet und betet, spricht der Herr, damit ihr nicht in Versuchung fallet (Mt 26, 41).

40. KAPITEL

Gott ist die Quelle alles Guten

Der Mensch spricht:

1. Mein Herr, was ist der Mensch, daß Du seiner gedenkst, oder ein Menschensohn, daß Du ihn heimsuchst? (Ps 8, 5)

Wie hätte es der Mensch je verdienen können, daß Du ihm Deine Huld angedeihen ließest?

Wie könnte ich klagen, wenn Du mir Deine Huld entzögest? Was dürfte ich mit Grund dagegen einwenden, wenn Du meine Bitten nicht erhörtest?

Wahrhaftig, dies eine kann und darf ich mit aller Wahrheit denken und sagen: Aus mir allein und ohne Dich bin ich nichts, vermag ich nichts und habe ich nichts Gutes an mir.

Aus mir allein und ohne Dich bin ich gebrechlich und ohnmächtig zum Guten und strebe immer nach dem, was nichts ist.

Wenn Deine Macht mich nicht unterstützt, Dein Licht mich nicht im Innern erleuchtet, so werde ich noch ganz lau und zuchtlos.

2. Du aber, Herr, bist immer derselbe und bleibst ewig, was Du bist: gut, gerecht, heilig in allem, was Du tust, und weise in allem, was Du ordnest.

Du immer derselbe, und ich immer anders.

Du immer der Heilige, und ich immer geneigter zum Rückgang als zum Fortgang im Guten.

Ach, ich bin das rechte Bild der Zeit, so veränderlich wie sie – siebenmal anders an einem Tag.

Doch wird es mit mir bald besser werden, wenn Du mir Deine helfende Hand darreichst.

Denn Du kannst mir ohne alle Beihilfe der Menschen helfen; Du kannst mich im Guten festigen, daß mein Angesicht sich immer gleichbleibt und mein Herz, zu Dir allein hingewandt, in Dir allein seine Ruhe findet.

3. Verstünde ich doch die große Kunst, allem menschlichen Trost Abschied zu geben, entweder um die Gabe der Andacht zu erlangen, oder, weil mich die Not dazu treibt, Dich zu suchen, da außer Dir nichts den Hunger meines Herzens stillen kann.

Dann könnte ich das Wehen Deiner Gnade mit Zuversicht erwarten, dann würde ich bald Deine Tröstungen in neuem Maß genießen und in heiliger Entzückung Dich lobpreisen können.

4. Dank Dir für alles Gute, das ich zustande bringe; denn alles Gute kommt von Dir!

Ich bin aus mir und vor Dir eitel nichts (Ps 38, 6), ein Mensch, unstet und schwach.

Was habe ich nun für Grund und Recht, von mir selbst groß zu sprechen oder andere von mir groß sprechen zu lassen?

Vielleicht, weil ich aus mir nichts bin?

Ein Ruhm auf nichts gebaut, wäre doch unter allem, was eitel ist, das Eitelste.

Die eitle Ruhmsucht ist wahrhaftig die erste Eitelkeit und eine Seelenpest, die alles Gute tötet; den sie entblößt uns von der Gnade des Himmels und raubt uns das Kleinod der wahren, inneren Herrlichkeit.

Denn sobald der Mensch an sich selbst sein Wohlgefallen findet, hast Du Mißfallen an ihm.

Und wenn er dem Lob der Menschen nacheilt, so verliert er darüber den wahren Wert, den ihm nur die wahre Tugend verschaffen kann.

5. Es gibt aber doch auch einen wahren Ruhm und eine heilige Freude. Und der wahre Ruhm besteht darin, daß der Mensch nicht sich, sondern Dich, seinen Herrn, allein verherrliche.

Die wahre Freude besteht darin, daß der Mensch nicht an seinem Namen, seiner Tugend oder an irgendeinem Geschöpf, sondern an Dir und nur um Deinetwillen an dem Guten, das von Dir kommt, Freude habe.

Dein Name werde gelobt, nicht der meine! Dein Werk werde verherrlicht, nicht das meine! Dein heiliger Name werde in aller Welt gelobt, und alles Lob, das die Menschen etwa mir beilegen, bleibe nicht bei mir stehen, sondern gehe auf Dich zurück.

Denn Du bist mein Ruhm, Du die Jubelfreude meines Herzens.

Deiner will ich mich immer rühmen. Deiner will ich mich freuen den ganzen Tag.

Und wenn ich mich meiner rühme, so will ich mich meiner Schwachheiten rühmen (2 Kor 12, 5).

6. Mögen doch die Juden Ehre voneinander nehmen, ich will die Ehre suchen, die von Gott allein kommt.

Aller Ruhm der Menschen, alle Ehre der Zeit, alle Hoheit der Welt, verglichen mit Deiner ewigen Herrlichkeit, ist doch nichts als Eitelkeit und Torheit.

O mein Gott, Du bist meine Wahrheit! Du meine Liebe, voll Erbarmen und Seligkeit!

Vater, Sohn und Heiliger Geist, ein Gott, allein heilig und selig in Dir selbst!

Dein sei alles Lob und alle Ehre, aller Ruhm und alle Herrlichkeit und alle Kraft und sei ewig, ewig Dein. Amen!

41. KAPITEL

Von der Verschmähung aller zeitlichen Ehre

Der Herr spricht:

1. Mein Sohn, laß es dir nicht so nahe an das Herz kommen, wenn du siehst, daß man andere ehrt und erhöht, dich aber verachtet und erniedrigt.

Erhebe du dein Herz zu mir in den Himmel, und es wird dich nicht sonderlich betrüben, daß dich die Menschen drunten auf der Erde verachten.

Der Mensch spricht:

2. Mein Herr, es ist, als wenn wir mit Blindheit geschlagen wären, so gar leicht verführen uns Eitelkeit und Trug.

Wenn ich mich genau erforsche, so hat mir noch kein Geschöpf im eigentlichen Sinn Unrecht getan; und wenn ich mich nach Gerechtigkeit richten will, so darf ich meinen Mund vor Dir nicht auftun, wider Dich zu klagen.

Weil ich vor Deinem heiligen Auge so viele und so schwere Sünden begangen habe, so habe ich es ja verdient, daß sich alle Geschöpfe gegen mich bewaffnen.

Mir gebührt nach aller Gerechtigkeit nichts als Schmach und Hohn, Dir gebührt Lob, Ehre und Ruhm.

Und wenn ich mein Herz nicht dazu bringen kann, daß es gern und ohne inneren Widerstreit von allen Geschöpfen verachtet, verlassen und für nichts gehalten werde, so kann ich im Innern nie gefestigt und beruhigt, im Geist nie erleuchtet, mit Dir nie vereinigt werden.

42. KAPITEL

Wahren Frieden findest du bei Menschen nicht, du mußt ihn also auch bei ihnen nicht suchen

Der Herr spricht:

1. Mein Sohn, wenn dein Friede auf einem Menschen beruht und davon abhängt, daß er denkt wie du und immer um dich ist, so wird dein Friede sehr wandelbar und dein eigen Herz bald uneins mit sich selbst sein.

Wenn du dir aber überall den Rückweg zur Wahrheit, die immer dieselbe bleibt und ewig lebt, offenhältst, so wirst du nicht sonderlich betrübt werden, wenn dich auch dein Freund verläßt oder dir von der Seite wegstirbt.

Die Liebe zu deinem Freund soll eigentlich in mir ihre Wurzel haben, und jeder, den du für gut hältst und vorzüglich liebhast, soll dir um meinetwillen vorzüglich lieb sein.

Denn ohne mich hat der Bund der Freundschaft keine Gültigkeit und keinen Beistand, und alle Liebe, deren Band ich nicht knüpfe, ist weder wahr noch rein.

So solltest du aller Anhänglichkeit an geliebte Menschen abgestorben sein, daß du, insofern es auf dich ankäme, Mut genug hättest, allen Umgang mit Menschen zu entbehren.

Um so viel näher kommt der Mensch seinem Gott, je mehr er sich von allem irdischen Trost entfernt.

Er steigt auch um so viel höher aufwärts zu Gott, je tiefer er zuvor in sich abwärts gestiegen, je geringer er in seinen Augen geworden ist.

2. Wer aber sich selber etwas Gutes zuschreibt, der richtet eine Scheidewand auf zwischen sich und der Gnade Gottes, daß sie nicht zu ihm hereinkann; denn die Gnade des Heiligen Geistes sucht als ihre Herberge immer nur ein demütiges Herz.

Könntest du dich selbst ganz vernichten, könntest du dich von aller Liebe zu einem Geschöpf befreien, so müßte ich meine Gnadenfülle in dich einströmen und die leere Stätte in dir ausfüllen lassen.

Sobald du aber auf die Geschöpfe abwärts schaust, wird dir die Anschauung des Schöpfers genommen.

So lerne denn, dich in allen Dingen um deines Schöpfers willen zu überwinden; dann wird dir in deiner Seele eine neue Tür zur göttlichen Erkenntnis aufgehen.

Was man immer gegen die heilige Ordnung der Liebe achtet und liebt, sei es noch so gering, das treibt uns auf dem Weg zum höchsten Gut weit zurück und befleckt uns.

43. KAPITEL

Warnung vor der eitlen, falschen Gelehrsamkeit

Der Herr spricht:

1. Mein Sohn, laß dir durch die schönen, feinen Sprüche der Menschen deinen geraden Sinn nicht verdrehen; denn das Reich Gottes besteht nicht in Wort und Schall, sondern in Kraft und Tat (1 Kor 4, 20).

Merke du auf mein Wort, das die kalten Herzen entzündet, die finsteren Geister erleuchtet, die harten Gemüter zu Tränen der Reue rührt und die müden, beladenen Seelen mit himmlischen Tröstungen begnadet.

Lies aber nicht in meinem Wort, um dir den eitlen Anstrich geben zu können, als wenn du gelehrter oder weiser wärest als andere.

Alles zu ertöten, was Sünde in dir ist, das sei deine Gelehrsamkeit.

Denn das nützt dir mehr, als wenn du all die spitzfindigen Fragen der Gelehrten nach Länge und Breite verständest.

2. Wenn du wirklich viel liest und viel verstehst, so mußt du all dein Lesen und all dein Verstehen jedesmal zur Quelle aller Wahrheit zurückführen.

Ich bin es, der den Menschen Weisheit lehrt und dem Unmündigen hellere Einsichten gibt, als Menschen von Menschen jemals erhalten können.

Zu dem ich rede, der wird bald weise sein und im Geist große Fortschritte machen.

Wehe denen, die so gern zu ihresgleichen in die Schule gehen, um ihre Neugier zu befriedigen, aber keine Nachfrage halten um den rechten Weg, mir zu dienen!

Kommen wird die Zeit, da sich Christus, der Lehrer aller Lehrer und der Herr der Engel, offenbaren wird.

Dann wird ihm jeder aufsagen müssen, was er gelesen hat, das heißt: Christus wird die geheimsten Winkel des Gewissens in jedem Menschen durchforschen, wird Jerusalem mit Lichtern durchsuchen.

Dann wird alles, was im Finstern verborgen war, erleuchtet werden; dann werden alle Menschenzungen mit ihrem unendlichen Für und Wider verstummen müssen.

3. Ich bin es, der den Demütigen in einem Augenblick so hoch erheben kann, daß er in die ewige Wahrheit tiefer hineinschaut, als wenn er zehn Jahre in Schulen gelernt hätte.

Wo ich lehre, da rauschen keine Worte, da durchkreuzen sich keine Meinungen, da bläht sich keine Eitelkeit, da fechten keine Schulgründe.

Ich bin es, der den Menschen lehrt, das Vergängliche zu verschmähen und das Unvergängliche hochzuachten, Ekel wegen des Gegenwärtigen und Geschmack an dem Ewigen zu haben, Ehre zu fliehen und Ärgernisse zu erdulden, außer mir nichts zu verlangen, auf mich allein alle Hoffnung zu bauen und mich über alles mit Inbrunst des Herzens zu lieben.

4. Ich habe einen Freund; dieser liebte mich innig und lernte durch diese innige Liebe göttliche Dinge verstehen und die Wunder meiner Führungen auslegen. Als er alles verließ, brachte ihn die rechte Erkenntnis viel weiter als das tiefste Forschen.

Zu einem rede ich von allgemeinen, zu dem andern von besonderen Dingen.

Einigen erscheine ich in Zeichen und Bild, andern decke ich in hellem Licht Geheimnisse auf.

Im Grunde haben zwar alle heiligen Bücher ein und dieselbe Stimme, aber diese eine Stimme gibt nicht in gleicher Weise Lehre für alle.

Ich bin der eigentliche Lehrer unter der Hülle des Buchstabens, die rechte Wahrheit im Innern des Menschen; ich erforsche die Herzen, sehe die Gedanken, fördere die guten Handlungen; ich spende die Gaben in dem Maß, wie sie eines jeden Fähigkeit und Bedürfnis erheischt.

44. KAPITEL

Daß man die äußeren Dinge sich nicht nahe an sein Herz kommen lassen solle

Der Herr spricht:

1. Mein Sohn, lerne in vielen Dingen unwissend zu sein und betrachte dich als einen Toten auf Erden und als einen, dem die ganze Welt gekreuzigt ist.

Man muß vieles, das an unser Ohr schlägt, nicht hören wollen, als ob man taub wäre, und dafür Sinn und Verstand auf das richten, was das Herz des Menschen ruhig macht und ruhig hält.

Es ist besser, beide Augen vor unangenehmen Dingen zu schließen und einen jeden bei seiner Hoffart zu lassen, als ewig in Zank und Streit mit dem Nachbarn zu leben.

Wenn du bei Gott recht hast und dich auf seinen Ausspruch verlassen kannst, so wirst du es ganz erträglich finden, vor Menschen unrecht zu haben und vor ihnen als überwunden dazustehen.

2. O Gott, wie tief sind wir gesunken! Sieh, ein zeitlicher Verlust wird mit heißen Tränen beweint, um eines unbedeutenden Gewinnes willen arbeitet und läuft man sich müde!

Aber wenn die Seele Schaden genommen hat, das verliert sich sogleich aus unserer Erinnerung, und man kann es nach vielen Jahren kaum einmal wieder ins Gedächtnis zurückrufen.

Was nichts oder sehr wenig nützt, darauf richtet man die erste Aufmerksamkeit, und was das erste, das Alleinnotwendige ist, das wird wie nichts außer acht gelassen.

Und dies alles, weil der ganze Mensch sich so gern in den Dingen außer sich verliert, und wenn er nicht zur Zeit seinen Sinn ändert, in die Dinge außer sich mit Herzenslust versinkt und, einmal versunken, im Schlamm liegenbleibt.

45. KAPITEL

Sei vorsichtig, wenn du redest, und nicht leichtgläubig, wenn andere reden

Der Mensch spricht:

1. Mein Gott, hilf Du mir aus meiner Drangsal, denn die Hilfe der Menschen ist eitel! (Ps 59, 13)

Wie oft fand ich da keine Treue, wo ich sie mit Zuversicht gesucht hatte, und fand sie dort, wo ich sie nicht suchte!

Eitel ist also alle Hoffnung, die auf Menschen ruht, aber fest steht das Heil der Gerechten, o Gott, und ruht in Dir.

Dein Name sei gepriesen in allem, was uns begegnet!

Denn wir Menschen sind schwach und unstet, lassen uns leicht hintergehen und werden schnell eines anderen Sinnes.

2. Wo ist doch der Mensch, der sich überall mit so viel Vorsicht und Wachsamkeit leiten und hüten kann, daß ihn nie irgendein Vorfall täuscht, überlistet oder aus der Fassung bringt?

Wer aber auf Dich, o Herr, vertraut, wer Dich in Einfalt des Herzens sucht, der steht fest und fällt nicht so leicht.

Und wenn auch noch so heiße Leiden über ihn kommen oder noch so künstliche Fallstricke seine Bahn unsicher machen, so wirst Du ihn schnell aus dem Gedränge ins Freie bringen oder wenigstens sein mattes Herz erquicken; denn Du verlässest die Deinen, die auf Dich vertrauen, ewig nie.

Ein seltener Fund auf Erden ist der treue Freund, der in allen Nöten seines Freundes mit ihm ausharrt.

Dieser Freund, ja der Treueste aus allen Freunden, bist Du, o mein Gott! Wahrhaftig, ein Freund in aller Not, und ein solcher ist außer Dir keiner!

3. Wie weise und groß war der Sinn jener heiligen Seele, die da mit Wahrheit sagen konnte: Meine Seele ist tief gegründet und steht unbeweglich fest in Christus!

Wenn ich auch auf diesem Felsen fest stünde, dann würde mich keine Menschenfurcht so leicht hin und her bewegen, kein böses Wort von der Stelle rücken können.

Wer kann auch alles vorhersehen, wer ist groß und mächtig genug, allen künftigen Übeln vorzubeugen?

Wenn uns schon das, was wir vorhergesehen haben, verwundet, so wird uns das, was uns unversehens trifft, wohl noch eine tiefere Wunde schlagen.

Aber warum war ich Elender nicht vorsichtiger?

Weil wir Menschen sind und nichts anderes als gebrechliche Menschen sind, wenn uns auch viele für Engel halten und ausgeben sollten.

Wem soll ich glauben als Dir allein, o mein Herr und Gott? Du bist die Wahrheit, die nicht trügen und nicht betrogen werden kann.

An einer anderen Stelle heißt es sehr wahr: Der Mensch ist voll Trug und Lug (Ps 115, 2). Er ist gebrechlich, unstet, schwach, besonders im Wort, das aus seinem Mund kommt.

Man darf doch dem Wort des Menschen kaum glauben, wenn es noch so viel Schein der Wahrheit und Gerechtigkeit für sich hat!

4. Wie weise hast Du Deine Jünger und uns zum voraus gewarnt, daß wir uns vor Menschen hüten sollten: Die Hausgenossen sind des Menschen Feinde (Mt 10, 36), und: Glaubet es doch nicht, wenn jemand sagt, da ist Christus, dort ist er (Mk 13, 21).

Mein eigener Schaden hat mich oft genug erkennen lassen, und Gott gebe, daß ich wenigstens in dieser Schule

Vorsicht gelernt habe und die alten Torheiten nicht mit neuen vermehre!

Da spricht einer zu mir: Sei behutsam, sei nur recht behutsam, behalte es bei dir, was ich dir sage.

Und da ich es bei mir behielt und ehrlich glaubte, daß es noch geheim sei und bleiben werde, konnte er selbst es nicht verschweigen, ging hin und ward sein und mein Verräter.

Mein Gott! Bewahre mich doch vor solchen unvorsichtigen Menschen und ihrem Lügenkram; schütze Du mich, daß ich nie wieder in ihre Hände falle und mich selbst der nämlichen Torheit schuldig mache.

Lege Du mir ein wahres, festes Wort in den Mund und laß mir keine listige Zunge nahe kommen.

Was ich nicht erleiden will, davor werde ich mich wohl mit allem Fleiß hüten müssen.

5. Wie ist einem so wohl und friedlich still im Herzen, wenn man von andern schweigen kann und nicht alles, was andere erzählen, ohne nähere Prüfung glaubt; wenn man das Gehörte nicht leicht nacherzählt und sein Herz nur wenig Menschen aufschließt, wenn man zu Dir, o Gott, als dem allgegenwärtigen Zeugen und Herzenskenner überall aufblickt, aber sich nicht durch jeden Windstoß von Worten hin und her bewegen läßt und durchaus keinen andern Wunsch in sich trägt, als daß alles in uns und außer uns nach der Richtschnur Deines heiligen Willens geordnet und gelenkt werden möchte!

Wieviel trägt es doch zur sicheren Bewahrung der himmlischen Gnade bei, wenn man nicht vor den Menschen glänzen will, nicht nach Beifall und Bewunderung hascht, sondern dem allein mit allem Fleiß nachstrebt, was unser Leben besser und unseren Eifer für das Gute lebendiger macht!

Für wie viele war es schädlich, daß man ihre Tugenden ausposaunte und vor der Zeit zur Schau stellte!

Wie nützlich war es im Gegenteil für andere, daß sie den

Schatz ihrer Gnade geheimhielten in diesem gebrechlichen Leben, das ganz aus Angriff und Widerstand, aus Streit und Widerstreit besteht!

46. KAPITEL

Man soll in den Tagen der Trübsal auf Gott allein vertrauen

Der Herr spricht:

1. Mein Sohn, steh fest und hoffe auf mich.

Denn was sind alle die Menschenworte anderes als Worte?

Durch die Luft zu fliegen vermögen sie, aber sie können keinen Stein von der Stelle rücken.

Hast du gefehlt, so laß es deine erste Sorge sein, deinen Fehler wiedergutzumachen. Bist du dir keines Fehlers bewußt, so sieh zu, wie du es aus Liebe zu Gott willig ertragen mögest.

Die Menschen Böses von sich reden lassen, heißt doch im Grunde wenig genug leiden.

Du bist offenbar noch nicht stark genug, schwere Schläge auszuhalten, weil du kaum ein hartes Wörtchen ertragen kannst.

Warum greifen dir denn so geringe Leiden so tief in dein Herz? Doch bloß deswegen, weil du noch unter der Herrschaft des Fleisches stehst, noch auf Menschenurteil ein größeres Gewicht legst, als du nach aller Vernunft darauf legen solltest?

Du hast noch eine so kindische Furcht vor den verachtenden Blicken der Menschen, deswegen willst du dich wegen deiner Fehltritte nicht strafen lassen; deshalb willst du deine Blöße mit dem Feigenblatt der Entschuldigung bedecken.

2. Wende nur einen schärferen Blick in dein Herz, und du wirst es klar sehen, daß die Welt und die eitle Begierde, den Menschen zu gefallen, in dir noch leben.

Denn da du vor Erniedrigung und Beschämung, die deine Fehler verdient haben, zurückbebst, so gibst du dadurch offene Kunde, daß du die wahre Demut noch nicht besitzt, daß du der Welt noch nicht gestorben bist und die Welt dir noch nicht gekreuzigt ist (Gal 6, 14).

Höre du nur auf ein Wort aus meinem Mund, und zehntausend Menschenworte werden dein Herz nicht beschweren können.

Sieh, wenn alles Böse, das die sinnreichste Bosheit ersinnen könnte, gegen dich ausgestreut würde, was würde es dir denn schaden können, wenn du alles vorübergehen ließest, wie das Wasser im Fluß dahinfließt.

Wenn dein Herz an all den Lästerworten so wenig Anteil nähme als an einem Grashalm auf der Wiese draußen, könnten dir alle bösen Reden auch nur ein Haar deines Hauptes ausreißen?

3. Aber wer sein Herz nicht bei sich daheim und seinen Gott nicht immer vor Augen hat, den kann ein böses Wort aus aller Fassung bringen.

Wer aber auf mich vertraut und nicht auf seinen Eigendünkel bestehen will, dem wird kein Menschenwort so leicht Furcht und Schrecken einjagen können.

Denn ich bin der Richter, und ich weiß um alle Geheimnisse. Ich weiß den Gang der Sache. Ich kenne den, der verleumdet, und den, der verleumdet wird.

Von mir ging das Wort aus, das dich so tief verwundete. Ich ließ ihm freien Lauf, damit sich die geheimsten Gedanken in vielen Herzen offenbarten (Lk 2, 35).

Ich werde einst den Schuldigen und den Unschuldigen öffentlich richten und habe jetzt nur ein geheimes Gericht über beide ergehen lassen, damit schon zum voraus an beiden offenbar werde, was in ihnen ist, Gutes oder Böses.

4. Das Zeugnis des Menschen trügt oft, aber mein Urteil ist wahr und kann durch kein anderes Urteil umgestoßen werden.

Mein Urteil ist zwar für die meisten Menschen ein

Geheimnis, und nur wenige haben Licht genug, es zu erkennen.

Aber es ist immer die lauterste Wahrheit und kann nichts als lauterste Wahrheit sein, irrt nicht und kann nicht irren, wenngleich es im Auge des Toren irrig zu sein scheint.

Du mußt also bei allen Urteilen, die die Menschen über dich fällen, zu mir deine Zuflucht nehmen und nicht auf deiner eigenen Meinung bestehen.

Denn der Gerechte bleibt heiter und unverwirrt in allem, was der Herr über ihn kommen läßt (Spr 12, 21).

Es kränkt ihn auch nicht sonderlich, wenn ihn einige seiner Zeitgenossen gegen alle Gerechtigkeit verdammen.

Er hat aber auch keine eitle Freude daran, wenn ihn andere mit Gründen der Vernunft in Schutz nehmen.

Denn er erwägt es, daß ich es bin, ich allein, der die Herzen erforscht und die Nieren prüft (Offb 2, 23), der nicht nach dem Angesicht des Menschen und nach dem trügerischen Schein richtet, sondern nach der Wahrheit.

Denn oft sehen meine Augen da noch eine Schuld, wo das menschliche Gericht nichts als Unschuld findet.

Der Mensch spricht:

5. O mein Gott und Herr; Du mein Richter und meine Stärke! Gerecht in allen Deinen Gerichten und stark zum Helfen in allen meinen Nöten!

Du kennst die Schwachheit und den bösen Sinn der Menschen und bist geduldig und barmherzig.

Sei Du meine Stärke, Du mein ganzes Vertrauen. Denn mein Gewissen allein genügt mir nicht.

Du weißt, was ich nicht weiß. Deswegen hätte ich mich auch bei allem Tadel der Menschen vor Deinem Richterblick erniedrigen und alles in stiller Sanftmut ertragen sollen.

Verzeih es mir auch, sooft ich anders gehandelt habe, und schenke mir neue Kraft zu neuer Geduld.

Denn die Fülle Deiner Erbarmungen ist ungleich besser zur Vergebung aller meiner Sünden als meine vermeinte

Gerechtigkeit zur Rechtfertigung der Fehler, die in meinem Bewußtsein keine Spur zurückgelassen haben.

Und wenn ich mir auch keiner Sünde bewußt bin, so kann ich mich selbst deshalb noch nicht gerecht sprechen (1 Kor 4, 4).

Denn käme uns Deine Barmherzigkeit nicht zu Hilfe, so würde kein Mensch vor Deinem Angesicht bestehen, kein Mensch vor Dir bestehen können (Ps 142, 2).

47. KAPITEL

Die ewige Freude ist aller zeitlichen Leiden wohl wert

Der Herr spricht:

1. Mein Sohn, laß dich die Lasten, die du um meinetwillen auf deine Schultern genommen hast, nicht mutlos, laß dich die Drangsale, die dich umgeben, nicht trostlos machen.

Achte nur auf meine Verheißung; diese soll dir bei jedem Ereignis Mut und Trost in die Seele legen.

Ich bin ja reich und mächtig genug, dir alles, was du tust und leidest, zu vergelten, wie es allen menschlichen Maßstab weit übersteigt.

Es wird deine Arbeit hier nicht mehr lange währen, und die Schmerzen, die dich jetzt zu Boden drücken, werden bald ausgeschmerzt haben.

Harre noch eine kurze Weile, und du wirst das Ende aller Plagen kommen sehen.

Es wird eine Stunde kommen, da es heißen wird: Nun ist alle Arbeit und alle Unruhe zu Ende.

Klein ist doch alles und von kurzer Dauer, was zeitlich ist und deshalb mit der Zeit vorübergeht.

2. Tue, was du tun kannst; arbeite fleißig in meinem Weinberg: Ich selbst werde dein Lohn sein.

Schreibe, lies, singe, seufze, schweige, bete, dulde wie ein Mann alles, was deinen Wünschen zuwider ist.

Das ewige Leben ist aller dieser und noch heißerer Kämpfe wert.

Es wird doch noch Friede werden an einem Tag, den der Herr kennt. Und dann wird kein Tag und keine Nacht dieser Zeit mehr sein (Zach 14, 7), sondern ein ewiges Licht, eine endlose Klarheit, ein unwandelbarer Friede, eine sichere Ruhe. Dann wirst du nicht mehr rufen: Wer wird mich von diesem Todesleib erlösen? (Röm 7, 24)

Du wirst nicht mehr seufzen: Weh mir, wie lange währt mein Bleiben hier in diesem Land! (Ps 119, 5)

Denn der Tod wird getötet werden und das Heil in ewiger Herrlichkeit glänzen, und wo das ewige Heil ist, da ist keine Angst mehr, nur Freude und Seligkeit, nur edle, liebliche Gesellschaft.

3. Wenn du doch die unverwelklichen Kronen der Heiligen gesehen hättest und die Fülle der Herrlichkeit, in der sie jetzt unaussprechliche Freude genießen, sie, die einst von der Welt mit Schmach und Hohn getränkt und kaum des zeitlichen Lebens würdig geachtet wurden!

Ein solcher Anblick würde dich bis in den Staub erniedrigen, du würdest dich in einen andern Menschen verwandeln, so daß du lieber unter allen Menschen stehen als über einen einzigen gestellt sein möchtest.

Du wärest nach keinem Freudentag auf Erden begierig, sondern hättest vielmehr daran Freude, vieles um Gottes willen zu leiden, und sähest es für den größten Gewinn an, unter Menschen und von Menschen für nichts geachtet zu werden!

4. Wenn du solche Anschauungen in deinem Gemüt, solche Gefühle tief im Herzen hättest, wie würdest du es wagen können, auch nur ein einziges Klagewort auf deine Zunge zu nehmen?

Ist es denn das ewige Leben nicht wert, daß man dafür alles, was Arbeit und Plage heißt, aushalte?

Es ist nichts Kleines, das Reich Gottes zu gewinnen oder zu verlieren.

So hebe denn dein Auge zum Himmel auf. Sieh, ich bin hier und alle Heiligen bei mir.

Sie hatten in dieser Welt große Kämpfe zu bestehen. Aber jetzt freuen sie sich, jetzt sind sie getrost, jetzt haben sie Sicherheit, jetzt genießen sie Frieden und werden im Reich meines Vaters ewig bei mir bleiben.

48. KAPITEL

Vom Tag der Ewigkeit und von der Nacht dieses Lebens

Der Mensch spricht:

1. O seligste Wohnstätte in der heiligen Stadt, die da droben ist!

O lichtheller Tag der Ewigkeit, den keine Nacht verdunkelt!

Die höchste Wahrheit selbst ist deine Sonne, ihr Licht deine unvergängliche Heiterkeit.

Du kennst keinen Wechsel, bist ewig ein und derselbe Tag.

Daß auch mir dieser Tag schon aufgegangen wäre, daß auch für mich alles Zeitliche schon sein Ende genommen hätte!

Den Heiligen leuchtet dieser Tag schon mit ewiger Klarheit; wir aber, die noch hier auf Erden pilgern, wir sehen ihn nur so von fern, nur wie im Spiegel.

2. Nur die Bürger des Himmels wissen es, was für ein Freudentag der Tag der Ewigkeit ist; wir Kinder unserer Stammutter Eva, Pilger, aus dem Vaterland verbannt, tun es durch unser Seufzen kund, wie bitter und peinvoll das Leben auf Erden ist.

Kurz und böse, voll Angst und Schmerz sind die Tage dieser Zeit, in denen der Mensch von vielen Sünden befleckt, von vielen Leidenschaften gefangen, von vieler Furcht gefesselt, von vielen Sorgen umhergetrieben, von vielen Begierden gelenkt, von vielen Irrtümern umlagert, von vielen

Arbeiten abgenützt, von vielen Versuchungen niedergedrückt, im Überfluß von Lust entnervt und in Dürftigkeit von Unlust gefoltert wird!

3. Wann werden doch diese Übel ein Ende nehmen? Wann werde ich aus diesem elenden Knechtsstand, diesem Sündendienst, erlöst werden?

Wann werde ich an Dich allein, o mein Gott, denken können? Wann werde ich die volle Freude, die mein Herz sättigt, in Dir finden?

Wann werden alle Ketten von mir abfallen, wann werde ich wahre Freiheit genießen, die Freiheit von allem Druck des Leibes und der Seele?

Wann kommt er denn, der wahre Friede, ein Friede von innen und von außen, der sicher, ewig heiter und durchaus unwandelbar ist!

Guter Jesus, wann werde ich Dich sehen, die Herrlichkeit Deines Reiches schauen können?

Wann wirst Du mir alles in allem, wann werde ich bei Dir in Deinem Reich sein, das Du von Ewigkeit Deinen Geliebten zubereitet hast?

Verlassen, arm und als ein Vertriebener hier in des Feindes Land irre ich umher; nichts als Krieg alle Tage und großes Unheil um mich her!

4. Sende Du Deinen Trost in dies mein Elend herab, mildere Du meine Pilgernot!

Denn all mein Sehnen sehnt sich nach Dir, und alles, was mir die Welt zum Trost darreicht, ist mir nur eine Bürde.

Dich möchte ich in innigster Vereinigung genießen, kann Dich aber nicht erreichen.

Dem Himmlischen möchte ich mit ganzer Seele anhängen, aber das Zeitliche und meine unabgetöteten Neigungen drücken mich abwärts.

Hoch über alles Irdische möchte sich mein Geist aufschwingen, aber das Fleisch stößt ihn mit Gewalt und gegen seinen Willen unter die vergänglichen Dinge hinab.

So lebe ich unseliger Mensch uneins und im Streit mit mir selbst und bin mir selbst zur Last (Job 7, 20), indem mich mein Geist immer hinaufhebt und mein Fleisch immer hinabzieht.

5. Was leide ich im Innersten für heiße Leiden, wenn mein Geist in seliger Betrachtung, in Verbindung mit dem Himmel steht und unversehens ein Schwarm sinnlicher, irdischer Dinge den betenden Geist vom Himmel herab auf die Erde lockt!

Mein Gott, sei nicht fern von mir, weiche nicht im Zorn von Deinem Knecht (Ps 26, 9).

Sende Deine Blitze und zerstreue sie, sende Deine Pfeile und verscheuche sie, die törichten Gedanken, die der Feind in die Seele legte!

Sammle alle meine Sinne und erhebe sie zu Dir; lehre mich alles, was die Welt Vergängliches hat, vergessen und all die reizenden Bilder, mit denen die Sünde meine Seele ausgefüllt hat, zertrümmern und aus der Seele schaffen.

Eile mir zu Hilfe, Du ewige Wahrheit, damit mich keine Eitelkeit zum Weichen bringe!

Und Du, himmlische Freude, ströme in mein Herz, damit alle Unreinigkeit der irdischen Lust vor Deinem Angesicht dahinfliehe.

Verzeihe mir, verzeihe mir nach der Fülle Deiner Erbarmungen, sooft ich im Gebet etwas anderes als Dich in Sinn und Gemüt kommen lasse.

Denn ich muß wahrhaftig meine Schwäche bekennen: mein Gebet ist voll Zerstreuung. Ich bin gar oft nicht da, wo der Leib sitzt oder steht; ich bin da oder dort, wohin mich mein Gedanke mit sich fortreißt.

Ich bin da, wo mein Gedanke ist, und mein Gedanke ist da, wo meine Liebe ist, und meine Liebe ist da, wo das ist, was ich liebe.

Was meine sinnliche Natur ergötzt oder mir durch Gewöhnung liebgeworden ist, das kommt mir leicht in den Sinn.

6. Da fühle ich recht die Wahrheit Deines klaren Wortes: Wo dein Schatz ist, da ist dein Herz (Mt 6, 11).

Wenn ich das Himmlische liebe, so denke ich gern an das Himmlische; wenn ich das Irdische liebe, so denke ich gern an das Irdische.

Ich habe Freude, wenn die Ereignisse dem irdischen Sinn angenehm, und habe Kummer, wenn sie ihm unangenehm sind.

Wenn ich das Sinnliche liebe, so stelle ich mir sinnliche Bilder vor und male diese Bilder aus; wenn ich das Geistliche liebe, so stelle ich mir geistliche Bilder vor und lebe mit Freude in diesen Bildern.

Was ich immer liebe, davon rede ich und höre ich gern reden, davon nehme ich auch die Bilder mit mir und trage sie nach Hause.

Aber selig der Mann, der um Deinetwillen, o Gott, allen Geschöpfen den Abschied gibt, der seiner Natur Gewalt antut, der die Lüste seines Fleisches im heiligen Eifer des Geistes an das Kreuz schlägt, damit er Dir mit reinem Gewissen reine Gebete opfern könne und, von allem Irdischen innen und außen frei, würdig werde, sich unter die Chöre der Engel zu mengen und Dich mit ihnen zu preisen.

49. KAPITEL

Vom Heimweh nach dem ewigen Leben und von den großen Verheißungen, die den mutigen Kämpfern gegeben sind

Der Herr spricht:

1. Mein Sohn, wenn sich höheres Leben in dir regt und das Verlangen nach der ewigen Seligkeit sich in dir entzündet, wenn du wirklich aus der Hütte des Lebens ausgehen möchtest, um meine Klarheit in jenem Licht ohne Schatten anzuschauen, dann erweitere deine Seele und laß dieses heilige Feuer den tiefsten Grund deines Herzens durchglühen.

Danke, soviel du danken kannst, der höchsten Liebe, die so freundlich mit mir umgeht, dich so gütig besucht, dich so mächtig entzündet und dich so hoch erhebt, damit du nicht wieder, von eigener Schwere gezogen, zur Erde fallen möchtest.

Dies lebendige Verlangen nach dem Himmlischen, dies Heimweh ist keine Folge deiner Betrachtungen, kein Lohn deiner Bemühungen, sondern eine unverdiente Gabe Gottes, der dich mit Vaterhuld anblickte und mild zu sich aufwärtszog, damit du in allen Tugenden und besonders in der Demut zunehmen, dich auf kommende Kämpfe rüsten, mir mit ungeteilter Liebe anhangen und mit einem nie erkaltenden Eifer dienen möchtest.

2. Mein Sohn, lerne von dem Feuer, das auf deinem Herd brennt.

Sieh, es steigt zwar eine Flamme empor, aber die Flamme ist nicht ohne Rauch, der auch mit aufsteigt.

So brennt in vielen Herzen die Begierde nach dem Himmlischen; aber die Flamme dieser Begierden ist nicht rein von dem Rauch der sinnlichen Neigung.

Deshalb begehren sie von mir mit heißem Flehen bald dies, bald jenes; aber es ist nicht reiner, ganz lauterer Eifer für die Ehre Gottes, der sie zu diesem heißen Flehen treibt.

So ist gar oft auch dein Verlangen beschaffen; es ist zu ungestüm, um ganz rein zu sein.

Alles, was mit Eigenliebe befleckt ist, ist befleckt, also nicht rein, nicht vollkommen.

3. Begehre nie von mir, was dir Freude und Vorteil gewähren kann, sondern was mir gefällig ist, was meine Ehre fördert.

Denn wenn dein Urteil vernünftig ist, so sollst du ja meinen Willen und was er befiehlt bei dir mehr gelten lassen als dein Verlangen und mehr als alles, was du verlangst.

Ich kenne dein Verlangen und habe alle deine Seufzer gehört. Du möchtest jetzt schon in der Freiheit sein, die den Kindern Gottes im Land der Herrlichkeit aufbewahrt ist.

Jetzt schon hast du Freude an dem unzerstörbaren Haus, an dem himmlischen Vaterland, das mit lauter Freude erfüllt ist.

Aber deine Stunde ist noch nicht gekommen. Jetzt ist noch eine andere Stunde für dich, die Stunde des Streites, der Arbeit, der Prüfung.

Du hast Sehnsucht, das höchste Gut jetzt schon zu besitzen, aber du kannst es noch nicht erlangen.

Ich bin es! Harre meiner, spricht der Herr, bis das Reich Gottes komme (Lk 22, 18).

4. Du mußt noch viele Prüfungen durchmachen, mancherlei Übungen hier auf Erden aushalten.

Trost wird dir zwar zuweilen gereicht werden, aber ein Genuß, der dein ganzes Herz sättigt, kann dir nicht gegeben werden.

Fasse also Mut und sei ein Mann, stark zum Leiden und stark zum Handeln, wenn sich auch deine Natur noch so sehr dagegen sträubt.

Du mußt in einen neuen Menschen umgewandelt (Eph 4, 24), du mußt noch ein ganz anderer Mensch werden.

Du mußt tun lernen, was du nicht willst, und verlassen, was du behalten möchtest.

Was andere wollen, wird geschehen, doch was du willst, ins Stocken geraten.

Was andere sprechen, wird Gehör und Beifall finden, was du redest, für nichts geachtet werden.

Andere werden mancherlei begehren und erhalten, was sie begehren; du wirst auch anhalten, aber nichts erhalten.

5. Andere werden berühmte Männer werden, von denen sich die Leute nicht satt reden können, aber von dir wird es überall so still sein, als wenn du nicht auf der Erde wärest.

Andern wird man diesen oder jenen wichtigen Auftrag geben, du aber wirst im Urteil der anderen zu nichts taugen.

Darüber wird sich dein Herz bekümmern, und es wird

viel sein, wenn du diesen Kummer still leidend wirst tragen können.

Durch diese und andere Erfahrungen muß der treue Knecht des Herrn geläutert werden; in dieser Schule muß er lernen, sich selbst zu verleugnen und allen seinen Eigensinn und Eigenwillen zu brechen.

Es ist die Notwendigkeit, dir selbst abzusterben, für dich fast in keinem Stück so groß als in dem, was du täglich gegen deinen Willen sehen und leiden mußt; besonders wenn dir Dinge befohlen werden, die unpassend sind und dir kaum nützlich zu sein scheinen.

Und weil du als Untergeordneter nicht wagen willst, der höheren Gewalt zu widerstehen, so wird es dir schwer, immer nur nach dem Wink eines andern zu wandeln und stets deine eigenen Empfindungen zu verleugnen.

6. Aber bedenke, mein Sohn, daß dieses alles bald ein Ende nehmen und auf die Aussaat eine schöne Ernte, auf die Arbeit ein großer Lohn folgen wird.

So wird es dir leichter werden und deine Geduld einen festen Halt finden.

Denn dafür, daß du jetzt auf deinen Willen verzichtest, wirst du einst im Himmel deinen Willen in allem wiederfinden.

Dort wird alles, was du nur willst und wünschen kannst, in Erfüllung gehen.

Dort wird dir alle Kraft zum Genuß alles Guten gegeben und die Furcht, es wieder zu verlieren, auf ewig von dir genommen werden.

Dort werden dein Wille und der meinige einig sein und nichts wollen, was fremd und einem andern zugehörig ist.

Dort wird dir niemand widerstehen oder sich über dich beklagen, niemand deine Macht hemmen und deinen Willen beschränken; alles, was du verlangst, wird auch da sein, wird all dein Verlangen und deine Wünsche befriedigen, ja sogar dein ganzes Vermögen, etwas zu wünschen, voll ausfüllen.

Dort werde ich dir alle Schmach mit Ehre, alle Traurigkeit mit Freude und die letzten Plätze, die du auf Erden eingenommen hast, mit den ersten Stellen in meinem Reich vergelten, und dieser Lohn wird kein Ende nehmen.

Dein Gehorsam wird dann die schönsten Früchte ernten, der Schmerz der Buße in jauchzendes Wohlsein verwandelt und der Demut, die sich unter alle gesetzt hat, die Krone der Herrlichkeit aufgesetzt werden.

7. So neige dich denn in Demut unter alle und laß es dich nicht ängstigen, wer das gesagt, wer jenes befohlen hat.

Aber das laß deine Sorge sein, daß du alles, was einer von dir fordert, sei er nun dein Vorgesetzter, sei er älter oder jünger als du oder ist er deinesgleichen, mag er es gebietenden Tones oder mit freundlichem Wink tun, so gut wie möglich deutest und, soweit du es tun kannst und darfst, ohne Falsch zustande bringest.

Mag nun einer das, ein anderer etwas anderes erobern wollen; dieser in diesem, jener in jenem sein Reich suchen und tausendmal tausend Lobsprüche erhalten, du aber mußt weder in jenem noch in diesem deine Freude suchen.

Das allein soll deine Freude sein, daß mein Wohlgefallen vollbracht und meine Ehre gefördert werde, wenn du auch um des Guten willen weidlich geschmäht und sogar als Auskehricht weggeworfen werden solltest.

Denn du kannst nichts Besseres wünschen, als daß Gott in dir allezeit verherrlicht werde, es sei im Leben oder Sterben (Phil 1, 20).

50. KAPITEL

Wie man in der Stunde der Trostlosigkeit sein ganzes Herz in die Hände Gottes legen solle

Der Mensch spricht:

1. Mein Gott und Herr, heiliger Vater, Dir sei Lob und Preis jetzt und in alle Ewigkeit; denn wie Du wolltest, so geschah es, und was Du tust, ist alles wohlgetan.

In Dir suche Dein Knecht seine Freude, nicht in sich und in keinem anderen Geschöpf; denn Du allein bist die wahre Freude, Du meine Hoffnung und Krone, meine Ehre und Seligkeit.

Was hat doch Dein Knecht, das er nicht von Dir empfangen (1 Kor 4, 7) und auch ohne sein Verdienst empfangen hätte?

Dein ist alles, was Du gegeben und was Du getan hast.

Arm bin ich, und Plage und Mühe wuchsen mit mir von Jugend auf (Ps 87, 16).

Oft habe ich tiefen Kummer im Herzen und weine Tränen, oft verwirren herannahende Leiden meine Gedanken.

2. Mein ganzes Herz sehnt sich jetzt nur nach einer Freude: sie heißt Ruhe und Friede.

Ich flehe um eine Gnade zu Dir, sie heißt Ruhe und Friede Deiner Kinder, die in Deinem Licht und auf der Weide Deines Trostes wandeln.

Wenn Du mir diesen Frieden, diese heilige Freude, spendest, dann wird die Seele Deines Dieners, zu Deinem Lob geweiht, lauter Lobgesang sein.

Aber wenn ich Dich aus dem Herzen, Dein Licht aus dem Auge verliere, wie es oft geschieht, dann bin ich ohnmächtig, kann nicht mehr freudig auf dem Weg Deiner Gebote vorwärtseilen, muß nur hinsinken auf meine Knie und an meine Brust schlagen.

Dann ist es in meinem Herzen ganz anders, als es gestern und vorgestern war, da noch Dein Licht über meinem Haupt glänzte, da mich noch der Schatten Deiner Flügel vor den eindringenden Versuchungen schützte.

3. Gerechter Vater, ewig alles Lobes würdiger Vater!

Sie ist gekommen, die Prüfungsstunde für Deinen Knecht.

Vater, ewig aller Liebe würdiger Vater! Es ist billig und recht, daß Dein Knecht in dieser Stunde etwas um Deinetwillen leide.

Vater, ewig aller Anbetung würdiger Vater! Sie ist gekommen, die Stunde, die Du von Ewigkeit her voraussahst, die

Du kommen ließest, damit Dein Knecht im Äußerlichen auf eine kurze Zeit unterliege, im Innern aber sich stets vor Deinem heiligen Auge aufrecht halte.

Eine kurze Weile soll Dein Knecht von Menschen geringgeachtet, erniedrigt, in den Staub gedrückt und von Leiden und Schwachheiten gleichsam zu Staub zermalmt werden, damit er, wenn das Morgenrot Deines Lichtes anbricht, mit Dir wieder herrlich auferstehen und im himmlischen Vaterland neu verherrlicht werde.

Vater, Du hast es geordnet, Dein Wille hat es so geboten, und es ist geschehen, was Du geordnet, was Du geboten hast.

4. Denn Dein Freund sieht es als eine Gnade an, in dieser Welt um Deines Namens willen sich bedrücken und drängen zu lassen, so oft und durch wen immer er bedrückt und bedrängt wird.

Denn aller Druck und Drang steht unter Deiner Zulassung. Ohne Deinen Ratschluß, ohne Deine Vorsehung und ohne Ursache geschieht doch nichts auf Erden.

Und ich kann mit David sagen: Herr, es ist gut für mich, daß Du mich gedemütigt hast, damit ich Deine gerechten Führungen kennenlerne (Ps 118, 71) und alle hochmütigen Anschläge, alle Anmaßungen meines eitlen Herzens wegwerfe.

Wohl mir, daß Schande mein Angesicht bedeckte! Denn das nötigte mich, mehr bei Dir als bei den Menschen Trost zu suchen.

Ich habe aus dieser Trübsal gelernt: im heiligen Schauer aufzuschauen zu Deinen unerforschlichen Gerichten; denn Deine Züchtigung schlägt den Gerechten wie den Ungerechten, aber jeder Schlag ist Gerechtigkeit und Liebe.

5. Ich danke Dir, daß Du mich wegen meiner Sünden nicht geschont, sondern meinen harten Sinn mit herben Schlägen weich und mürbe gemacht hast, indem Du viele schmerzhafte Leiden über mich und mich selbst in ein Angstgedränge von innen und außen hast kommen lassen.

Es ist doch in allen Dingen unter der Sonne keines, das

mich trösten könnte. Du allein, mein Gott, Du allein kannst mich trösten.

Du bist der himmlische Seelenarzt, Du schlägst und heilst, Du führst in die Grube hinab und wieder herauf (Tob 13, 2); Deine Hand, die mich züchtigt, schwebt noch über mir, und Deine Zuchtrute wird meine Lehrmeisterin sein.

6. Liebster Vater! Sieh hier, ich bin in Deiner Hand.

Tief gebeugt unter Deiner Rute, unterwerfe ich mich Deiner Züchtigung. Schlage auf meinen Rücken und Nacken, bis sich mein starrsinniger, unbeugsamer Wille endlich ganz in Deinen Willen ergeben hat.

Laß nicht ab, an mir zu bilden, bis Du mich zu einem frommen, demütigen Schüler ausgebildet hast, der Dir auf jeden Wink gehorcht; denn das ist Deine Weise, die Menschen zu erziehen.

Ich gebe mich und all das Meine ohne Ausnahme in Deine Schule, damit Du alles besser machst, als es ist.

Denn es ist wahrhaftig besser, hier in Deine Zucht genommen zu werden als dort in der Ewigkeit.

Du weißt alles und jedes, und das Verborgenste im Gewissen der Menschen ist unverborgen vor Dir.

Was kommen wird, das liegt hell vor Deinem Blick, ehe es kommt, und Du hast nicht nötig, daß Dir jemand etwas von dem, was auf Erden geschieht, erzähle oder in Deine Erinnerung bringe.

Du weißt, was mir im Guten weiter forthilft und wieviel die Trübsal beiträgt, den Rest meiner Sünden zu tilgen.

So mache es denn mit mir nach Deinem heiligen Wohlgefallen und sieh mit dem Blick Deiner Gnade herab auf mein Leben, das voll Sünden und in seiner ganzen Sündhaftigkeit Dir am besten bekannt ist.

7. Lehre mich, Herr, das zu wissen, was ich wissen, das zu lieben, was ich lieben soll, das zu loben, was Deinen Beifall findet, das obenan zu setzen, was bei Dir den ersten Platz hat, das hochzuachten, was in Deinen Augen verächtlich ist. Laß mich nicht nach dem bloßen Augenschein urteilen

und auch nicht nach Hörensagen unerfahrener Leute ein Urteil nachsprechen. Lehre mich vielmehr, das Sichtbare von dem Unsichtbaren, das Sinnliche von dem Geistigen nach der Wahrheit zu unterscheiden und vor allem Deinem heiligen Willen überall nachzuforschen.

8. Denn der Sinn des Menschen täuscht sich oft im Urteil. Die Freunde dieser Welt sind aber unter allen Menschen am meisten der Täuschung preisgegeben, weil sie nur das lieben, was ihre Augen sehen. Ist der Mensch deshalb besser, weil ihn andere höher schätzen?

Der Falsche betrügt den Falschen, der Eitle den Eitlen, der Blinde den Blinden, der Kranke den Kranken, wenn er ihn lobt und obenan setzt.

Ein falscher Lobspruch, den die Eitelkeit ausspricht, ist weiter nichts als eine wahre Beschimpfung des Menschen.

Kurz: was der Mensch in Gottes Auge ist, das ist er, und mehr ist er nicht, sagt der demütige heilige Franziskus.

51. KAPITEL

Arbeite gern im Tal, wenn du auf der Höhe nicht bestehen kannst

Der Herr spricht:

1. Mein Sohn, du kannst das Verlangen nach Heiligung, das dein Herz so oft durchglüht, weder immer lebendig halten noch dich ständig auf dem Berg der höheren Beschauung aufhalten. Du mußt manchmal, gedrückt von dem Erbschaden der menschlichen Natur, in das niedere Tal abwärtssteigen und die Last des gebrechlichen Lebens, auch gegen deinen Willen und mit Ekel und Überdruß, tragen lernen.

Solange du den sterblichen Leib mit dir herumträgst, so lange wirst du von Beklemmung des Herzens und Überdruß nie lange freibleiben können.

Du wirst also im Fleisch oft über die Last des Fleisches seufzen müssen, weil du unfähig bist, in den heiligen Übungen des Geistes und in der Betrachtung göttlicher Dinge unablässig zu verweilen.

2. Solange dieses Unvermögen anhält, wird es für dich sehr gut sein, an niedere und äußere Arbeiten Hand anzulegen und deine verlorenen Kräfte durch gute Werke wiederzuerobern.

Erwarte mit festem Sinn meine Ankunft und die Gnade des Himmels und ertrage dein Elend und deine Geistesdürre mit Geduld, bis ich dich wieder heimsuche und von aller Angst erlöse.

Denn ich werde dir so viele Freuden mitbringen, daß du alle Mühen vergessen wirst und Ruhe und Frieden in deinem Innersten genießen kannst.

Ich werde die grünen Auen der Heiligen Schrift vor deinem Anblick ausbreiten.

Ich werde dein Herz mit neuer Kraft erfüllen, daß du auf der Bahn meiner Gebote wieder mutig fortschreiten kannst.

Und du wirst freudig ausrufen: Wahrhaftig, das Leiden dieser Zeit ist viel zu gering, als daß es auch nur verglichen werden könnte mit der Herrlichkeit, die in uns wird offenbar werden! (Röm 8, 18)

52. KAPITEL

Der sündige Mensch achte sich nicht des Trostes und der Gnade wert; er fühle vielmehr, daß er Strafe verdient habe

Der Mensch spricht:

1. Mein Herr, ich bin Deines Trostes, Deiner göttlichen Heimsuchung nicht wert!

Und wenn Du mich noch so lang in meinem Elend ohne Trost schmachten ließest, so müßte ich doch bekennen, daß Du nach Gerechtigkeit handelst.

Denn könnte ich auch Tränen der Reue vergießen, so viel als Wassertropfen im Weltmeer sein mögen, so wäre ich doch noch Deiner Tröstung unwert.

Geißel und Strafe, das ist es eigentlich, was ich verdient habe, weil ich Deine Liebe so oft und undankbar beleidigt, viele und große Fehltritte getan habe.

Wenn ich die Vernunft, nicht die Einbildung in mir entscheiden lasse, so darf ich mich auch des geringsten Trostes nicht würdig achten.

Aber Du, mein Gott, reich an Güte und Erbarmung, Du willst ja nicht, daß die Werke Deiner Hände zugrunde gehen sollen.

Du willst vielmehr den ganzen Reichtum Deiner Güte an uns Sündern als wie an vielen Gefäßen Deiner Barmherzigkeit offenbar machen (Röm 9, 23); deshalb sendest Du Deinem Knecht, ohne all sein Verdienst und über alle Begriffe des menschlichen Verstandes, Trost und Erquickung in sein Herz.

Denn wenn Du eine Seele tröstest, so ist es etwas ganz anderes, als wenn Menschen mit Menschenworten einander trösten wollen.

2. Mein Herr, was habe ich denn getan, daß Du mir himmlische Tröstungen zu kosten gabst?

Ich weiß nichts Gutes, das ich getan hätte; ich weiß vielmehr, daß ich von jeher geneigt zum Bösen, jedoch träg und unbeholfen zum Guten war. So ist es, und ich kann es nicht leugnen, daß es so ist.

Käme ein anderes Wort aus meinem Mund, so stündest Du gegen mich auf, und ich hätte niemand, der mich gegen eine Anklage rechtfertigen könnte.

Was habe ich für alle meine Sünden anderes verdient als die Hölle, das ewige Feuer? Wahrhaftig, ich bekenne es, daß ich Schmach und Hohn verdient habe und daß ich des Platzes unter Deinen frommen Freunden unwert bin.

Und obgleich sich meine Natur dagegen sträubt und es nicht hören mag, so muß ich doch gegen mich und für die Wahrheit reden, muß meine Sünden bekennen, muß mich selbst anklagen, damit ich leichter Gnade und Erbarmung bei Dir finde.

3. Was soll ich sagen, ich, voll Schuld und Schmach? Ich finde kein Wort als dies einzige: Herr, ich habe gesündigt! Erbarme Dich meiner, verzeihe mir!

Laß mich eine kleine Weile über mein Elend klagen, ehe man mich in das finstere Grab hineinlegt, bedeckt mit Todesschatten (Job 10, 20–22).

Was forderst Du denn von einem Sünder, der in Schuld und Blöße und Elend vor Dir erscheint?

Das forderst Du vor allem, daß er mit zerschlagenem Herzen und voll Reue sich vor Dir um seiner Sünden willen erniedrige, sich tief vor Dir beuge.

In dieser tiefen Beugung seiner Seele, in dieser Herzensreue wird die Hoffnung der Sündenvergebung geboren, wird das zerrüttete Gewissen mit sich und mit Gott wieder ausgesöhnt, wird die verlorene Gnade wiedergefunden, wird das Geschöpf vor dem kommenden Gericht in Schutz genommen.

Da begegnen Gott und die reuige Seele einander und treffen zusammen im heiligen Kuß der Freundschaft.

4. Diese Demut, diese Herzensreue des Sünders, ist Dir, o mein Gott, ein angenehmes Opfer, ein Wohlgeruch von Dir, lieblicher als aller Duft des angezündeten Weihrauchs!

Diese Herzensreue ist die wohlduftende Salbe, die einst eine Sünderin über Deine Füße ausgießen durfte, weil Du ein demütiges und reuevolles Herz nicht verschmähen konntest (Lk 7, 37–50).

Hier, im demütigen und reuevollen Herzen, ist die Freistätte vor dem Grimm des Feindes.

Hier wird wieder ergänzt, hier wird abgewaschen, was die Sünde zerrüttet und befleckt hatte.

53. KAPITEL

Göttliche Gnade und weltliche Gesinnung können nicht beieinander wohnen

Der Herr spricht:

1. Mein Sohn, es ist ein köstliches Ding um meine Gnade. Edel ist ihr Wesen und ihr Ursprung, und sie läßt sich mit äußeren Dingen und mit irdischem Trost nicht vermischen.

Du mußt also der Gnade alle Hindernisse aus dem Weg schaffen, wenn du wünschest, daß sie freien Einfluß in dein Herz haben soll.

Suche dir einen stillen Ort aus und lebe da einsam, in dir gesammelt, bekämpfe in dir die nichtige Begierde, immer nur mit Menschen zu reden.

Laß dein Herz sich vielmehr vor Gott in andächtigem Gebet ergießen, damit dein Gewissen rein und dein Gemüt stets weich und offen für himmlische Eindrücke bleibe.

Lerne die ganze Welt für nichts zu achten und den inneren Herzensumgang mit Gott allem, was außer dir ist und dich außer dir herumtreibt, vorziehen.

Denn dein Herz kann nicht zugleich mit mir Umgang haben und den vergänglichen Dingen mit geheimer Lust anhangen.

Um mir zu nahen, soll sich dein Herz von allem, was dir nahe ist, entfernen; soll sich losmachen von der ungeordneten Anhänglichkeit an Bekannte und Freunde und dem zeitlichen Trost Abschied geben, um den ewigen zu empfangen. In diesem Sinn ermahnte der Apostel Petrus die ersten Christen, daß sie sich als Fremdlinge und Pilger von aller Liebe zum Irdischen rein bewahren sollen (1 Petr 2, 11).

2. Wenn einen Sterbenden keine Neigung mehr an die Erde heftet, wie frei muß sein Herz, wie groß seine Zuversicht sein!

Aber ein krankes Gemüt hat keinen Sinn für die Gesundheit, die darin besteht, daß die unsterbliche Seele sich frei und rein hält von aller Anhänglichkeit ans Vergängliche, und der erdgebundene Mensch versteht nicht die Freiheit des geistigen Menschen.

Und doch bleibt es ewig wahr: Wer das wahre, innere, geistliche Leben in sich haben will, muß sich freimachen von allen ungeordneten Neigungen für alle übrigen Dinge, nahe und ferne, und muß sich vor keinem Feind sorgsamer hüten als vor sich selbst.

Denn wenn du dich vollkommen besiegt hättest, so würdest du alles übrige ganz leicht unter das Joch bringen.

Sich selbst besiegt haben, ist der vollendete Sieg.

Denn wer es in der Selbstbeherrschung so weit gebracht hat, daß seine Sinnlichkeit der Vernunft und die Vernunft in allen Dingen mir gehorcht, der ist der wahre Selbstbesieger und der rechte Herr der Welt.

3. Wenn du zu dieser Höhe emporsteigen willst, so mußt du mit dem Mut eines Mannes anfangen, mußt die Axt an die Wurzel legen, mußt ausrotten und austilgen alle ungeordneten Neigungen zu dir selbst und zu allen Gütern, die vergänglich sind und die deine törichte Eigenliebe reizen können.

Aus dieser Sünde, das ist aus der ungeordneten Liebe, mit welcher der Mensch an sich selbst hängt, sproßt jede andere Sünde hervor, die in ihrer Wurzel zerstört werden muß.

Und wer diese Wurzel alles Bösen in sich unterdrückt und zerstört hat, der wird sogleich Friede und Ruhe in vollem Maße zu genießen haben.

Weil aber so wenige Menschen sich vollkommen absterben und mit allem Ernst aus sich selbst aufgeben wollen, eben deswegen bleiben sie in sich wie in einem starken Netz verstrickt und können sich nie über sich selbst erheben.

Wer aber in wahrer Freiheit mit mir wandeln will, der muß alle bösen und ungeordneten Neigungen in sich ertöten und keinem Geschöpf mit irdischer Begierde anhängen.

54. KAPITEL

Natur und Gnade nach ihren verschiedenen Richtungen und Bewegungen

Der Herr spricht:

1. Mein Sohn, achte fleißig auf die Regungen der Natur und der Gnade; denn sie laufen einander schnurstracks entgegen und sind doch so fein, daß auch das geistliche, erleuchtete Auge des Menschen sie kaum unterscheiden kann.

Wir haben zwar alle ein Verlangen nach etwas, das wir für gut halten; jedermann nimmt etwas Gutes zum Vorwand seiner Reden und Handlungen, aber der Schein des Guten trügt nur zu viele.

2. Die Natur ist listig und voll Tücke, sie lockt, überlistet und bringt viele in ihre Fallstricke und hat allemal sich selbst zum Zweck.

Die Gnade aber ist einfältig und gerade in Sinn und Wandel, meidet allen Schein des Bösen, weiß nichts von Trug und Hinterlist und tut alles nur um Gottes willen, der auch ihr Ruhepunkt ist, außer dem sie nichts mehr verlangt.

3. Die Natur will sich selbst nicht absterben, scheut allen Druck und alle Überlegenheit, weiß nichts von Gehorsam und freiwilliger Unterwerfung.

Die Gnade hingegen treibt zur Selbstüberwindung, widersteht der Sinnlichkeit, liebt Unterwürfigkeit, duldet jeden über sich, eifert nicht nach freier Lebensweise, lebt gern unter Zucht und Ordnung, kennt keine Herrschsucht.

Sie will in all ihrem Wesen, Sein und Tun von Gottes Wink und Einfluß abhängig und um Gottes willen auch jedem Menschen in Demut untertan sein.

Die Natur arbeitet immer nur für ihren eigenen Vorteil und sieht scharf darauf, wieviel Gewinn ihr dieses und jenes abwerfe.

Die Gnade hingegen sieht nicht auf das, was ihr vorteilhaft und bequem, sondern auf das, was andern heilsam sei (1 Kor 10, 33).

Die Natur nimmt gern Ehrenbezeigungen und Weihrauch an. Die Gnade stellt treu alle Ehre und allen Ruhm ihrem Gott anheim.

4. Die Natur bebt zurück vor allem, was vor Menschen Schande und Verachtung bringt. Die Gnade freut sich, um des Namens Jesu willen Schmach zu leiden (Apg 5, 41).

Die Natur hat es gern, wenn sie müßiggehen, die körperliche Ruhe genießen kann. Die Gnade kann nicht müßig sein und bewirkt immer Trieb und Lust zur Arbeit.

5. Die Natur strebt nach dem, was die Neugierde lockt und die Sinne durch den Zauber des Schönen reizt, und hat Abscheu vor dem, was die Sinne unbequem und rauh finden.

Die Gnade wandelt gern mit Einfältigen und Demütigen, findet nichts zu rauh und macht sich nichts daraus, ein abgenütztes Gewand am Leib zu tragen.

Die Natur blickt auf das Vergängliche, macht ein heiteres Gesicht bei irdischem Gewinn und ein finsteres bei zeitlichem Verlust, ein unbedeutendes Schmähwort kann sie erbittern.

Die Gnade sieht auf das Ewige, klebt nicht am Vergänglichen, kennt keine Verwirrung bei zeitlichem Verlust und keine Verbitterung bei öffentlicher Beschimpfung, weil sie ihren Schatz und ihre Freude im Himmel hat, wo ihr nichts verlorengeht.

6. Die Natur ist habsüchtig, hat mehr Freude daran, zu nehmen als zu geben, liebt eigenes Gut und will alles zu eigen haben.

Die Gnade ist fromm und hat Gemeinsinn, sie meidet alles Besondere, begnügt sich mit wenigem und hält Geben für seliger als Nehmen (Apg 20, 35).

Die Natur neigt zu geschaffenen Dingen, zu Fleisch und Blut, zur Eitelkeit und zum törichten Umherlaufen.

Die Gnade zieht zu Gott und zur Tugend hin, entsagt den Geschöpfen, flieht die Welt, haßt die Fleischeslust, schränkt Umgang und Gesellschaft ein und errötet, wenn sie sich vor anderen sehen lassen muß.

7. Die Natur hat gern äußere Tröstungen, die den Sinnen Freude machen.

Die Gnade spricht zu Gott: Nur Du bist mein Trost, und zum Höchsten Gut: Du bist mir lieber als alles, was sichtbar ist.

Die Natur tut alles aus Gewinn- und Selbstsucht, kann nichts umsonst tun, sucht durch Wohltun das nämliche oder etwas Besseres, Lob oder Gunst dafür einzuernten, und sieht es gern, wenn man ihre Handlungen und Geschenke wichtig nimmt.

Die Gnade sucht kein vergängliches Gut, sucht keinen Lohn als Gott allein und verlangt selbst den notdürftigen Lebensunterhalt nur insofern, als er ein Mittel werden kann, ewige Güter zu erobern.

8. Die Natur hat Freude daran, viele Freunde und Verwandte zu haben, hält sich vieles zugute auf hohe Abkunft und einen berühmten Geburtsort, lächelt den Mächtigen zu, schmeichelt den Reichen und klatscht ihresgleichen Beifall.

Die Gnade kann auch Feinde lieben und brüstet sich nicht vieler Freunde wegen, achtet Abkunft und Geburt, wenn nicht edlere Tugend dabei ist, für nichts Großes und hält es mehr mit den Dürftigen als mit den Reichen.

Sie will lieber mit dem Unschuldigen leiden als mit dem Mächtigen Freude haben, freut sich mit Freunden der Wahrheit und nicht mit falschen Brüdern der Lüge, ermuntert die Guten zum schönen Wetteifer, immer besser und dem Sohn Gottes durch Tugend ähnlicher zu werden.

9. Die Natur bricht über jeden Mangel und noch so geringe Lasten in laute Klagen aus.

Die Gnade kann Mangel und Last mit unbewegtem Herzen tragen.

Die Natur lenkt alles auf sich zurück, kämpft mit Mund und Hand für sich.

Die Gnade führt alle Dinge auf Gott als die Urquelle aller Dinge zurück, schreibt sich nichts Gutes zu, kennt keine stolze Anmaßung, zankt nicht und hält ihre Meinung nicht für besser als fremde Meinungen.

Sie unterwirft sich in allem, was sie denkt und empfindet, der ewigen Weisheit und dem Ausspruch des göttlichen Richters.

10. Die Natur forscht nach Geheimnissen und hascht nach Neuigkeiten, will von außen glänzen und durch die fünf Sinne Erfahrungen einsammeln, will gekannt sein und glänzende Taten verrichten, die Lob und Bewunderung einbringen.

Die Gnade, unbekümmert um alles, was durch Neuheit die Neugier reizt, vergißt es nicht, daß all das Neue ein Beweis des alten Verderbens ist, daß es im Grunde nichts Neues sowie nichts Dauerhaftes unter der Sonne gibt.

Das ist also die Summe und der Kern alles dessen, was uns die Gnade lehrt: die Sinne bezähmen, das eitle Wohlgefallen verschmähen, sich nicht selbst zur Schau tragen, vielmehr alles, was des Lobes und der Bewunderung wert sein mag, mit dem Schleier der Demut überziehen und in allen Dingen und in allen Wissenschaften nichts anderes suchen, als daß Gott dadurch in allem gelobt und verherrlicht und der sinkenden Menschheit unter die Arme gegriffen werde.

Die Gnade will nicht sich oder ihre Vorzüge gerühmt wissen; sie will Gott in allen seinen Gaben verherrlicht sehen, der alles Gute aus Liebe gibt.

11. Diese Gnade, die so große Taten vollbringt, kann nicht das Werk der Natur sein; sie ist ein Licht, höher als alles Licht der Natur, ist eine besondere Gabe Gottes, ist das eigentlichste Siegel der Auserwählten, ist das rechte Unterpfand des ewigen Heils.

Sie hebt den Menschen über sich und alles Irdische, daß er das Himmlische lieben kann, und schafft aus dem sinnlichen Menschen einen geistlichen.

Darum wird diese Gnade dem Menschen desto reichlicher mitgeteilt, je mehr er die sinnliche Natur beherrscht und besiegt.

Täglich erhält dann der innere Mensch neue Zuflüsse dieser Gnade, wodurch das Ebenbild Gottes in ihm eine herrliche Gestalt gewinnt und nach dem heiligen Urbild erneuert wird.

55. KAPITEL

Vom Verderbnis der menschlichen Natur und von der siegenden Kraft der göttlichen Gnade

Der Mensch spricht:

1. Nach Deinem Bild und zu einem gleichen Bild Deines Wesens, o mein Gott und Herr, hast Du mich erschaffen.

Schenke mir nun auch Deine Gnade, die ich mit Hilfe Deiner Unterweisung für ein großes und zu meinem Heil unentbehrliches Gut erkannt habe.

Schenke mir Deine Gnade, damit ich die Natur überwinden kann, die zerrüttet und verdorben ist und mich zur Sünde und in das Verderben fortreißt.

Ich fühle in meinem Fleisch das eiserne Gesetz der Sünde, das dem Gesetz meines Geistes widerspricht (Röm 7, 23) und mich wie einen Gefangenen fortschleppt, daß ich in so mancherlei Dingen der Sinnlichkeit wie ein Sklave Gehorsam leiste.

Ich kann ihren ungeordneten Neigungen keinen entscheidenden Widerstand entgegensetzen, wenn mir Deine Gnade nicht streiten hilft und wie eine heilige Flamme mein Herz zum Guten entzündet.

2. Deine Gnade ist mir notwendig, ja eine große Gnade ist mir dazu notwendig, daß die Natur, die von Jugend auf zum Bösen geneigt ist, in mir besiegt werden kann.

Nachdem die menschliche Natur durch Adam gefallen und durch die Sünde zerrüttet worden ist, pflanzt sich dieser Makel nach dem Gesetz der Gerechtigkeit auf alle Menschen fort.

Die Natur, die Du gut und rein geschaffen hast, ist jetzt zerrüttet, krank und verdorben.

Denn ihre Bewegung, sich selbst überlassen, treibt zu dem, was böse und niedrig ist.

Nur eine geringe Kraft ist uns übriggeblieben, gleich einem Fünklein in der Asche verborgen. Und dieses Fünklein ist die natürliche Vernunft, die, mit großer Finsternis umhüllt, nur noch zur Not Gutes und Böses, Wahres und Falsches unterscheiden kann. Das Gute, das sie billigt, vollbringt sie nicht, das Wahre, das sie sucht, vermag sie nicht im vollen Licht zu schauen, die Gesundheit der Neigungen, die sie selbst wünscht, kann sie nicht durch sich selbst herstellen.

3. Daher kommt es, daß ich nach dem innerlichen Menschen an Deinem Gesetz Freude habe, o mein Gott (Röm 7, 22); denn ich weiß wohl, daß Dein Gesetz gut, gerecht, heilig ist, alles Böse verdammt und alle Sünden fliehen lehrt.

Aber dem Fleisch nach diene ich dem Gesetz der Sünde (Röm 7, 25). Ich gehorche mehr der Sinnlichkeit als der Vernunft.

Das Gute zu wollen liegt mir nahe, aber das Vollbringen finde ich nicht in mir (Röm 7, 18).

Daher kommt es, daß ich so vielerlei Entschließungen fasse, aber bei einem geringen Widerstand weiche ich zurück und erliege dem Druck der sinnlichen Natur, wenn Deine Gnade meine Schwachheit nicht stützt.

Daher kommt es, daß ich das Bessere, das ich tun sollte und das mich nach und nach zur Vollkommenheit führen würde, klar genug sehe, aber, vom Gewicht des eigenen Verderbens niedergedrückt, vermag ich mich nicht zu dem, was besser ist, wirklich zu emporzuheben.

4. Wie höchst notwendig brauche ich Deine Gnade, um das Gute anzufangen, fortzusetzen und zu vollenden!

Gutes kann ich ohne diese Gnade nicht tun, aber wenn mich diese Gnade stärkt, dann vermag ich durch Dich alles (Phil 4, 13).

O du wahrhaft himmlische Gnade! Ohne dich hat keine Naturgabe, keine Schönheit, keine Leibesstärke, keine

Kunst, keine Wissenschaft, keine Beredsamkeit, kein eigenes Verdienst ein Gewicht, einen Wert vor dem Herrn.

Denn die Gaben der Natur haben gute und böse Menschen miteinander gemein; aber die Gnade, das ist die heilige Liebe, die den Menschen des ewigen Lebens würdig macht, ist das rechte Unterscheidungszeichen der Auserwählten.

So unübertrefflich ist diese Gnade, daß ohne sie selbst die Gnade der Weissagung und die Gabe, Wunder zu wirken, und das tiefste Forschen so viel als nichts gelten.

Noch mehr: Ohne diese Gnade, ohne diese Liebe ist weder Glaube noch Hoffnung noch eine andere Tugend gottgefällig.

5. O du seligste Gnade, dir ist es gegeben, den im Geiste Armen reich an Tugend und den, der reich an vielen Gaben ist, von ganzem Herzen demütig zu machen.

So komm denn, steige herab zu mir und erfülle mich am Morgen mit Deinen Tröstungen, damit meine Seele den Tag über nicht verschmachtet und in sich verdorre.

Laß mich, o Gott, Gnade finden vor Deinem Angesicht; denn an Deiner Gnade habe ich genug, wenn ich auch nicht habe, was die Natur verlangt.

Es mögen noch so viele Versuchungen und Trübsale über mich kommen, ich fürchte nichts, wenn nur Deine Gnade bei mir ist. Sie ist meine Stärke, sie schafft mir Rat und Hilfe. Sie ist mächtiger als meine Feinde, weiser als alle Weisen.

6. Sie ist die Lehrerin der Wahrheit, die Mutter der Zucht, das Licht des Herzens; sie schafft Raum im Gedränge, verjagt die Traurigkeit, verscheucht die Furcht, nährt die Andacht und feuchtet das Auge mit Tränen.

Was bin ich ohne sie anderes als ein dürres Holz, ein abgestandener Wurzelstock, der zu nichts taugt, als hinausgeworfen zu werden!

Deine Gnade komme mir denn allezeit zuvor, Deine Gnade begleite mich überall, Deine Gnade folge mir überall nach und lasse mich nie müde werden, Gutes zu tun, durch Jesus Christus, unsern Herrn. Amen. (Kirchengebet vom 16. Sonntag nach Pfingsten)

56. KAPITEL

Von der vollkommenen Selbstverleugnung

Der Herr spricht:

1. Lieber Sohn, soviel du von dir auszugehen vermagst, so viel wirst du in mich eingehen können. Frei von dir, mit mir!

Nichts außer dir verlangen macht dich eins mit dir; dich selbst ganz verlassen macht dich eins mit Gott.

Ich will es so: Du mußt endlich doch noch deinen Willen verleugnen und den meinen ohne Widerspruch und Klage vollbringen lernen.

So folge denn mir nach! Ich bin der Weg, die Wahrheit und das Leben (Joh 14, 6).

Ohne Weg kein Gehen, ohne Wahrheit kein Erkennen, ohne Leben kein Leben.

Ich bin der Weg, den du gehen, die Wahrheit, an die du glauben, das Leben, auf das du dein ganzes Vertrauen bauen mußt.

Ich bin der Weg ohne Fehl, die Wahrheit ohne Trug, das Leben ohne Ende.

Ich bin der geradeste Weg, die höchste Wahrheit, das wahre, das selige, das unerschaffene Leben.

Wenn du auf meinem Weg beharrst, so wirst du die Wahrheit erkennen, und die Wahrheit wird dich freimachen, und du wirst das ewige Leben erfassen.

2. Willst du zum Leben eingehen, so halte die Gebote (Mt 19, 17).

Willst du die Wahrheit erkennen, so glaube an mich.

Willst du vollkommen sein, so verkaufe alles (Mt 19, 21).

Willst du mein Jünger sein, so verleugne dich selbst.

Willst du das ewige Leben in Besitz nehmen, so lerne das zeitliche für das ewige darangeben.

Willst du im Himmel erhöht werden, so erniedrige dich auf Erden.

Willst du mit mir regieren, so lerne mit mir das Kreuz tragen.

Denn nur die Freunde des Kreuzes finden den Weg zur Seligkeit und zum wahren Licht.

Der Mensch spricht:

3. Lieber Herr Jesus Christus! Voll Leiden war Dein Leben, und die Welt verachtete Dich und Dein Leben.

Lehre mich, die Welt zu verachten und Deinem Leben nachzuleben.

Denn der Knecht ist nicht mehr als sein Herr und der Jünger nicht mehr als sein Meister (Mt 10, 24).

Mein ganzes Leben sei nichts als eine Übungsschule nach dem Muster Deines Lebens; den darin finde ich Heil und Heiligung.

Was ich außer Deinem Leben lese oder höre, ist keine rechte Weide für mein Herz und gewährt mir keine volle Freude.

Der Herr spricht:

4. Lieber Sohn, du hast nun gelesen und alles verstanden, was ich dich gelehrt habe. Wenn du nun auch tust, was du wirklich erkennst, dann bist du selig.

Wer meine Gebote hat und sie hält, der ist es, der mich liebt, und den werde auch ich lieben und mich ihm offenbaren und ihn im Reich meines Vaters mit mir auf dem Thron der Herrlichkeit sitzen lassen (Joh 14, 21; Offb 3, 21).

Der Mensch spricht:

5. Lieber Herr Jesus Christus! Was Du lehrst und verheißest, das soll auch an mir wahr, das soll auch an mir erfüllt werden.

Mache mich nur tüchtig dazu.

Ich habe das Kreuz aus Deiner Hand angenommen; ich will es nun auch tragen, tragen bis zum Tod, wie Du es auf meine Schulter gelegt hast.

Wahrhaftig, das Leben eines frommen Ordensmannes und eines jeden frommen Christen ist ein rechtes Leben am Kreuz, aber eben deswegen ein sicherer Führer in das Paradies.

Ich habe nun einmal den Weg betreten, es ist angefangen; umkehren darf ich nicht, und stillstehen ziemt sich nicht: also voran!

6. Wohlan, Brüder, schließt euch mir an; wir wollen Hand in Hand miteinander gehen. Jesus wird in unserer Mitte, wird unser Reisegefährte sein.

Um Jesu willen haben wir das Kreuz auf unsere Schultern genommen; um Jesu willen wollen wir es auch tragen bis ans Ende.

Er, der unser Führer und unser Weggefährte ist, wird auch unser Helfer sein.

Seht, unser König geht vor uns her; er wird auch für uns streiten.

Laßt uns Männer sein und ihm nachgehen. Kein Schrekken schrecke uns zurück!

Der Entschluß gehe mit uns allein ins Feld: den Tod der Ehre im Krieg zu sterben, und die Schande wollen wir unserm herrlichen Beruf nicht antun, daß wir von der Fahne des Kreuzes fliehen!

57. KAPITEL

Werde nich mutlos, wenn du mancherlei Fehltritte tust oder andere dir Böses nachreden

Der Herr spricht:

1. Mein Sohn, Geduld und Demut in trüben Stunden gefallen mir weit mehr als alle Fülle von Trost und Andacht in heiteren Tagen.

Wie kann dich denn ein hartes Wörtlein, das man gegen dich fallen ließ, so tief verwunden? Wenn es auch mehr gewesen wäre, so hätte es dich nicht entrüsten sollen.

Aber nun laß es vorbei sein! Dies ist nicht das erste und gar nichts Neues und wird auch nicht das letzte sein in deinem Leben, was man gegen dich ausstreut.

Du bist wohl Mann genug, solange dir nichts Widriges begegnet; du weißt auch andern klug zu raten und ihnen Mut einzureden.

Aber wenn plötzlich eine Drangsal vor deine Tür kommt, dann ist dein ganzer Vorrat von Klugheit und Mut zu Ende.

Lerne doch einmal deine Gebrechlichkeit kennen, die sich dir so oft bei den unbedeutendsten Vorfällen deutlich genug beweist und die wahrhaftig recht groß ist.

Indessen dienen alle Dinge zu deinem Besten; also auch diese oder ähnliche Proben deiner Gebrechlichkeit.

2. Schlage dir dies alles, so gut du kannst, aus Sinn und Herzen. Und wenn dir auch etwas zu nahe geht, so laß es dich wenigstens nicht gleich darniederwerfen und verstrikke dich nicht selbst immer tiefer in den Schlingen der Empfindlichkeit.

Bist du nicht imstande, im Leiden froh zu sein, so lerne wenigstens geduldig ertragen, was auf dir liegt.

Und wenn du harte Urteile über dich nur ungern und widerwillig anhörst, so beherrsche dich und laß kein Wort aus deinem Mund kommen, das die Unordnung deines Herzens offenbart und den schwachen Brüdern Ärgernis gibt.

Der innere Aufruhr wird bald wieder gestillt und der Schmerz in Freude verwandelt sein, wenn die Gnade wiederkommt.

Ich lebe noch, spricht der Herr, und bin bereit, dir zu helfen und dich mehr als sonst zu trösten, wenn du nur auf mich vertraust und mit vertrauendem Herzen zu mir um Hilfe rufst.

3. Fasse nur Mut, behalte Gleichmut und gürte dich mit Geduld zu größeren Leiden.

Es ist nicht gleich alles verloren, wenn dich noch so viele Leiden, noch so schwere Versuchungen in die Enge treiben.

Du bist Mensch, kein Gott; Fleisch und Blut, kein Engel. Wie wolltest du dich auch immer in demselben Stand der Tugend festhalten, da es die Engel im Himmel und der erste Mensch im Paradies nicht vermochten?

Ich bin es, der die Niedergeschlagenen zur heiligen Freude aufrichtet. Ich bin es, der die Schwachen, die ihr Unvermögen fühlen, in mein Reich emporhebt.

Der Mensch spricht:

4. Mein Herr, wie danke ich Dir für dies Dein Wort! Süßer als Honigseim ist es für meine Seele.

Was würde in diesen meinen Drangsalen und Ängsten aus mir werden, wofern Du mich nicht mit Deinem heiligen Wort stärktest?

Wenn ich nur einst im Hafen des Heils sicher anlange, was kümmert es mich dann, was und wieviel ich aus diesem Meer werde ausgestanden haben?

Verleihe mir ein gutes Ende, einen glücklichen Ausgang aus dieser Welt. Gedenke meiner, mein Gott, und leite mich auf der rechten Bahn in Dein Reich! Amen.

58. KAPITEL

Forsche nicht
in den unerforschlichen Tiefen der göttlichen Ratschlüsse

Der Herr spricht:

1. Mein Sohn, zerbrich dir den Kopf nicht mit eitlem Forschen und Wortwechseln über die geheimen Führungen Gottes, zum Beispiel warum dieser so arm und verlassen, jener so selig und in Gnade aufgenommen, dieser so tief erniedrigt, jener so hoch erhöht ist. Denn alles dieses liegt über dem Gesichtskreis der menschlichen Vernunft.

Kein menschliches Nachforschen kann die Ratschlüsse Gottes erforschen; keine gelehrte Streitrede kann sie erörtern.

Wenn dir also dein Feind solche Gedanken in die Seele

legt oder neugierige Menschen darüber Aufschluß von dir haben möchten, so antworte du nur mit dem Propheten: Gerecht bist Du, o Gott, und gerecht sind alle Deine Ratschlüsse (Ps 118, 137). Und: Die Urteile des Herrn sind Wahrheit und bewähren sich selbst als Wahrheit (Ps 18, 10).

Denn meine Gerichte sind da, um einen heiligen Schauer über die Menschenherzen zu verbreiten und nicht, um von den Menschenköpfen untersucht und gerichtet zu werden; denn sie sind dem menschlichen Verstand unbegreiflich.

2. Grüble und disputiere auch nicht über die Verdienste der Heiligen, wer etwa heiliger als andere, wer im Reich Gottes der Größere sein möge.

Das Dichten und Forschen dieser Art erzeugt gar oft unnützes Gezänke, nährt Eitelkeit und Stolz, weckt Neid und Zwietracht, da einer diesen, ein anderer jenen Heiligen über alle anderen hochmütig erhebt.

Dergleichen Dinge wissen und erforschen wollen schafft keinen Nutzen und mißfällt den Heiligen, weil ich kein Gott der Zwietracht, sondern ein Gott des Friedens bin und dieser Friede mehr in wahrer Demut als eigener Erhöhung besteht.

3. Einige haben mehr Neigung zu diesem oder jenem Heiligen, aber bei dieser Neigung unterläuft mehr Menschliches als Göttliches. Ich bin es, der alle Heiligen geschaffen hat; ich habe ihnen Gnade geschenkt; ich habe ihnen Herrlichkeit zugeteilt; ich kenne ihre Verdienste; ich bin ihnen mit den Segnungen meiner Liebe zuvorgekommen; ich habe sie, die Geliebten, von Ewigkeit vorhergekannt.

Ich habe sie mir von der Welt ausgesucht, nicht sie mich.

Ich habe sie durch meine Gnade gerufen, durch meine Erbarmungen angezogen, durch mancherlei Prüfungen hindurch- und zu mir herangeführt.

Ich habe sie mit den süßesten Tröstungen heimgesucht, ihnen die Gabe der Beharrlichkeit geschenkt, ihrer Geduld die Krone aufgesetzt.

4. Ich kenne den ersten und letzten, ich liebe sie alle mit unvergleichbarer Liebe. Mich soll man in allen meinen Heiligen loben, mich über alles preisen, mich in jedem ehren; denn ich habe sie groß und herrlich gemacht und vorherbestimmt zur Herrlichkeit ohne alles vorhergegangene Verdienst.

Wer also einen von meinen geringsten Heiligen verachtet, der ehrt auch den großen nicht; denn ich habe den kleinen und den großen geschaffen.

Und wer einen aus den Heiligen verkleinert, der verkleinert auch mich und alle übrigen im Reich der Himmel. Alle Heiligen sind eins durch das Band der Liebe; eines erkennen, eines wollen sie alle; alle lieben einander, als wenn sie ein einziger wären.

5. Und was noch mehr ist, alle lieben mich ungleich mehr als sich selbst und ihre Verdienste. Ganz außer sich und über alle Eigenliebe erhaben, sind sie nichts als lauter Liebe zu mir und wollen nichts als Liebe; und diese Liebe ist ihr Genuß, ihre Ruhe in Gott, ihr Seligsein.

Nichts kann sie von mir abwendig machen, nichts kann sie niederdrücken; denn sie sind voll von der ewigen Wahrheit und durchglüht von dem Feuer der unaussprechlichen Liebe.

Verstummen sollen also die fleischlichen Sinnenmenschen, sie sollen es nicht wagen, auch nur ein Wort zu reden von dem Leben der Heiligen; denn sie kennen keine Freude als die der Eigenliebe und keine Liebe als die zu sich selbst. Sie geben hinzu und nehmen hinweg nach dem Gewicht ihrer Neigung, nicht nach dem Maßstab der ewigen Wahrheit.

6. Einige fehlen hierin aus Unwissenheit; sie sind noch nicht erleuchtet genug und haben vielleicht in ihrem ganzen Leben nie eine lautere, vollkommene, wahrhaft geistliche Liebe gegen irgendeinen Menschen gefühlt.

Es ist weiter nichts als natürliche Neigung und bloß menschliche Freundschaft, was sie zu diesem oder jenem

Heiligen hinzieht. Und ihr irdischer Sinn für das, was irdisch ist, mischt sich unbemerkt auch in ihr Urteil für das, was überirdisch ist.

Aber ach, wer wird ihn messen, den unermeßlichen Abstand zwischen dem, was die Unmündigen denken, und zwischen dem, was die Erleuchteten im vollen Licht höherer Offenbarung schauen.

7. Darum hüte dich, mein Sohn, von alldem vor- und aberwitzig zu reden oder zu schreiben, was dein Wissen übersteigt; strebe, ringe vielmehr danach, daß du einst wenigstens als der Geringste im Reich Gottes erfunden werden mögest.

Und wenn jemand auch gewiß wüßte, wer im Reich Gottes an Heiligkeit und Größe obenan stünde, was würde ihm dieses Wissen nützen, wenn es ihn nicht zuerst vor mir in den Staub niederwerfen und dann wieder aufrichten würde zur größeren Verherrlichung meines Vaters?

Wer von Gott erwägt, wie groß seine Sünden, wie gar klein und schwächlich seine Tugenden, wie fern sein Wandel von der Vollkommenheit der Heiligen ist, der handelt ungleich gottgefälliger als jener, der die größeren oder kleineren Verdienste der Heiligen in gelehrten Streitreden auseinandersetzt.

Es ist besser, die Heiligen mit Tränengebeten in Demut und Andacht um ihre Fürbitte anzuflehen, als was von ihrer Herrlichkeit für uns im Dunkel liegt mit verlorenem Forschen aufhellen zu wollen.

8. Die Heiligen sind sehr zufrieden, wenn es nur die Menschen auch wären und ihrem windigen Geschwätz einmal ein Ende machten!

Sie suchen keinen Ruhm in ihren eigenen Verdiensten, weil sie sich selbst nichts Gutes, weil sie alles Gute mir zuschreiben, der ich ihnen alles Gute aus grenzenloser Liebe geschenkt habe. Ihre Freude an Gott und ihre Liebe zu Gott ist so überfließend groß, daß ihnen nichts mangelt und nichts mangeln kann von all dem, was herrlich und selig macht.

Je größer ihre Herrlichkeit ist, desto größer ist ihre Demut; je größer ihre Demut ist, desto näher und lieber sind sie mir.

Deshalb heißt es auch, daß sie ihre Kronen niederlegten vor Gott und auf ihr Angesicht fielen vor dem Lamm und den Ewiglebenden anbeteten (Offb 4, 10).

9. Viele fragen, wer der Größte im Himmelreich sei, und wissen nicht, ob sie selbst gut genug sein werden, einst auch nur die Stelle des Geringsten einzunehmen.

Übrigens ist es schon etwas Großes, auch der Geringste im Himmel zu sein, wo alle groß sind, weil alle Kinder Gottes heißen und sind. Der Geringste soll zu Tausenden werden, der Kleinste zu einem starken Volk (Is 60, 22).

Fluch und Tod kommen über den Sünder von hundert Jahren (Is 65, 20).

Denn als die Jünger fragten, wer der Größere im Himmelreich wäre, bekamen sie die unerwartete Antwort: Wenn ihr nicht ganz umgeändert und wie die kleinen Kinder werdet, so könnt ihr nicht in das himmlische Reich eingehen. Wer also so klein in seinen Augen sein wird wie dieser Kleine da, der wird der Größere im Himmelreich sein (Mt 68, 3, 4).

10. Wehe denen, die zu groß sind, um mit den Kleinen klein zu werden; denn die Tür des Himmels ist niedrig und nicht hoch genug, um so Große einzulassen!

Wehe auch den Reichen, die ihren Himmel hier auf Erden haben; denn sie werden draußen stehen müssen und heulen, während die Armen in das Reich Gottes eingehen werden!

Darum freut euch, ihr Demütigen, jauchzt, ihr Armen; denn das Reich Gottes ist euer, wenn ihr in Wahrheit vor Gott wandelt.

59. KAPITEL

Gott allein meine Hoffnung und Zuversicht

Der Mensch spricht:

1. Herr, es sind so viele Dinge unter der Sonne und über der Sonne: wie heißt doch das Ding, auf das ich mich in allen Vorfällen meines Lebens verlassen und das mich wahrhaft trösten kann?

Bist nicht Du, mein Herr und mein Gott, dessen Erbarmungen ohne Zahl und ohne Grenzen sind, mein ganzes Vertrauen und mein einziger Trost?

Wo war mir doch wohl ohne Dich? Oder wie hätte mir übel sein können bei Dir?

Lieber will ich arm sein um Deinetwillen als reich ohne Dich.

Lieber will ich mit Dir auf Erden Pilger sein als ohne Dich Bürger des Himmels.

Wo Du bist, da ist der Himmel, wo Du nicht bist, da ist Tod und Hölle.

Du bist das Verlangen meiner Seele; darum ruft, weint, seufzt sie nach Dir.

Mein volles Vertrauen kann ich auf niemand setzen als auf Dich allein; denn wer hilft mir in allen Nöten und so zur rechten Stunde wie Du?

Du bist meine Hoffnung, Du mein Vertrauen, Du mein Tröster, Du mein treuester Freund in Not und Tod.

2. Alle anderen suchen das Ihrige, Du suchst nur mein Heil, nur meinen Fortschritt im Guten und lenkst alles mir zum Besten.

Und wenn Du mich in noch so viele Versuchungen und Trübsale aussetzt, so lenkst Du mir auch alle diese Versuchungen und Trübsale zu meinem Besten.

Denn es ist schon so Deine Weise: Tausend und abertausend Prüfungen müssen Deine Geliebten über sich ergehen lassen.

Und wenn Du wirklich solche Prüfungen über mich kommen läßt, so bist Du ebenso liebenswürdig und aller Lobpreisungen wert, als wenn Du mich mit himmlischen Tröstungen erfülltest.

3. Auf Dich allein setze ich meine ganze Hoffnung: Du bist meine einzige Zuflucht; Dir stelle ich all meine Angst und Beklemmung anheim, weil ich alles, was ich außer Dir sehe, schwach und unstet finde.

Ja wahrhaftig, schwach und unstet; denn alle meine Freunde, so viele ihrer sind, können mir nichts nützen, alle starken Helfer mir nicht helfen, alle klugen Räte mir nichts Kluges raten, alle Bücher der Gelehrten mich nicht trösten, alle kostbaren Schätze der Erde mich nicht retten, alle geheimen Zufluchtsplätze mich nicht schützen, wenn Du mir nicht beistehst, Du mir nicht hilfst, Du mich nicht stärkst, Du nicht tröstest, Du nicht belehrst, Du nicht schützest.

4. Alles, was Friede und Seligkeit verheißt, ist ohne Dich nichts und hilft ohne Dich zur Seligkeit – in Wahrheit nichts.

Du bist also Ziel und Vollendung alles Guten, Du die Urquelle alles Lebens, Du der Abgrund aller Freude, an dem sich alle Lobgesänge erschöpfen.

Auf Dich mehr als auf alles andere hoffen, auf Dich allein horchen, das macht den Trost und die ganze Stärke Deiner Diener aus. Zu Dir, o mein Gott, schauen meine Augen auf: Du bist meine Zuversicht!

Vater aller Erbarmungen, segne meine Seele; heilige sie durch Deine himmlischen Segnungen, damit sie eine heilige Wohnung für Dich werde, ein Sitz Deiner ewigen Herrlichkeit, ein Tempel Deiner Majestät, darin Dein heiliges Auge nichts Unreines erblicke.

Nach der Größe Deiner Güte, nach der Fülle Deiner Erbarmungen sieh auf mich herab und erhöre das Flehen Deines Dieners, der da schmachtet im Schattenland des Todes, fern von Dir.

Schütze und erhalte die Seele Deines Dieners in so vielen Gefahren dieses gebrechlichen Lebens und geleite mich durch Deine mitwallende Gnade auf dem Weg des Friedens in das Vaterland der ewigen Klarheit. Amen.

Viertes Buch

Worte Jesu Christi

Kommet alle zu mir, die ihr mühselig und beladen seid, und ich will euch erquicken, spricht der Herr (Mt 11, 28).

Das Brot, das ich geben werde, das ist mein Fleisch, welches ich für das Leben der Welt hingeben werde (Jo 6, 51).

Nehmet hin und esset, das ist mein Leib, der für euch wird hingegeben werden; dies tut zu meinem Andenken (Mt 26, 26; 1 Kor 11, 24).

Wer mein Fleisch ißt und mein Blut trinkt, der bleibt in mir und ich in ihm (Joh 6, 57).

Die Worte, die ich zu euch geredet habe, sind Geist und Leben (Joh 6, 64).

1. KAPITEL

Empfindungen des Christen beim Nachdenken über die Worte unseres Herrn

1. Dies sind Deine Worte, ewige Wahrheit, Jesus Christus, obgleich sie weder zu ein und derselben Zeit ausgesprochen sind, noch die Heilige Schrift sie in einer Stelle zusammengefaßt hat.

Weil sie aber doch Deine Worte sind und Wahrheit sind, so muß ich sie aus Deinem Mund mit allem Dank annehmen und mit aller Treue bewahren.

Diese Worte sind Dein; denn Du hast sie einst ausgesprochen. Sie sind aber auch mein; denn Du hast sie zu meinem Heil ausgesprochen.

Willig nehme ich sie aus Deinem Munde an, damit sie tiefer in meine Seele eindringen.

Es ist in diesen Worten so viel Lieblichkeit, Milde und Liebe, daß sie mich mit sanfter Gewalt zu Dir hinziehen. Aber meine eigenen Sünden schrecken mich, und mein unreines Gewissen hält mich zurück, wenn ich mich diesen großen Geheimnissen nahe.

Die Freundlichkeit Deiner Einladung lockt mich zu Dir, aber die große Bürde meiner Sünden drückt mich wieder zurück.

2. Es ist ein Gebot Deiner Liebe, daß ich mit Zuversicht zu Dir hinzutreten soll, wenn ich an Dir und an Deinem Reich Anteil haben will; daß ich von dem Brot der Unsterblichkeit essen soll, wenn ich ewiges Leben, ewige Herrlichkeit erlangen will.

Du sprichst: Kommet alle zu mir, die ihr mühselig und beladen seid, und ich will euch erquicken (Mt 11, 28).

O teures, freundliches und liebliches Wort im Ohr des Sünders, daß Du, mein Herr und mein Gott, einen Armen und Dürftigen zu Dir einladest, daß er von Deinem Fleisch esse und von Deinem Blut trinke.

Aber wer bin ich, o mein Herr, daß ich es wagen darf, Dir zu nahen?

Sieh, die Himmel der Himmel fassen Dich nicht, und Du sprichst: Kommet alle zu mir!

3. Was willst Du denn mit dieser so milden Herablassung, mit dieser so freundlichen Einladung? Wie will ich es wagen, zu Dir zu kommen, da ich nichts Gutes in mir finde, das mir Mut machte, vor Dir zu erscheinen?

Wie werde ich Dich in meine Hütte führen dürfen, da ich Dein Angesicht, voll Gnade und Liebe, so oft mit meinem Undank beleidigt habe?

Engel und Erzengel haben Ehrfurcht vor Dir; Heilige und Gerechte zittern vor Dir, und Du sprichst: Kommet alle zu mir! Wenn Du das nicht selbst sagtest, wer würde es glauben? Und wenn es nicht Dein Gebot wäre, daß wir zu Dir kommen sollten, wer würde es wagen, Dir zu nahen?

4. Sieh, Noe, der gerechte Mann, baute hundert Jahre an seiner Arche, damit er und wenige mit ihm gerettet würden, und ich, wie werde ich in einer Stunde mein Herz in die rechte Fassung bringen und dem Baumeister der Welt eine würdige Wohnstätte in mir bereiten können?

Moses, Dein großer Knecht und besonderer Freund, ließ die Bundeslade aus edlem Holz verfertigen, das der Verwesung am besten widersteht, und mit dem reinsten Gold überziehen, worin er die Tafeln des Gesetzes legte, und ich, ein verwesliches Geschöpf, wie soll ich es wagen, Dich, den Gesetzesgeber selbst, in mein Herz aufzunehmen?

Salomon, der weiseste aus den Königen Israels, baute sieben Jahre lang an einem prächtigen Tempel zur Ehre Deines Namens, feierte das Fest der Tempelweihe ganze acht Tage; er opferte tausend Friedensopfer und ließ die Bundeslade unter Trompetenschall und Jubelgesang an die zubereitete

Stätte mit allem erdenklichen Feiergepränge einsetzen, und ich, eine der ärmsten und elendsten Menschenkinder, wie darf ich es wagen, Dich in mein Haus einzuführen, da ich kaum eine halbe Stunde in ungestörter Andacht zubringen kann?

Ach, wenn ich in meinem ganzen Leben auch nur eine einzige halbe Stunde Dir allein in voller Andacht des Herzens geweiht hätte!

5. O mein Gott, was und wieviel haben diese Deine treuen Diener unternommen, um Dir zu gefallen? Und wie gering ist alles, was ich tue?

Wie kurz ist die Zeit, auf die sich meine Vorbereitung zur Kommunion beschränkt?

Selten bin ich ganz andächtig, noch seltener bleibe ich auch nur eine kurze Weile in mir gesammelt, ohne die zerstreuenden Gedanken wieder Eingang finden zu lassen.

Und doch sollte sich in Deiner heilschaffenden Gegenwart kein ungeziemender Gedanke in meinem Innersten regen, kein Geschöpf Deine Stelle in meinem Herzen einnehmen; denn es ist nicht etwa ein Engel, es ist der Herr der Engel, den ich in mir beherbergen will.

6. Es ist wahrhaftig ein großer Abstand zwischen der Bundeslade mit allen ihren Heiligtümern und zwischen deinem reinsten Leib und seinen unaussprechlichen Kräften, ein großer Unterschied zwischen jenen Bundesopfern, die nur ein Vorbild der zukünftigen sein konnten, und zwischen dem wahren Opfer Deines Leibes, das den Sinn aller Opfer der Vorzeit lebendig darstellt und vollkommen erfüllt.

7. Wie kommt es also, daß Deine Gegenwart, die überall die höchste Ehrfurcht einflößen soll, mein kaltes Herz nicht in Flammen setzt? Warum bereite ich mich nicht mit mehr Eifer vor, Dein heiliges Mahl zu genießen, nachdem jene alten heiligen Stammväter und Propheten, Könige und Fürsten mit ihrem ganzen Volk in der öffentlichen Verehrung Deines Namens so viel Andacht bewiesen haben?

8. Tanzte doch König David in begeisterter heiliger Emp-

findung vor der Bundeslade her, indem ihm die Wohltaten, die seine Väter von Gott dem Herrn empfangen hatten, vor Augen schwebten und der Dank der Seele sich in all seine Glieder ergoß!

Er ließ allerlei Musikinstrumente verfertigen, verfaßte selbst geistliche Lieder, ließ sie öffentlich und mit festlicher Freude singen, sang selbst mit und spielte oft auf der Harfe, wie es ihm der Heilige Geist in das Herz gab.

Er lehrte das Volk Israel, seinen Gott mit ganzer Seele zu preisen und Gottes Größe wie mit einem Mund alle Tage in Dank- und Lobgebeten kundzutun.

Wenn sich nun damals im Anblick der Bundeslade die Flamme der Andacht schon so mächtig regte und das Lob Gottes so stark ergoß, welche Ehrfurcht und Andacht soll jetzt das Christenvolk beseelen im Anblick des heiligsten Sakramentes und beim Genuß des heiligsten Leibes unseres Herrn Jesu Christi?

9. Viele pilgern an viele Orte, um die Gebeine der Heiligen zu besuchen, und geraten in eine große Verwunderung, wenn sie von ihren Taten erzählen hören, die prächtigen Kirchengebäude anschauen und die Gebeine der Heiligen, in Seide und Gold gefaßt, andächtig küssen. Und sieh, Du mein Gott, Du der Heiligste aller Heiligen, Du der Schöpfer aller Menschen und der Herr aller Engel, Du bist hier auf dem Altar zugegen, und die Herzen der Christen bleiben ohne Empfindung.

Bei jenem Pilgern und Sehnen unterläuft doch auch viel Neugierde; es reizt uns das Ungesehene, und am Ende haben wir nicht viel Nutzen davon, besonders wenn es nur ein leichtsinniges Hin- und Herwandern ist, das die Seele kalt und ohne zerknirschende Herzensreue läßt.

Im heiligen Sakrament des Altares aber bist Du selbst, Du mein Gott und wahrer Mensch Jesus Christus, mit all Deiner Gnadenfülle zugegen.

Wer Dich würdig und mit wahrer Andacht in sein Herz aufnimmt, der erntet reichliche Früchte des ewigen Heiles.

Dazu aber treibt den Christen nicht Neugier, nicht Leichtsinn, nicht Sinnlichkeit, sondern lebendiger Glaube, feste Zuversicht und aufrichtige Liebe, die Fülle der Andacht.

10. Unsichtbarer Schöpfer der Welt, wie wunderbar handelt Deine Liebe mit uns!

Wie lieblich und voll Gnade gehst Du mit Deinen Auserwählten um, indem Du Dich selbst im heiligsten Sakrament ihnen zur Speise gibst und Dich mit ihnen vereinigst!

Dies übersteigt wahrhaftig alle Begriffe, die sich der menschliche Verstand machen kann.

Dies zieht die Herzen der Frommen mit besonderer Kraft zu Dir, dies entzündet ihr ganzes Verlangen nach Dir.

Denn sie, Deine wahren, treuen Freunde, die sich in ihrem ganzen Leben nur die fortschreitende Heiligung ihres Sinnes und Wandels zur Aufgabe machen, gehen nie leer von Deinem Tisch zurück, sondern empfangen daselbst neue himmlische Kräfte zur Andacht und zur Liebe der Tugend.

11. Wie ist die Gnadenfülle, die uns durch dieses Sakrament mitgeteilt wird, so wunderbar und geheimnisvoll! Nur die gläubigen Freunde Jesu Christi kennen sie aus Erfahrung; aber die Ungläubigen und die Sklaven der Sünde können sie nicht erfahren.

In diesem Sakrament wird uns neue Geisteskraft mitgeteilt, der verlorene Tugendsinn ergänzt und die Schönheit der Seele, die durch die Sünde verunstaltet war, wiederhergestellt.

Und diese Gnade erreicht manchmal ein so großes Maß und die Andacht, die daraus entsteht, ein solches Übermaß, daß nicht nur der Geist, sondern auch die Hütte des Geistes, der schwächliche Leib, sich nur gestärkt fühlt.

12. Indessen ist es sehr traurig, daß wir gar so lau und nachlässig sind; daß uns kein lebendigeres Verlangen, Christus zu empfangen, zu ihm hintreibt, obwohl doch die ganze Hoffnung aller, die da selig werden, und ihr ganzes Verdienst auf ihm beruht.

Denn er ist unsere Heiligung und Erlösung, er die Trostquelle für die Pilger, er die ewige Freude für die Heiligen.

Traurig genug, daß viele dies heilschaffende Geheimnis so wenig beachten, ein Geheimnis, das die Freude des Himmels und das Heil der Welt ausmacht.

Wahrhaftig, es gehört eine unbegreifliche Blindheit und Verhärtung des menschlichen Herzens dazu, daß wir für dieses unaussprechlich liebliche Geschenk nicht mehr Gefühl und Ehrfurcht haben und selbst aus dem täglichen Gebrauch, den wir davon machen, unachtsamer und gefühlloser dafür werden.

13. Denn würde dieses heiligste Sakrament nur an einem einzigen Ort und von einem einzigen Priester in der Welt konsekriert, mit welcher Sehnsucht würden die Menschen nicht nach diesem Ort und zu diesem Priester eilen, damit sie an den göttlichen Geheimnissen teilnehmen könnten!

Nun aber sind viele Priester geweiht, und Christus wird an vielen Orten geopfert, damit die Gnade und Liebe Gottes sich desto helleuchtender offenbare, je öfter und an je mehr Orten die heilige Kommunion gespendet wird.

Ich danke Dir, unsterblicher Hirt, Jesus Christus, voll Liebe und Güte, daß Du uns arme und wie im Elend schmachtende Pilger mit Deinem kostbaren Leib und Blut erquickst und noch dazu so freundlich einladest: Kommet alle zu mir, die ihr mühselig und beladen seid, ich will euch erquicken (Mt 11, 28).

2. KAPITEL

Wie Gottes Güte und Liebe sich den Menschen in diesem Sakrament offenbart

1. Im Vertrauen auf Deine Liebe und Barmherzigkeit, die so groß sind wie Du, o mein Gott und Herr, gehe ich hin zu Dir, ein Kranker zu seinem Heiland, ein Durstiger zur Quel-

le des Lebens, ein Dürftiger zum König des Himmels, ein Knecht zu seinem Herrn, ein Geschöpf zu seinem Schöpfer, ein Trostloser zu seinem freundlichen Tröster.

Aber wie geschieht mir das, daß Du zu mir kommst? Wer bin ich, daß Du Dich selbst mir hingibst? Wie darf ich, ein Sünder, es wagen, vor Dir zu erscheinen, und Du, der Heilige, wie kannst Du so gütig sein, zu einem Sünder zu kommen?

Du kennst doch Deinen Knecht und weißt am besten, daß er nichts Gutes in sich hat, das ihn an einer solchen Gnade würdig machte.

Wahrhaftig, ich gestehe meine Unwürdigkeit, ich erkenne Deine Gütigkeit, ich preise Deine Vaterhuld, ich danke Deiner Liebe, die keine Grenze hat.

Denn das, was Du hierin und in allem zu meinem Besten tust, das tust Du nicht um meiner Verdienste, sondern bloß um Deiner Liebe wegen, das tust Du nur, um Deine Gnade noch herrlicher an mir zu beweisen und mir selbst noch mehr Liebe und mehr Demut ins Herz zu legen.

Weil Dir dies nun wohlgefällig, weil es sogar Dein Gebot ist, so kann ich nicht anders: was Du gebietest, muß auch mir gefallen, vor allem Deine Herablassung. Daß mir nur meine Sünde nicht im Weg stünde!

2. Du, die Liebe und die Güte selbst! Wieviel Verehrung, Dank und Lobpreisung bin ich Dir nicht schuldig dafür, daß Du mich mit Deinem heiligsten Leib speisest?

Es ist doch kein Menschenverstand fähig, die unbegreifliche Würde dieser Deiner Liebe zu begreifen!

Was werde ich aber bei dieser heiligen Kommunion, beim Gang zu meinem Herrn, den ich nicht nach Würde verehren kann und doch mit voller Andacht empfangen möchte, Besseres und Nützlicheres tun können, als mich ganz vor Dir zu erniedrigen und Deine grenzenlose Liebe in stillem Lobpreisen zu erheben?

Das will ich tun, mein Gott! Wie ein Nichts fühle ich mich vor Dir, und werfe mich im Abgrund meines Nichts vor Dir hin und lobe Dich und will Dich ewig loben, ewig Deinen Namen über alle Namen erheben.

3. Sieh, Du bist der Heiligste aller Heiligen, und ich, Sünder unter Sündern, bin voll Makel und Unlauterkeit.

Du neigst Dich zu mir, und ich bin nicht wert, zu Dir aufzuschauen.

Du kommst zu mir, Du willst bei mir sein, Du ladest mich selbst zu Deinem Gastmahl ein.

Du willst mir die Speise des Himmels, das Brot der Engel geben, kein anderes Brot als Dich selbst, das lebendige Himmelsbrot, das vom Himmel herabgekommen ist und der Welt das Leben gibt (Jo 6, 33).

4. O Übermaß der Liebe, wie groß und herrlich erscheinst Du in Deinem Licht?

Wie werde ich Dir dafür genug danken, genug Dich lobpreisen können?

Wie hast Du mir doch nichts als lauter Heil und Segen zugedacht, da Du dieses Gastmahl einsetztest!

Wie lieblich und süß ist das Mahl der Liebe, in dem Du Dich selbst zur Speise gibst!

Wie wundervoll ist Dein Werk, wie allvermögend Deine Macht, wie unaussprechlich die Wahrheit Deines Wortes.

Denn Du sprachst, und es ward alles, was Du werden hießest; Du sprachst, und es ward auch dieses, wie Du es werden hießest.

5. Wahrhaftig, es ist eine wundervolle und bei aller Unbegreiflichkeit für den menschlichen Verstand glaubwürdige Sache, daß Du, mein Herr und Gott, unter den unscheinbaren Gestalten des Brotes und Weines zugegen bist.

Indem Dich der Mensch genießt, bleibst Du unverzehrt, ewig unser Gott und Herr!

Du, dem alles zu Gebote steht, der keines Dinges bedarf, Du wolltest durch dieses Dein Sakrament in uns wohnen.

Bewahre Du mir Leib und Seele unbefleckt, damit ich mit frohem und reinem Gewissen öfters Deine Geheimnisse würdig feiern und, was Du zu Deiner Ehre und zum immerwährenden Denkmal Deiner Liebe gestiftet hast, zu meinem ewigen Heil empfangen kann.

6. So freue dich denn, meine Seele, und danke dem Herrn für diese so edle Gabe und für den erquickenden Trost, den er uns in diesem Tal der Tränen zurückgelassen hat.

Denn sooft du dieses Geheimnis dankbar erwägst und den Leib Christi genießest, so oft wirst du aller Verdienste Christi teilhaftig, so oft wird das Werk der Erlösung wie von neuem in dir vollbracht.

Denn die Liebe Christi ist ein unerschöpfliches Gut, und seine vollgültige Versöhnung ist so unerschöpflich wie seine Liebe.

Deshalb mußt du dich jedesmal mit erneuertem Sinn und Herzen vorbereiten und das große Geheimnis des Heils aufmerksam betrachten.

Und wenn du Messe liest oder hörst, so soll dir diese Handlung so wichtig, neu und erfreuend sein, als wenn Christus am selben Tag erst im Leib der heiligen Jungfrau menschliche Gestalt annähme oder am Kreuz hängend für das Heil der Menschen litte und stürbe.

3. KAPITEL

Es ist nützlich, öfters zum Tisch des Herrn zu gehen

1. So komme ich denn zu Dir, mein Herr, damit mir wohl werde an Deinem Gnadentisch; damit ich Labung finde bei Deinem heiligen Mahl, das Du aus überfließender Liebe für uns Arme zubereitet hast.

Alles, was ich verlangen kann und suchen soll, alles finde ich in Dir.

Du bist mein Heil und meine Erlösung, meine Hoffnung und meine Stärke, mein Ruhm und meine Herrlichkeit.

So erquicke denn heute die schmachtende Seele Deines Dieners; denn zu Dir, o mein Herr und Heiland Jesus Christus, zu Dir erhebt sich meine Seele mit voller Zuversicht.

Mit Andacht und Ehrfurcht möchte ich Dich jetzt empfangen und in meine Herberge einführen, möchte wie Zachäus von Dir gesegnet und den Söhnen Abrahams beigezählt werden.

Meine Seele sehnt sich nach Deinem heiligen Leib; mein Herz brennt in heiligem Verlangen, mit Dir vereinigt zu werden.

2. Gib Dich mir, und Du hast mir genug gegeben; denn außer Dir tröstet doch kein Trost.

Ohne Dich kann ich nimmer sein, nimmer leben ohne Deine Heimsuchung. Deshalb muß ich oft zu Dir hingehen, Dich, das Heil meiner Seele, oft empfangen, damit ich auf meiner Pilgerreise nicht etwa unterliege, wenn mir das Brot des Himmels nicht immer neue Stärkung verschafft.

Denn es ging einst, als Du voll Erbarmen und Milde den Völkerscharen predigtest und ihre vielerlei Gebrechen heiltest, das Wort aus Deinem Mund: Ich kann sie nicht hungrig nach Hause gehen lassen; denn sie müßten auf dem Weg erliegen (Mt 15, 32).

So mache es denn auch mit mir; denn Du hast Dich zum Trost aller, die an Dich glauben, zur himmlischen Speise im heiligen Sakrament hinterlassen.

Du bist die süßeste Labung der Seele; und wer Dich jetzt würdig empfängt, wird einst das Erbgut der ewigen Herrlichkeit empfangen.

Und weil ich so oft falle und sündige, weil ich so bald wieder träg und matt werde, so muß ich durch viel Gebet, durch öfteres Bekenntnis meiner Sünden, durch häufigen Empfang Deines heiligen Leibes gereinigt, erneuert und zum Guten neu entflammt werden.

Ohne dieses Stärkungsmittel im Guten würde mein feurigster Vorsatz bald wieder zu Wasser werden.

3. Denn der Sinn des Menschen ist von seiner Jugend auf zum Bösen geneigt (Gen 8, 21), und wenn ihm die göttliche Arznei nicht zu Hilfe kommt, so fällt er gar bald von Sünde in Sünde immer tiefer in den Abgrund.

Die heilige Kommunion zieht ihn also vom Bösen zurück und belebt ihn zum Guten.

Denn wenn ich jetzt bei öfterem Empfang dieses Sakramentes dennoch so nachlässig und lau werde, was würde aus mir werden, wenn ich diese Arznei nicht nähme, diese mächtige Heilmittel nicht gebrauchte.

Und obgleich ich nicht jeden Tag in rechter Verfassung und zur Feier Deines Todes genug vorbereitet bin, so will ich doch allen Fleiß darauf verwenden, daß ich an gemäßen Tagen die göttlichen Geheimnisse empfangen und an dieser so großen Gnade teilnehmen könne.

Denn für eine gläubige Seele, die noch in ihrer sterblichen Hülle fern von Dir pilgert, ist dies eine der vornehmsten Tröstungen, daß sie, ihres Gottes eingedenk, ihren Geliebten mit glühender Andacht öfters in ihre Herberge aufnehmen kann.

4. Wie ist doch Deine wundervolle Liebe gegen uns so mild und herablassend, daß Du, unser Herr und Gott, eine ärmliche Seele heimsuchst, um ihren Hunger mit der ganzen Fülle Deiner Gottheit und Menschheit zu sättigen!

Selig die Menschenseele, die Dich, ihren Gott und Herrn, mit würdiger Andacht empfangen und dadurch mit Geistesfreude erfüllt werden kann!

Wie groß ist der Herr, den sie empfängt, wie lieb der Gast, den sie beherbergt, wie freundlich der Gesellschafter, den sie aufnimmt, wie treu der Freund, den sie bewillkommt!

Wie schön und edel über alles, was man wünschen kann, wünschenswert ist der Bräutigam, den sie umarmt!

Himmel und Erde und alle Schönheit des Himmels und der Erde schwinden vor Deinem Angesicht, Du mein Geliebter, voll Liebe und Lieblichkeit!

Denn alles, was Himmel und Erde Schönes und Großes haben, das kann sie aus Deiner freigebigen Hand, alle ihre Gaben können die Herrlichkeit des Gebers nicht erreichen.

Sein Name ist so groß wie er, unermeßlich ist seine Weisheit (Ps 146, 5).

4. KAPITEL

Die andächtige Kommunion bringt uns viele Gnaden

1. Mein Gott und Herr, laß Deinen Diener im voraus die Segnungen Deiner Liebe erfahren, damit er zu Deinem heiligen Sakrament würdig und andächtig hinzutreten kann.

Erwecke Du mein Herz zu Dir und mache es los von seiner Trägheit und Kälte.

Laß mich Deine heimsuchende und heilschaffende Gnade erfahren, damit mein Geist Deine unbegreifliche Süßigkeit verkosten könne, die in diesem Sakrament wie in einem Brunnquell nach ihrer ganzen Fülle verborgen liegt.

Erleuchte meine Augen, damit ich dies große Geheimnis schauen kann; stärke meinen Glaubenssinn, damit ihn kein Zweifel erschüttern kann.

Denn es ist nicht Menschenwerk, sondern Gottes Werk, nicht Menschenerfindung, sondern Deine heilige Einsetzung.

Aus sich selbst ist kein Mensch imstande, dieses Geheimnis der Liebe zu erfassen und zu begreifen, weil es auch über den Verstand der Engel erhaben ist.

Wie werde also ich, ein Sünder, ohne alles Verdienst, ich, Staub und Asche, dies Dein so heiliges, frohes Geheimnis erforschen und begreifen können?

2. Herr, in dieser Einfalt des Herzens, in festem Glauben, auf Deinen Befehl hin, mit Zuversicht und Ehrfurcht trete ich zu Dir hin und glaube, daß Du hier im heiligsten Sakrament zugegen bist als Gott und Mensch!

Es ist Dein Wille, daß ich Dich empfange und mit Dir in Liebe eins werden soll.

Deshalb flehe ich zu Deiner Güte um die besondere Gnade, daß ich ganz von Dir durchdrungen und in Liebe zu Dir verwandelt werde und keinem äußeren Trost mehr nachlaufe.

Denn dieses Sakrament, das höchste und würdigste aus

allen, ist eine heilschaffende Arznei für die Gebrechen der Seele und des Leibes.

Es stärkt in aller Ohnmacht zum Guten, salbt uns mit himmlischer Kraft, um den Schaden der Sünde zu heilen, die Leidenschaften zu bändigen, die Versuchungen zu besiegen und ihre Anfälle zu mindern.

Es gießt neue, größere Gnade in das Herz, rüstet zu mutigerem Tugendkampf, befestigt den Glauben, stählt die Hoffnung, entzündet und erweitert die heilige Liebe.

3. Denn viele große Gnaden hast Du Deinen Geliebten, die mit Andacht dieses Sakrament empfangen haben, schon mitgeteilt und teilst ihnen immer neue Gnaden mit, Du, mein Gott, der auch meine Seele aufnimmt, auch meine Schwachheit stützt, auch mich mit innerem Trost erquickt.

Du erhebst Deine Freunde aus dem tiefen Gefühl ihrer Schwäche zur seligen Hoffnung auf Deinen Schutz.

Du bewaffnest sie mit Trost und Mut für die Tage der Leiden.

Du erheiterst und erfreust sie mit einem neuen Gnadenstrahl, daß die nämlichen Menschen, die vor Empfang der Kommunion in sich nichts als Angst, Dürre und Ohnmacht fanden, nach der heiligen Kommunion, gestärkt von der Speise und dem Trank des Himmels, sich besser und neugeschaffen zu allem Guten fühlen.

Und diese liebevolle Führung Deiner Auserwählten hat wohl keinen anderen Zweck, als sie auf dem Weg eigner Erfahrung zur wahren Erkenntnis zu bringen, wieviel Schwäche und Armut sie in sich selbst haben und was für Stärke und Reichtum sie von Dir, von Deiner Güte empfangen.

Sich selbst überlassen, sind sie kalt, hart, ohne alles Andachtsgefühl; durch Dich werden sie voll Feuer, eifrig und zur Andacht gestimmt.

Wer sollte auch zum Brunnquell alles Trostes und aller Süßigkeit in Demut gehen können, ohne ein wenig Trost und Süßigkeit mit sich zurückzubringen? Wer sollte vor einem hellflammenden Glutofen stehen können, ohne ein wenig Wärme und Leben in seinen Gliedern zu fühlen?

Und der Brunnquell alles Trostes, aller Seligkeit, ewig voll und ewig überfließend, bist Du, mein Gott. Und das Feuer, ewig brennend und nie verbrennend, bist Du, mein Gott.

4. Wenn ich also jetzt noch nicht aus der ganzen Fülle des Brunnquells selbst schöpfen und mich satt trinken kann, so werde ich doch an dem Röhrlein, durch das der himmlische Trank mir zufließt, den Mund ansetzen und etliche Tropfen trinken dürfen, damit mein brennender Durst ein wenig gestillt werde und ich auf dem Weg zum Brunnquell selbst nicht ganz verschmachte.

Und wenn ich noch nicht ganz himmlisch gesinnt, nicht ganz von Liebe durchglüht sein kann wie die Cherubim und Seraphim, so will ich doch mein Herz mit anhaltendem Fleiß in Andacht üben und dazu bereiten, daß ich mir durch demütigen Genuß dieses belebenden Sakramentes einige Funken aus dem göttlichen Flammenmeer holen kann.

Was mir aber mangelt, das wirst Du, guter Jesus, heiliger Erlöse, um Deiner Liebe und Erbarmung willen in mir ergänzen und neu schaffen; denn Du hast ja einmal alle zu Dir berufen mit dem Wort: Kommet alle zu mir, die ihr mühselig und beladen seid, ich will euch erquicken (Mt 11, 28).

5. Ja, wahrhaftig, ich bin mühselig genug, arbeite im Schweiß meines Angesichts, werde von Herzensangst und Kummer hart gedrückt, mit Sünden schwer beladen, von Versuchungen hin und her getrieben, von vielen bösen Neigungen verwickelt und niedergedrückt.

Ich habe bei all dieser Bedrängnis niemand, der mich erlöse und seligmache, als Dich allein, Du mein Herr und Gott, mein Erretter!

Dir allein übergebe ich mich ganz und all das Meine, damit Du mich behütest und mich hinführst zum ewigen Leben.

Nimm mich auf zur Verherrlichung Deines Namens,

nachdem Du Deinen Leib und Dein Blut mir zur Speise und zum Trank bereitet hast, und laß, Du mein Gott und mein Heil, dies mein Herz nach jeder Kommunion noch mehr Andacht empfinden.

5. KAPITEL

Vom Priesterstand und der hohen Würde des heiligen Sakraments

1. Wenn du die Reinheit eines Engels und die Heiligkeit Johannes des Täufers hättest, so wärest du nicht würdig, dieses Sakrament zu empfangen und zu konsekrieren.

Denn das ist nicht Menschenverdienst, daß jemand das Sakrament Christi konsekriere und das Brot der Engel genieße.

Wahrhaftig, hier ist ein großes Geheimnis; hier erscheint der Priester in seiner Würde. Es ist ihm gegeben, was den Engeln nicht gewährt ist.

Denn die Priester allein, die in der Kirche die rechte Weihe erhielten, haben die Gewalt, den Leib Christi zu konsekrieren.

Zwar ist der Priester nur Diener Gottes, gebraucht nur das Wort Gottes nach Ordnung und Einsetzung Gottes; Gott ist es eigentlich, der hier als der vornehmste Urheber handelt und unsichtbar wirkt. Ihm ist alles untertan, ihm gehorcht alles, und er tut, was er will.

2. Du mußt also in diesem vornehmsten Sakrament weit mehr dem allmächtigen Gott als dem eigenen Sinn oder dem Schein eines sichtbaren Zeichens glauben.

Und deshalb nahe dich mit aller Ehrfurcht dieser heiligen Handlung.

Hab acht auf dich selbst und bedenke es wohl, was für ein hohes Amt dir durch die Handauflegung des Bischofs anvertraut wurde. Du bist nun ein Priester, zur Konsekration des Leibes Christi geweiht.

Sorge also, daß du deinem Gott mit Andacht und Treue das heilige Opfer darbringst und dich selbst ohne Makel erweisest. Du hast deine Bürde nicht erleichtert; es ist dir vielmehr eine neue Pflicht zum heiligen Wandel auferlegt worden; du bist zur höheren Vollkommenheit berufen. Der Priester soll mit allen Tugenden geschmückt sein, soll seinen Mitchristen als ein Vorbild des heiligen Lebens vorleuchten.

Er soll nicht auf der Heerstraße mit der großen Menge wandeln, sondern mit den Engeln im Himmel oder mit heiligen Menschen auf Erden.

3. Ein Priester vertritt in seinem Priestergewand eigentlich die Stelle Christi; denn er hat den Beruf, für sich und für das Volk in Demut und Andacht zu Gott zu flehen.

Er hat vor sich und hinter sich das Zeichen des Kreuzes, damit er und das Volk zum steten Andenken an das Leiden Christi angeregt werden. Er trägt das Kreuz am Meßgewand vor sich, damit er die Fußstapfen Christi stets im Auge behalte und Mut fasse, denselben zu folgen.

Es ist das Kreuz Christi auch auf der Rückseite des Meßgewandes zu sehen, ein schönes Sinnbild, daß der Priester auch die Leiden, die ihm von andern gleichsam hinter dem Rücken zustoßen, um Gottes willen in Demut und Sanftmut tragen soll.

Er trägt das Kreuz vor sich und hinter sich als ein Denkzeichen, daß er seine eigenen Sünden bereuen und aus Mitleid auch fremde beweinen solle; daß er sich selbst mitten zwischen Gott und das Volk gestellt sehe und im Gebet und heiligen Opfer nicht ermüde, bis er Gnade und Erbarmen erfleht habe.

Wenn der Priester am Altar sein Amt in rechtem Geist verrichtet, verherrlicht er seinen Gott, erfreut die Engel, erbaut die Kirche und erfleht Hilfe den Lebenden, Ruhe den Entschlafenen, sich selbst Teilnahme an allem Guten.

6. KAPITEL

Frage an Jesus Christus, wie man sich zur heiligen Kommunion vorbereiten soll

1. Wenn ich an Deine Würde, o Herr, und an meine Unwürdigkeit denke, so zittere und erröte ich vor mir selbst.

Denn gehe ich nicht hin zu Deinem Tisch, so fliehe ich vor dem Leben, gehe ich aber unwürdig hin, so falle ich noch tiefer.

Was soll ich tun, mein Gott, Du mein Berater, Du mein Helfer in allen meinen Nöten?

2. Zeige Du mir den rechten Weg und unterweise mich, wie ich mich durch eine kurze Übung zur heiligen Kommunion vorbereiten solle.

Denn es ist mir doch nützlich, zu wissen, mit welcher Andacht und Ehrerbietung ich mein Herz vorbereiten soll, um Dein Sakrament zu genießen und dieses große, göttliche Opfer zu feiern.

7. KAPITEL

Antwort auf die vorige Frage: Prüfe dich selbst, und dann iß von diesem Brot

1. Vor allem soll der Priester Gottes in tiefster Demut seines Herzens, voll Ehrerbietung, mit lebendigem Glauben und aus der reinen Absicht, Gott zu verherrlichen, zum Opfer und zum Genuß dieses heiligen Sakraments hinzutreten.

So erforsche denn dein Gewissen mit allem Fleiß und laß es, soweit deine Kräfte reichen, weder an wahrer Reue noch an demütigem Bekenntnis deiner Sünden fehlen, damit dein Innerstes lichthell und rein werde.

Alles, was dich drücken, ängstigen und am freien Zugang zu Gott hindern könne, soll nach bestem Wissen aus deinem Herzen verbannt sein. Alle deine Sünden sollen dir im allgemeinen mißfallen und jeder deiner täglichen Fehltritte insbesondere. Darüber sollst du wahres Herzeleid, so viel es sein kann, in dir fühlen und nähren und deine unordentlichen Neigungen und all den Jammer, der daraus entsteht, vor Gott im Innersten deines Herzens bekennen.

2. Siehe, was du noch alles an dir zu beklagen und zu verbessern hast!

Du bist noch so fleischlich und irdisch gesinnt, so unbezähmt in deinen Leidenschaften, so voll Regungen der Fleischeslust, so unbewacht in den äußeren Sinnen, so verwikkelt in törichten Einbildungen; noch so auswärts gerichtet zu dem, was außer dir, und so unachtsam auf das, was in dir ist; noch so geneigt zum Lachen und zur Ausgelassenheit und so felsenhart zur Träne der Reue und zum Schmerz der Buße.

Du bist noch so vorschnell zu allem, was freiere Lebensart ist und der Sinnlichkeit schmeichelt, und so träg zum Ernst und heiligen Eifer.

Du bist noch so begierig, Neues zu hören und Liebliches zu sehen, und so kraftlos, das anzufassen, was gering und unangenehm ist.

Du bist noch so eilig zum Empfangen und so karg zum Geben und so geizig zum Behalten.

Du bist noch so unüberlegt im Reden und so ungeübt im Schweigen; noch so ungestüm im Handeln und so ungeordnet in Gebärden und in allem, was Ausdruck des Innern ist.

Mit Leib und Seele bist du in die Nahrung des Leibes versenkt, aber so gehör- und gefühllos für Gottes Wort, die Nahrung der Seele.

Du bist noch so eilig zur Ruhe, doch langsam zur Arbeit; noch so wachsam bei törichten Erzählungen und so schläfrig beim Gottesdienst.

Du bist noch so zerstreut, wo sich die Aufmerksamkeit sammeln, und so drängend und treibend nach dem Ende, wo man aushalten sollte.

Beim Stundengebet bist du nachlässig, lau bei der Feier der heiligen Messe, trocken am Tisch des Herrn.

Auch sonst bist du selten ganz in dir gesammelt, sondern oft und leicht abgelenkt.

Du bist noch so bereit zum Zorn und so reizbar, andern weh zu tun.

Gegen deine Fehler bist du nachsichtig, doch geneigt, andere zu richten und streng zu bestrafen.

Du bist noch so ausgelassen in heiteren und niedergeschlagen in trüben Stunden, noch so reich an guten Vorsätzen und so bettelarm an guten Werken.

3. Wenn du diese und andere Fehler, die dir dein Gewissen vorhält, mit geheimem Seelenschmerz und beschämendem Mißfallen an deinen Schwachheiten bekannt und beweint hast, so ermanne dich zum festen, heiligen Entschluß, dein Leben zu bessern und in allem Guten vorwärtszuschreiten.

Dann opfere dich selbst ganz und, ohne etwas für dich zurückzubehalten, willig und ungezwungen auf dem Altar deines Herzens zur Ehre meines Namens. Gib dich mir als ein ewiges Brandopfer hin, deinen Leib und deine Seele; übergib und überlaß dich mir allein, damit du würdig werdest, Gott das Opfer darzubringen und das Sakrament meines Lebens zu deinem Heil zu empfangen.

4. Denn es gibt kein edleres, kein würdigeres Sühneopfer für begangene Sünden, als in der heiligen Messe und Kommunion sich selbst ganz und ohne Ausnahme mit dem Leib Jesu Christi Gott hinzugeben.

Wenn der Mensch tut, was er vermag, und wahrhaft bereut, was er Übles tat, wenn er um Gnade und Vergebung zu mir fleht, so spricht der Herr: So wahr ich lebe, so gewiß will ich den Tod des Sünders nicht, sondern vielmehr, daß er sich bekehre und lebe (Ez 33, 11). Nicht mehr will ich seiner Sünden gedenken, alle sollen sie ihm verziehen sein.

8. KAPITEL

Christus opferte sich am Kreuz; opfere auch du dich

1. Wie ich mich am Kreuz mit ausgestreckten Armen und mit entblößtem Leib für deine Sünden Gott dem Vater freiwillig geopfert habe, so daß an mir und in mir nichts übrigblieb, was nicht ein Sühneopfer der Gerechtigkeit war, so sollst und du dich selbst und dich ganz, mit allen deinen Kräften und Neigungen, freiwillig und mit innigster Andacht täglich in der heiligen Messe mir darbringen.

Was sollte ich denn von dir anderes fordern, als daß du dich ganz an mich hingibst? Alles, was du mir sonst geben magst, außer dir, das ist in meinen Augen nichts; denn ich will nicht deine Gabe haben, sondern dich.

2. So wie du im Hinblick auf deine volle Seligkeit kein Genüge daran finden könntest, wenn du alle übrigen Dinge hättest und mich allein entbehrtest, so kann ich kein Wohlgefallen daran haben, wenn du mir alle übrigen Dinge gäbest und dich allein verweigertest.

Opfere dich mir und gib dich ganz für Gott allein hin, und dein Opfer wird angenehm sein.

Sieh, ich habe mich ganz für dich dem Vater geopfert; ich habe meinen Leib und mein Blut zur Speise und zum Trank hingegeben, damit wir ganz eins, ich dein und du mein, werden und bleiben könnten.

Willst du aber immer an dir hangenbleiben und nie dich selbst nach meinem Wohlgefallen opfern, so wird dein Opfer nicht vollständig, und unsere Vereinigung kann nicht innig und ganz werden.

Wenn du also Gnade und Freiheit erlangen willst, so mußt du bei allem, was du äußerlich tust, eine innerliche Aufopferung deiner selbst, eine Hingabe deines ganzen Willens in die Hände Gottes vorangehen lassen.

Denn deshalb findet man so wenig Menschen, welche die wahre Freiheit und das rechte Licht haben, weil es so wenig Menschen gibt, die sich ganz verleugnen und opfern.

Mein Wort, das ich einst gesprochen habe, bleibt noch immer ganz in Kraft: Wer nicht allen Dingen entsagt, der kann mein Jünger nicht sein (Lk 14, 33).

Wenn du also mein Jünger werden willst, so gib dich ganz mit allen deinen Neigungen mir zum Opfer hin.

9. KAPITEL

Daß wir uns und alles, was unser ist, Gott opfern und für alle beten sollen

1. Herr, Dein ist alles im Himmel und auf Erden! Darum möchte ich mich selbst als ein freiwilliges Opfer Dir hingeben und aus freier Wahl ewig Dein sein und bleiben.

So bringe ich denn in Einfalt meines Herzens mich selbst und mich ganz Dir zum Opfer dar und weihe mich heute zu Deinem Dienst und zum Lobpreis Deines Namens auf ewig.

Nimm mich also auf mit dem heiligen Opfer Deines Leibes, das ich Dir heute in Gegenwart der Engel, dieser unsichtbaren Zeugen und Mitanbeter, darbringe, damit es mir und Deinem ganzen Volk zum Segen werde.

2. Ich lege alle meine Sünden und Schwächen, die ich von der ersten Stunde des erwachenden Gewissens bis zu diesem Augenblick vor Deinem Angesicht und vor Deinen heiligen Engeln begangen habe, auf Deinen Sühnealtar. Verbrenne sie mit dem Feuer Deiner Liebe, tilge alle Makel, die sie in mir zurückgelassen haben, und reinige mein Gewissen von aller Schuld. Gib mir wieder die Gnade, die ich durch die Sünde verloren habe, schenke mir wieder das Siegel der vollkommenen Verzeihung, den Friedenskuß.

3. Was kann ich für alle meine Sünden tun, als sie mit demütigem Herzen zu beweinen, zu bekennen und ohne Unterlaß Deine Gnade anzuflehen?

So flehe ich denn zu Dir, o mein Gott! So erhöre mich denn und laß mich Gnade finden, der ich vor Dir stehe und weine.

Alle meine Sünden sind jetzt ein Greuel in meinen Augen, ich will sie nicht mehr begehen. Reue und Schmerz fühle ich über sie und will dies Reue- und Schmerzgefühl treu in mir bewahren. Ich will Buße tun, solange ich lebe, will Deiner Gerechtigkeit in allem genugtun, so gut ich es vermag.

Verzeihe mir alle meine Sünden um Deines heiligen Namens willen.

Rette meine unsterbliche Seele, die Du mit Deinem kostbaren Blut erlöst hast.

Sieh, Deinen Erbarmungen übergebe ich mich ganz, in Deine Hand lege ich mich und alle meine Hoffnungen nieder. Verfahre nicht mit mir nach meinem bösen, ungerechten Sinn, sondern nach Deinem guten, liebenden Herzen.

4. Jetzt lege ich auch all mein Gutes, so wenig und unvollkommen es immer sein mag, als Opfergabe auf Deinen Altar, damit Du es verbessern und heiligen, damit Du es Dir wohlgefällig und angenehm machen wolltest. Lenke alles Mangelhafte in mir zum Guten und geleite mich, den trägen, unnützen Knecht, immer vorwärts zum herrlichen, seligen Ende meiner Laufbahn.

5. Ich lege auch auf Deinen Altar alle heiligen Wünsche aller Andächtigen und die geheimen Anliegen meiner Eltern und Freunde, Brüder und Schwestern und aller meiner Lieben nieder, die mir oder anderen aus Liebe zu Dir wohlgetan haben, die sich und die Ihrigen in mein Gebet und Opfer empfohlen haben, sie mögen noch mit uns auf der Erde das Pilgerkleid tragen oder schon heimgegangen sein.

Ich bitte für sie alle, daß sie Deine helfende Gnade und Deine tröstende Hilfe, Schutz vor Gefahren und Befreiung von Strafen erfahren und, von allem Übel erlöst, Dir in heiliger Feier Dank- und Jubellieder singen mögen.

6. Endlich opfere ich Dir auch meine Gebete und Sühneopfer besonders für die, welche mich beleidigt, betrübt, gelästert, geschädigt, gekränkt haben; auch für alle, die ich betrübt, gekränkt, geschädigt und denen ich mit Worten oder Taten mit oder ohne Wissen Ärgernis gegeben habe.

Verzeihe uns allen miteinander alle Sünden und alle Beleidigungen, mit denen wir einander betrübt haben.

Nimm alles von unseren Herzen hinweg, was Argwohn, Zorn, Verbitterung, Zank heißt und das zarte Band brüderlicher Liebe auflösen oder schwächen kann.

Erbarme, erbarme Dich, o Herr, aller, die Deine Erbarmungen anflehen; gib Gnade allen, die Deiner Gnade bedürfen, und bilde aus uns solche Menschen, die bereit und wert sind, Deine Gnade zu genießen und mündig zu werden, das ewige Leben zu erwerben.

10. KAPITEL

Laß dich vom öfteren Gang zum Tisch des Herrn so leicht nicht abhalten

1. Zu mir, zur Quelle der Gnade und Erbarmung, zur Quelle der Milde und Heiligkeit, mußt du recht oft deine Zuflucht nehmen, damit du von deinen Leidenschaften und Sünden geheilt, gegen alle Versuchung und List der Hölle immer mehr bewaffnet und zur Wachsamkeit gestärkt werdest.

Der Feind weiß wohl, daß in der heiligen Kommunion ein volles Maß von göttlicher Kraft zu heilen und zu segnen für kranke, dürftige Menschen liegt; darum sucht er auf alle Weise und bei allen Anlässen die andächtigen und treuen Christen vom Tisch des Herrn fernzuhalten oder am Weg hin zu hindern.

2. Manche haben, wenn sie sich zur heiligen Kommunion mit größerem Eifer vorbereiten wollen, gegen listigere Eingebungen des Bösen zu kämpfen.

Da mischt sich auch in dem Sinn, wie es bei Job heißt, der Satan unter die Kinder Gottes, damit er sie mit seinen listigen Anschlägen zuerst in Schrecken und dann in anhaltende Furcht und Verwirrung versetze.

Er weiß ihnen den Glauben durch scheinbare Gegengründe aus dem Herzen zu stehlen oder ihre Liebe zu schwächen, daß sie entweder gar nicht oder nur kalt und gefühllos zum Tisch des Herrn gehen.

Aber der weise Christ weiß auch dies, daß man die listigen Anschläge und Eingebungen des Feindes, sie mögen so schändlich oder schrecklich sein, wie sie wollen, für nichts zu achten habe und alle seine Vorspiegelungen auf ihn selbst mit Verachtung zurückweisen müsse.

Wahrhaftig, verachten, ja von ganzem Herzen verachten muß man den Elenden, und alle seine Anfälle und Bewegungen sollen es nie dahin bringen, daß man um ihretwillen die heilige Kommunion unterlasse.

3. Andere hindern sich selbst durch übertriebene Bekümmernis um Andacht und Eifer oder durch die ängstliche Bemühung, ihr Sündenbekenntnis vollständig zu machen.

In diesem Fall handle du nach dem Rat der Weisen und lerne, indem du ihrem Urteil folgst, all das kleinliche, ängstliche Wesen aus dem Herzen zu schaffen.

Denn es hemmt den Strom der Gnade Gottes zu deinem Herzen und den Aufschwung deines Herzens zu Gott.

Laß doch eine geringe Verwirrung oder Beklemmung der Seele nie so viel bei dir gelten, daß du deshalb die heilige Kommunion unterlässest, sondern gehe lieber zu deinem Seelenführer und öffne ihm dein Herz.

Verzeihe allen, die dich beleidigt haben, von ganzem Herzen, und wenn du jemanden beleidigt hast, so bitte ihn in Demut um Verzeihung, und Gott wird dir auch verzeihen.

4. Was nützt es dir denn, wenn du die Beichte oder die heilige Kommunion von einem Tag zum andern aufschiebst? Behalte das Gift nicht länger bei dir, wirf es sogleich von dir und nimm eilig die stärkende Arznei ein, und du wirst dich

besser befinden, als wenn du es noch länger aufgeschoben hättest.

Wenn dich heute dieses Hindernis vom Tisch des Herrn fernhält, so kann dich morgen ein anderes, noch größeres fernhalten, und so kannst du lange gehindert und immer unfähiger zum Genuß dieser himmlischen Speise werden.

Mache dich doch, sobald du kannst, von den Banden der Trägheit los; denn es taugt nichts, so lange Angst und Verwirrung mit dir umherzutragen und jeden Tag eine neue Scheidewand zwischen dir und dem Göttlichen aufführen zu lassen.

Diesees anhaltende Hinausschieben der Kommunion schadet viel; denn es erzeugt einen gefahrvollen Zustand geistiger Schlafsucht.

Arme Menschen! Weil sie so zerstreut und unbewacht dahinleben, so zögern sie mit ihrem Stundenbekenntnis von Tag zu Tag und verschieben die Kommunion bloß deswegen, damit sie sich nicht wieder sammeln und strenger bewachen müssen.

5. Wen die geringste Ursache vom Tisch des Herrn fernhalten kann, der gibt deutlich genug zu verstehen, daß seine Liebe überaus schwächlich und seine Andacht kraftlos ist.

Wie selig und gottgefällig aber ist der, welcher so himmlisch lebt, sein Gewissen so rein bewahrt, daß er alle Tage zum Tisch des Herrn hingehen könnte, wenn es ihm möglich sei und er es ohne Anstoß tun könnte!

Doch wenn jemand aus innigem Gefühl der Demut oder aus einer anderen gültigen Ursache hie und da die heilige Kommunion unterläßt, so muß man ihn nicht schelten, vielmehr loben, was lobenswert ist: Demut und Ehrfurcht.

Wenn sich aber Trägheit und Kälte in dein Herz schleichen, so mußt du dich selbst zusammennehmen, dich selbst ermahnen und tun, was du kannst.

Der Herr wird alsdann deinem Verlangen schon zu Hilfe kommen; denn auf den guten Willen, wo er sich immer regt, hat der Herr ein besonderes Augenmerk.

6. Ist der gute Christ wirklich gehindert, so behalte er doch den guten Willen und die fromme Absicht, zum Tisch des Herrn zu gehen; dieser gute Wille wird nicht leer ausgehen, sondern er wird die Kraft des Sakramentes an sich erfahren.

Denn wer die wahre Andacht in seinem Innersten hat, der kann alle Tage, kann jede Stunde des Tages auf eine geistige Weise zur geistigen Kommunion Christi gelangen, und daran kann ihn kein Verbot hindern.

Desungeachtet wird er aber an bestimmten Tagen den Leib seines Erlösers mit allen Empfindungen der Liebe und Ehrfurcht im Sakrament empfangen wollen und mehr Gottes Lob und Ehre als die Erquickung seines Innersten dabei zum Ziel haben.

Sooft wir das große Geheimnis der Menschwerdung und das Leiden Christi betrachten und dadurch zur Liebe gegen ihn entzündet werden, so oft gehen wir auf eine geistige Weise zur Kommunion und werden in dieser Vereinigung mit Christus unsichtbar gestärkt.

7. Wer sich nur so auf einen nahen Festtag hin oder bloß nach dem Trieb der Gewohnheit auf die heilige Kommunion vorbereitet, der wird meistens unvorbereitet sein.

Selig, wer sich dem Herrn als Opfergabe darbringt, sooft er die heilige Messe feiert oder zur heiligen Kommunion geht!

Was das Messelesen insbesondere betrifft, so lies nicht zu schnell und nicht zu langsam, sondern halte dich auch hier an die allgemeine Weise, wie es die Besseren in deinem Kreis zu tun pflegen. Es ist nicht nötig, daß du andern Verdruß bereitest und Anstoß gibst, sondern wandle lieber auf dem gemeinsamen Pfad, auf dem unsere Vorfahren auch gegangen sind, und sieh auch in dieser Sache mehr auf den Nutzen anderer als auf deine eigene Andacht oder Neigung.

11. KAPITEL

Der Leib Christi und die Heilige Schrift, ein Doppelbrot des Himmels, das die gläubige Seele nicht entbehren kann

1. Wie selig ist doch die andächtige Seele, die mit Dir, der Du die Lieblichkeit und die Liebe selbst bist, Jesus Christus, unser Herr, an Deinem Tisch ißt.

Es wird ihr keine andere Speise vorgelegt als Du, ihr Einziggeliebter, nach dem als ihrem höchsten Gut sich all ihr Sehnen unablässig sehnt.

Auch für mich wäre es ein Vorgeschmack himmlischer Süßigkeit, in Deiner Gegenwart aus der Fülle der innigsten Empfindungen weinen und mit der Sünderin, die bei Dir Gnade fand, Deine Füße mit Tränen benetzen zu können.

Aber wo nehme ich diese Andacht, wo die heilige Tränenflut her? Wahrhaftig, vor Deinem Angesicht und vor Deinen heiligen Engeln sollte in meinem Herzen die Liebe glühen und sollten in meinem Auge die Tränen der Freude schimmern. Denn ich habe Dich wahrhaftig gegenwärtig im Sakrament, obgleich unter einer anderen Gestalt verborgen.

2. Denn Dich, wie Du bist, in Deiner eigenen, göttlichen Klarheit, Dich in Deinem Licht anzuschauen, das hielten meine Augen nicht aus; aber auch die ganze Welt müßte vor dem Glanz Deiner Majestät unterliegen.

Um also meine Schwachheit zu schonen, verbirgst Du Dich hier unter dem Sakrament.

Ich habe Dich aber doch und bete Dich an, den nämlichen, den die Engel im Himmel anbeten; nur habe ich Dich noch im Glauben, jene aber schauen Dich ohne Schleier von Angesicht zu Angesicht.

Ich muß mich inzwischen mit dem Licht des Glaubens begnügen, muß nach der Wegweisung seines Schimmers pilgern, bis einst der Tag der ewigen Herrlichkeit anbricht, bis die Schattenbilder der Zeit vorübergegangen sein werden.

Ist aber einmal das Vollkommene da (1 Kor 13, 10), dann hört auch der Gebrauch der Sakramente auf.

Sakramente sind Arzneien, und die Seligen bedürfen im Land der Herrlichkeit keiner Arznei mehr, sie sind genesen! Sie schauen Gott in seiner Herrlichkeit von Angesicht zu Angesicht und freuen sich vor ihm ohne Ende. Sie werden von Klarheit zu Klarheit verwandelt in das Bild der unergründlichen Gottheit; ihr Genuß ist Gottes Wort, das Fleisch geworden ist, das vom Anbeginn war und in alle Ewigkeit bleibt.

3. Wenn ich aber an diese Wunder Deiner Liebe auch nur denke, so wird mir jede Geistesfreude, die mir dieses Leben gewähren kann, schal, jeder Trost zum Überdruß.

Denn bis ich meinen Herrn in seiner Herrlichkeit ohne Schleier und Schatten werde sehen können, bis dahin halte ich alles, was ich in dieser Welt sehe und höre, wie für nichts.

Du bist mein einziger Zeuge, o mein Gott, daß mich kein Geschöpf trösten, keines befriedigen kann, daß nur Du meinen Hunger, Dich ewig zu genießen, stillen, nur Du mein ganzes Verlangen sättigen kannst. Zwar ist dies jetzt unmöglich, solange ich diesen unsterblichen Leib tragen muß.

Aber weil dieses unmöglich ist, muß ich mich zur großen Geduld rüsten, muß mich und all mein Verlangen Dir unterwerfen. Denn auch Deine Heiligen, die jetzt in Deinem Reich mit Dir Freude haben, auch sie mußten in ihrem Erdenleben der Offenbarung Deiner Herrlichkeit im stillen Glauben und in großer Geduld entgegenharren.

Was sie geglaubt haben, das glaube auch ich; was sie mit Zuversicht erwartet haben, das erwarte auch ich; wohin sie endlich gekommen sind, dahin werde auch ich durch Deine Gnade kommen: das ist meine Zuversicht!

Und bis ich dahin komme, will ich im Glauben wandeln, gestärkt durch die Beispiele der Heiligen.

Überdies habe ich noch einen treuen Spiegel meines Lebens und eine reiche Quelle des Trostes an den heiligen Schriften, und was alles übertrifft, selbst Dein allerheiligstes Fleisch und Blut ist mir zur einzigartigen Belebung meines Geistes gegeben.

4. Denn zweierlei Bedürfnisse habe ich hienieden, ohne denen mir dieses elende Leben durchaus unerträglich wäre. Hier in diesem Kerker des Leibes bedarf ich der Speise und des Lichtes. Nun hast Du mir, um meiner Schwachheit zu Hilfe zu kommen, Deinen Leib zur Speise gegeben, zur Stärkung meiner Seele und meines Leibes und Dein Wort zur Leuchte im Dunkel des Lebens (Ps 118, 105).

Ohne diese beiden könnte ich nicht gut leben; denn das Wort Gottes ist das Licht und Dein Sakrament das Lebensbrot für meine Seele.

Man kann auch sagen, daß sie die zwei Tische seien, die in der Schatzkammer der Kirche Gottes aufgestellt sind. Einer ist der Tisch des heiligen Altars, auf diesem liegt das heilige Brot, der kostbare Leib Jesu Christi.

Der andere ist der Tisch des heiligen Gesetzes; auf diesem liegt die heilige Lehre, die uns im rechten Glauben unterweist und uns bis in das Innerste, hinter den Vorhang, in das Allerheiligste hineinweist.

Dank Dir, Du Licht vom ewigen Licht, unser Herr Jesus Christus, Dank Dir für den Tisch der heiligen Lehre, die Du uns durch Deine Knechte, die Propheten und Apostel sowie andere heilige Lehrer, dargereicht hast!

5. Dank Dir auch, Du Schöpfer und Erlöser der Menschen, daß Du, um der Welt Deine Liebe zu beweisen, ein großes Abendmahl bereitet hast, in dem uns nicht etwa das Osterlamm des Alten Bundes, das nur ein Bild des Neuen war, sondern Dein heiliges Fleisch und Blut zur Speise dargereicht wird.

In diesem heiligen Gastmahl erfreust Du selbst alle Deine Gläubigen, tränkst Du selbst sie alle mit dem Kelch des Heiles, darin alle Freuden des Paradieses enthalten sind. Auch die heiligen Engel nehmen teil mit uns bei diesem Mahl; aber ihr Genuß ist lauter Seligkeit und übertrifft an Süßigkeit den unsern.

6. Wie groß und ehrwürdig ist das Amt der Priester, denen es gegeben ist, den Herrn der Herrlichkeit mit den heiligen Worten zu konsekrieren, mit ihren Lippen zu preisen, mit ihren Händen zu halten, mit ihrem Mund zu genießen und andern zur Speise darzureichen!

Wie rein sollten ihre Hände, ihre Herzen sein, da der Urheber aller Reinheit bei ihnen Herberge nehmen will! Aus dem Mund des Priesters, der so oft das Sakrament Christi empfängt, soll wahrhaftig kein anderes Wort hervorgehen als ein heiliges und erbauendes.

7. Sein Auge, das den Leib Christi schaut, soll rein und einfältig sein; rein und emporgehoben zum Himmel sollen die Hände sein, die den Schöpfer des Himmels und der Erde berühren. Das Wort des Gesetzes paßt dem Geist nach ganz besonders auf unsere Priester: Seid heilig, weil ich, euer Gott und Herr, heilig bin (Lv 19, 2).

8. Allmächtiger Gott, laß uns Deine Gnade zu Hilfe kommen, daß wir Priester Dir in aller Reinheit des Gewissens würdig und voll Andacht nach unserem Beruf dienen können.

Und wenn wir die geziemende Stufe des heiligen Wandels noch nicht erreicht haben, so schenke uns die Gnade, daß wir unsere Sünden im Geist der Demut von ganzem Herzen beweinen und Dir mit dem ernsten Vorsatz eines guten Willens in Zukunft eifriger dienen mögen. Amen.

12. KAPITEL

Bereite dich mit allem Fleiß auf die heilige Kommunion vor

1. Ich habe die reinen Seelen lieb, und ich mache sie heilig; denn meine Heiligkeit ist die Quelle der Heiligkeit.

Ich suche ein reines Herz, und wo ich eines finde, da schlage ich meine Herberge auf. So bereite mir denn einen großen, gut gerichteten Speisesaal, und ich will bei dir mit meinen Jüngern das Ostermahl halten (Lk 22, 12).

Wenn du willst, daß ich zu dir kommen und bei dir bleiben soll, so fege den alten Sauerteig aus (1 Kor 5, 7) und reinige die Wohnstätte deines Herzens.

Verbannt sei die ganze Welt aus deinem Herzen, und fest geschlossen sei die Tür vor der Sünde und all ihrem ungestümen, aufrührerischen Gefolge.

Sei einsam wie der Sperling auf dem Dach (Ps 101, 8) und denke mit reuevollem Herzen an deine Sünden.

Denn wer die Liebe hat, der bereitet für seinen geliebten Freund die reinste und schönste Wohnstätte; dadurch beweist sich die Liebe dessen, der den Geliebten beherbergt.

2. Wisse aber auch dies: Aus dir selbst, und wenn bloß auf den Wert deiner Arbeit gesehen würde, könntest du die würdige Vorbereitung nie vollenden, wenn du dich auch ein ganzes Jahr vorbereitetest und nichts anderes als nur einzig die Vorbereitung im Sinn und Herzen hättest.

Es ist doch immer meine Gnade und Milde allein, die dir den Zutritt zu meinem Tisch öffnet. Es ist im Grunde nichts anderes, als wenn ein Bettler, von einem reichen Mann zum Gastmahl geladen, diese Wohltat nicht anders zu vergelten weiß, als daß er im Gefühl der Demut danke und wieder danke.

Tu, was an dir liegt, und tu es mit aller Treue; empfange den Leib deines Gottes, der sich würdigt, zu dir zu kommen, nicht aus Gewohnheit, nicht aus Zwang, sondern in heiliger Ehrfurcht, Anbetung und Liebe.

Ich bin es, der dir das Gebot auferlegt hat, mich zu beherbergen; ich will alles das, was dir mangelt, ersetzen; komm nur und beherberge mich.

3. Wenn ich dir die Gabe der Andacht schenke, so danke deinem Gott dafür.

Denn es war nicht deine Würdigkeit, sondern mein Erbarmen, das dich zur Andacht stimmte. Hast du die Gabe der Andacht nicht und fühlst du dich trocken und dürr, so halte nur im Gebet an, seufze und klopfe an. Höre nicht auf anzuklopfen, bis dir eine Brosame meiner heilschaffenden Gnade, ein Tropfen des himmlischen Trostes gereicht wird.

Du bedarfst meiner, ich bedarf deiner nicht. Du kommst nicht, um mich heilig zu machen, sondern ich komme zu dir, um dich besser, dich heilig zu machen. Du kommst, um durch mich heilig, durch mich eins in Liebe mit mir zu werden; du kommst, um neue Gnade zu empfangen und zur Besserung deines Herzens neue Kraft von meinem Feuerherd zu holen.

Versäume diese Gnadenstunden nicht, sondern bereite dein Herz mit allem Fleiß und führe deinen Geliebten zu dir in dein Haus ein.

4. Aber du sollst dich nicht nur mit aller Innigkeit und Andacht des Herzens auf die heilige Kommunion vorbereiten, sondern auch nach der heiligen Kommunion mit aller Treue diese Innigkeit und Andacht bewahren.

Und diese treue Bewahrung ist dir geradeso unentbehrlich wie die Vorbereitung. Denn die treue Bewahrung des Herzens nach der Kommunion ist wieder die beste Vorbereitung zum Empfang einer neuen Gnade; wie denn auch den Menschen nichts so unfähig macht, Gottes Gnade zu empfangen, als daß er sich sogleich wieder in die äußerlichen Tröstungen ergießt und versenkt.

Meide das viele Reden, bleib bei dir daheim und genieße jetzt deinen Gott. Denn du hast den, den dir die ganze Welt nicht rauben kann. Ich bin es, dem du dich ganz ergeben sollst, damit du in Zukunft nicht mehr in dir, sondern in mir, fern von aller Sorge und Angst, leben mögest.

13. KAPITEL

Die Vereinigung mit Christus sei dein Streben; denn dies ist auch der Zweck des heiligen Sakraments

1. Wann wird denn die selige Stunde schlagen, wann wird mir die Gnade werden, daß ich Dich endlich finde, vor Dir

mein ganzes Herz ausgieße, Dich nach Herzenslust genießen und, von allen Geschöpfen unbesehen und unangefochten, fern von allen Zeugen und den verschmähenden Blicken der Menschen, mit Dir allein rede und Du mit mir, wie ein Freund zum Freund, wie ein Geliebter zu seinem Geliebten beim freundlichen Mahl?

Das ist jetzt mein Gebet, das der glühende Wunsch meines Herzens, daß ich ganz mit Dir vereinigt werde und, von allem Irdischen und Zeitlichen abgeschieden und durch die heilige Kommunion, durch die wiedervollzogene Feier des großen Opfers am Kreuz neubelebt, das Himmlische und Ewige kosten, lieben und genießen lerne.

Mein Gott und Herr, wann werde ich meiner ganz vergessen und eins mit Dir sein, ganz eins mit Dir und wie verschlungen im Abgrund Deines heiligen Wesens! Du in mir und ich in Dir, das ist mein Wunsch. Laß mich eins mit Dir werden und eins bleiben, das ist mein Gebet.

2. Wahrhaftig, Du bist mein Geliebter, mein Auserwählter aus Tausenden (Hl 5, 10); das ist die Himmelslust meiner Seele, bei Dir zu sein alle Tage meines Lebens.

Wahrhaftig, Du bist mein Friedensfürst; denn in Dir finde ich den vollkommensten Frieden und die wahre Ruhe und außer Dir nichts als Plage und Schmerz und Pein ohne Ende. Wahrhaftig, Du bist ein verborgener Gott (Is 45, 15); die Gottlosen wissen nichts von Deinem geheimen Ratschluß, aber die Demütigen und Einfältigen sind deine Vertrauten (Mt 11, 25).

Wie freundlich ist Dein Geist, o Herr! (Weish 12, 1) Um Deine Freundlichkeit gegen Deine Kinder zu beweisen, erquickst Du sie mit dem schmackhaftesten Brot, das vom Himmel kommt. Wie bist Du, unser Gott, doch allen, die an Dich glauben, so unaussprechlich nahe! Kein anderes Volk ist so groß, kein anderes Volk kann sich eines solchen traulichen Umgangs mit seinem Gott rühmen, wie sich alle Deine Gläubigen Deiner Nähe freuen (Dt 4, 7).

Um unser Herz täglich zu erquicken und zum Himmel

emporzurichten, gibst Du Dich selbst uns zum täglichen Genuß, zum täglichen Mahl der Liebe hin.

3. Wo ist ein Volk so selig wie das Christenvolk!

Wo ist unter der Sonne ein Geschöpf, das solche Liebe erfährt wie die andächtige Seele, die ihr Herr und Gott besucht, um sie mit seinem verklärten Fleisch zu speisen? O unaussprechliche Gnade, o wunderbare Milde! Liebe ohne Maß, die sich ganz zum Besten des Menschen geopfert hat!

Was werde ich aber für diese Gnade, für diese Liebe, die alle Begriffe übersteigt, dem Herrn wiedergeben können? Es ist kein Geschenk, das ich ihm geben, keines, das ihm wohlgefälliger sein kann als dies mein Herz. Das will ich ihm ganz und ohne Rückhalt geben, das soll vollkommen eins mit ihm werden. Und dann wird mein Innerstes ein ewiges Jubellied sein. Dann wird er zu mir sagen: Ich bin gern bei dir; bist du denn auch gern bei mir?

Und ich werde ihm antworten: Lieber Herr, sei so gütig und bleibe bei mir, ich will gern bei Dir sein.

Denn das ist mein einziges Verlangen, daß mein Herz eins mit Dir werde und eins mit Dir bleibe auf ewig!

14. KAPITEL

Von der heiligen Sehnsucht mancher Christen nach dem Tisch des Herrn

1. Wie ist doch die Fülle der Seligkeit so groß, die Du Deinen Freunden im verborgenen Schatz Deiner Führungen für alle, die in heiliger Ehrfurcht vor Dir wandeln, aufbewahrt hast? (Ps 30, 20)

Wenn ich daran denke, daß viele andere Christen im höchsten Schwung der Andacht, in glühender Liebe zum Tisch des Herrn treten, so erröte ich vor mir und kann mich kaum selbst ertragen, daß ich so kalt und gefühllos zu Deinem Altar, zu Deinem Tisch komme; daß ich so dürr und ohne Rührung des Herzens bleibe; daß ich von Dir, mein Gott, nicht ganz entflammt, nicht so mächtig angezogen und von Dir zu Dir hingezogen werde wie viele Andächtige, welche die übergroße Begierde nach der heiligen Kommunion nicht aushalten konnten.

Sie zerflossen vor Übermaß der Liebe in Tränen und schmachteten vom innersten Grund aus mit einem unwiderstehlichen Durst und Hunger nach Dir, o Gott, Du lebendige Quelle alles Trostes.

Sie konnten ihr Sehnen nach Dir nicht mäßigen oder stillen, bis sie an Deinem Tisch Dein Fleisch und Blut mit aller Seelenlust genossen hatten.

2. In Wahrheit, dieser ihr Glaube, voll Licht und Flamme, ist ein zuverlässiger Beweis Deiner heiligen Gegenwart. Denn diese erkennen ihren Herrn wahrhaftig am Brotbrechen (Lk 24, 35); ihr Herz glüht, indem Jesus mit ihnen wandelt und es entzündet.

Aber diese glühende Empfindung, diese flammende Andacht und Liebe ist fern von mir. Guter Jesus, Du bist ja die Liebe und Milde selbst, darum sei auch mir gut und mild!

Laß Deinen armen Bettler auch nur einen Funken von Deiner Liebe in der heiligen Kommunion empfinden, damit mein Glaube an Dein Wort neu belebt, meine Zuversicht auf Deine Güte neu gestärkt, meine Liebe zu Dir entflammt und, durch den Genuß des Himmelsbrotes neu beseelt, nimmer ohnmächtig werde.

3. Deine Barmherzigkeit ist mächtig genug, auch mir diese ersehnte Gnade, diese Deine Heimsuchung, die das Herz zur heiligen Liebe entzündet, angedeihen zu lassen.

Denn wenn schon das große Verlangen Deiner Freunde, welche die Gabe der besonderen Andacht haben, in mir noch nicht glüht, so habe ich, durch Deine Gnade gestärkt, doch ein Verlangen nach jenem glühenden Verlangen.

Ich wünsche wenigstens und bitte um die Gnade, der heiligen Gesellschaft aller jener beigezählt zu werden, die von der wahren Liebe zu Dir ergriffen sind.

15. KAPITEL

Die Gabe der Andacht wird auf dem Weg der Demut und Selbstverleugnung gefunden

1. Die Andacht ist eine Gabe Gottes; diese Gabe sollst du mit anhaltendem Eifer suchen, mit ernstem Verlangen von mir begehren, mit Geduld und Zuversicht erwarten, mit frohem Dank annehmen, in Demut bewahren, in aller Treue mit ihr mitwirken und Zeit und Maß der himmlischen Heimsuchung Gott überlassen, bis er kommt.

In den Zeiten der Dürre, die entweder nur ein schwaches Gefühl der Andacht in dir aufkommen oder dich gar ohne alles Gefühl der Andacht öde liegen lassen, sollst du dein Herz vor Gott demütigen. Demütig sollst du sein, aber nicht so verzagt und nicht so tief bekümmert. Denn Gott gibt oft in einem einzigen Augenblick, was er dir lange Zeit nicht gegeben, gibt manchmal am Ende deines Gebets, was er dir am Anfang und im Verlauf des Gebetes versagt hat.

2. Würde uns die Gnade immer sogleich und wie auf der Stelle gegeben oder stünde sie dem Menschen ganz nach seinem Wunsch zu Gebote: ich denke, wir Menschen wären jetzt zu schwach, eine so große Seligkeit zu tragen.

Deshalb ist es für uns am besten, daß wir in Hoffnung, Demut und Geduld auf die Gnade der Andacht warten lernen, bis sie gegeben wird. Wenn sie nicht gegeben oder schnell wieder zurückgenommen wird, müssen wir die Ursache in uns selbst und in unseren Fehltritten suchen.

Oft ist es etwas Geringes, das den Einfluß der Gnade hemmt oder ihr Licht unserem Blick entzieht, wenn man gering nennen darf oder vielmehr nicht groß nennen muß, was uns um ein so großes Gut bringt. Es sei aber gering oder groß, was das Kommen der Gnade hindert, räume du nur das Hindernis aus dem Weg und ruhe nicht, bis du den kleinen oder großen Feind besiegt haben wirst, und es wird dir gleich gegeben werden, was du haben wolltest.

3. Denn sobald du, statt dieses oder jenes nach deinem

Eigendünkel zu wünschen, dich ganz und ohne Ausnahme aus dem innersten Grund deines Herzens an deinen Gott ergeben, dich ganz und alle deine Wünsche in die Hand Gottes niedergelegt haben wirst, von diesem Augenblick an wirst du dich ruhig und eins mit Gott finden. Dann wird dir kein anderes Ding mehr so schmackhaft, so wohlgefällig sein als Gottes Wohlgefallen. Wer also seinen Sinn in Einfalt des Herzens zu Gott emporgehoben und sich von aller ungeordneten Liebe oder vom Haß eines erschaffenen Dinges losgemacht haben wird, der wird vor allen anderen fähig und würdig sein, die Gabe der Andacht zu empfangen.

Denn wo der Herr leere Gefäße findet, da legt er seinen Segen hinein. Und je vollkommener jemand sein Herz von der Liebe zum Vergänglichen losmacht und selbst durch gründliche Selbstverleugnung abstirbt, desto schneller kommt die Gnade, desto tiefer dringt sie ein, desto höher hebt sie das freie Herz des Menschen empor.

4. Dann gehen dem Menschen die Augen auf, dann staunt er voll Entzücken, dann erweitert sich sein Herz; denn die Hand des Herrn ist mit ihm, und er hat sich ganz und für die ganze Ewigkeit in die Hand des Herrn gelegt.

Sieh, so wird der Mensch gesegnet, der den Herrn von ganzem Herzen sucht und seinen Geist nicht an vergänglichen Dingen hängen läßt (Ps 23, 4).

Ein solcher Mensch ist fähig und würdig, zur innigsten Vereinigung mit Gott zu kommen, indem er zum Tisch des Herrn geht. Denn er sieht nicht auf die eigene Andacht und Tröstung, sondern auf Gottes Ehre, die ihm ungleich wichtiger ist als alle Andacht und Tröstung.

16. KAPITEL

Daß wir alle unsere Anliegen Christus klagen und ihn um seine Gnade bitten sollen

1. Herr, der Du an Liebenswürdigkeit und an Liebe gegen uns alles, was liebenswürdig ist und lieben kann, unvergleichbar übertriffst, sieh, ich möchte Dich jetzt empfangen, möchte ganz eins mit Dir werden; aber Du kennst meine Schwachheit und meine Not; Du siehst mich, wie ich in Sünden und im Elend daliege, niedergedrückt, angefochten, verwirrt, befleckt!

Um Hilfe komme ich zu Dir, um Trost und Erleichterung flehe ich zu Dir. Wohl mir, daß ich mein Herz reden lassen darf zu dem, der alles weiß, dem all mein Innerstes bekannt ist, der allein mich vollkommen trösten, der allein mir helfen kann. Du kennst das Gute, das ich nicht habe und das ich doch vor allem haben sollte. Du siehst, wie ich so gar arm bin an allem, was Tugend heißt.

2. Siehe, arm und nackt stehe ich vor Dir, und weine um Gnade und rufe um Barmherzigkeit. Erquicke diesen Deinen hungrigen Bettler, entzünde mein kaltes Herz durch das Licht Deiner Liebe und erleuchte meine Blindheit durch das helle Licht Deiner Gegenwart. Laß mir alles Irdische bitter werden; lehre mich alles, was mich drückt und kränkt, geduldig tragen, alles Niedere verachten und vergessen.

Erhebe mein Herz gen Himmel zu Dir hinauf und laß es nicht auf der Erde umherirren. Du allein sollst von nun an mein höchstes Gut sein, Du mein höchstes Gut in alle Ewigkeit bleiben. Denn Du allein bist meine Speise und mein Trank, meine Liebe und meine Freude, meine Lust und meine ganze Seligkeit.

3. Daß ich doch durch Deine Gegenwart ganz entzündet, alles Unreine in mir verzehrt, mein ganzes Wesen in Dein Bild verklärt würde! Eines Geistes mit Dir möchte ich werde, eines Geistes mit Dir durch die brennende Liebe, die

alles Harte in mir erweichen, die alles Unedle wegschmelzen und mich ganz mit Dir vereinigen kann!

Laß mich nicht hungrig und kraftlos von Deinem Tisch hinweggehen. Handle mit mir nach Deiner Barmherzigkeit, wie Du mit so vielen Heiligen nach Deiner wundervollen Güte gehandelt hast. Du bist ja ein Feuer, das immer brennt und nimmer abnimmt. Du bist ja die Liebe selbst, die das Herz reinigt und den Verstand erleuchtet.

Wäre es denn ein Wunder, wenn auch ich, von Dir entzündet, durch Dich in eine lebendige Flamme verwandelt würde und alles eigene Leben in mir erstürbe?

17. KAPITEL

Von der glühenden Liebe und Begierde, Christus zu empfangen

1. Mit höchster Andacht und Liebe, mit einem Herzen, das sich ganz Dir, o mein Gott, weiht und Dir allein anhängt, möchte ich Dich jetzt empfangen, empfangen mit jenem lebendigen Sehnen nach Dir, das die heiligsten und andächtigsten Menschen an Deinem Tisch empfunden haben.

O mein Gott, Du ewige Liebe, Du mein höchstes und all mein Gut! Du die Seligkeit ohne Ende, Du die Heiligkeit ohne Fehl! Dich möchte ich empfangen mit dem lebendigsten Verlangen, mit der tiefsten Anbetung, mit der heiligsten Empfindung, die je in dem Herzen eines Heiligen gelebt hat oder hätte leben können.

2. Und obgleich ich durchaus nicht würdig bin, alle diese Empfindungen der Andacht den Heiligen nachzuempfinden, so opfere ich Dir denn doch mein ganzes Herz mit allen seinen Neigungen, als ob alle jene frommen Gefühle und Gesinnungen, die je in den Heiligen Dir zur Ehre geglüht haben, in mir allein herrschten. Alles, was je eine heilige Seele denken und wünschen konnte, lege ich mit tiefster Ehrfurcht und höchster Inbrunst auf Deinen Altar. Nichts

will ich mir vorbehalten; mich selbst und all das Meine will ich Dir mit der vollkommensten Willigkeit meines Herzens opfern.

Mein Herr und mein Gott, mein Schöpfer und mein Erlöser, ich möchte Dich empfangen mit allen Empfindungen der Andacht, mit all jener Ehrerbietung, Lobpreisung und Verherrlichung Deines Namens, mit all jenem Glauben und Dankgefühl, mit all jener Würdigkeit und Lauterkeit, Zuversicht und Liebe, mit der Dich Deine Mutter Maria empfangen hat, als ihr der Engel das Geheimnis der Menschwerdung kundmachte und sie voll Andacht und Demut antwortete: Sieh, ich bin eine Magd des Herrn, mir geschehe nach deinem Worte (Lk 1, 38).

3. Und wie Dein heiliger Vorläufer Johannes, den Du selbst unter den heiligen Propheten obenan setztest, da er im Mutterleib bei Deiner Annäherung, von der Freude des Heiligen Geistes beseelt, wonnevoll aufhüpfte; wie er später, als er Dich unter Menschen wandelnd erblickte, sich tief erniedrigte und im begeisterten Gefühl der Andacht ausrief: Der Freund des Bräutigams, der seine Stimme hört, freut sich wegen der Stimme, die er hört, weil es die Stimme des Bräutigams ist (Joh 3, 29): so möchte auch ich von großen, heiligen Begierden ergriffen und durchwärmt werden, daß ich mich ganz Dir allein hingeben könnte.

Alle die jubelnden Herzensergüsse der Andächtigen, alle ihre glühenden Gefühle der Liebe, alle ihre Entzückungen im heiligen Feuer der Andacht, alle ihre himmlischen Erleuchtungen und was ihre geistigen Augen in diesen bessern Augenblicken sahen, alle Tugenden und Lobpreisungen der Heiligen, die Dir der Himmel und die Erde samt allen ihren Geschöpfen bisher dargebracht haben und noch bringen werden, lege ich vor Dir nieder und falle in ihr gemeinsames Loblied ein.

Ich wünsche von ganzem Herzen, daß Du von allen Geschöpfen gelobt und ewig verherrlicht werdest, und flehe für mich und alle, die sich meinem Flehen empfohlen haben.

4. Nimm diese meine Gelöbnisse an, Du mein Herr und Gott; und laß Dir die Wünsche meines Herzens gefallen; denn alle meine Gelöbnisse sind nur ein einziges Gelöbnis, alle meine Wünsche sind nur ein einziger Wunsch, daß auch durch mich Dein Name ohne Ende verherrlicht und alle die grenzenlosen Lobpreisungen, die Dir allein nach der Fülle Deiner unaussprechlichen Herrlichkeit gebühren, im Himmel und auf Erden, von allen Deinen Kindern ohne Unterlaß geopfert werden. Dies ist mein Wunsch, dies mein Opfer! Und dieses Opfer des Dankes und des Lobes möchte ich alle Tage und alle Augenblicke meines Lebens entrichten. Weil ich mich aber zu schwach dazu fühle, so lade ich alle himmlischen Geister und alle Deine treuen Verehrer dazu ein, daß sie in mein Lob- und Danklied einstimmen.

5. Alle Völker der Erde, alle Geschlechter und Zungen sollen Dich loben, sollen Deinen heiligen Namen, der ein Name der Gnade und Barmherzigkeit ist, mit innigster Andacht und höchstem Jubel preisen.

Alle, die Dein heiliges Sakrament mit Ehrerbietung und Andacht konsekrieren und die es mit vollem Glauben empfangen, sollen Gnade und Erbarmung bei Dir finden und für mich Sünder in Demut bitten. Und wenn sie in tiefer Andacht zum seligen Genuß der Einigung mit Dir gekommen, mit Trost gesalbt und mit dem Wunder der Liebe erquickt, von Deinem himmlischen Tisch werden zurückgegangen sein, dann sollen sie mich Armen nicht vergessen.

18. KAPITEL

Glaube an Jesus Christus und grüble nicht; folge ihm nach und zweifle nicht

1. Hüte dich, mein Sohn, vor unnützer Neugierde, die nichts als forschen und suchen will im unerforschlichen Abgrund dieses Sakramentes. Hüte dich davor, wenn du nicht von dem Wirbel des Zweifels ergriffen und in der

grundlosen Tiefe verschlungen werden willst. Wer die Majestät erforschen will, den zerdrückt ihre Herrlichkeit (Spr 25, 27). Die Allmacht Gottes kann doch gewiß mehr tun, als der Kopf eines Menschen je zu begreifen vermag. Man kann aber deshalb die fromme und demütige Untersuchung der Wahrheit, die sich gern belehren lassen will und willig ist, auf der Bahn der gesunden Lehre der Väter zu wandeln, doch nicht verwerfen.

2. Selig die Einfalt des Herzens, der es gegeben ist, die rauhe Bahn der rastlosen Streit- und Fragsucht zu verlassen und auf dem ebenen, festen Weg der Gebote Gottes mutig voranzuschreiten.

Viele haben das Gefühl der Andacht in sich verloren, indem sie erforschen wollten, was über ihnen ist. Du sollst glauben und im Geist des Glaubens leben, das ist deine Pflicht; hohe Erkenntnis und tiefen Einblick in die Geheimnisse Gottes, das fordert Gott nicht von dir.

Wenn du nicht verstehst und nicht begreifst, was unter dir ist, wie wirst du begreifen, was über dir ist?

Unterwirf dich deinem Gott, und all dein Dünkel und all dein Meinen beuge sich demütig unter die Zucht des Glaubens. Es wird dir so viel Licht der Erkenntnis gegeben werden, als dir nützlich und nötig ist.

3. Einige Menschen werden von den Versuchungen gegen den Glauben und das heilige Sakrament hart mitgenommen.

Aber daran sind sie nicht schuld: Versuchungen dieser Art kommen nicht selten vom Feind des menschlichen Geschlechts.

Mach dir deswegen keinen Kummer, laß dich in keine Fehde mit deinen eigenen Gedanken ein und zerbrich dir den Kopf nicht mit Auflösen der unendlichen Zweifel, die der Feind in deine Seele legt, sondern glaube dem Wort Gottes, seinen Heiligen und den Propheten, und der arge Feind wird dich in Ruhe lassen.

Es ist oft gut, daß treue Knechte Gottes solche Leiden erdulden müssen. Denn die stolzen Ungläubigen und die abgestandenen Sünder hat der Feind schon in Besitz und braucht sie nicht erst zu versuchen; aber die gläubigen und andächtigen Freunde Gottes plagt und versucht er auf mancherlei Weise.

4. Halte du also, wie bisher, am Glauben fest, ohne zu zweifeln, und erhebe das Herz in Einfalt zu Gott, gehe hin zum Sakrament in Demut und in heiliger Ehrfurcht.

Und was du nicht begreifen kannst, das stelle kühn und furchtlos dem allmächtigen Gott anheim.

Gott betrügt dich nicht, aber wer sich selbst zuviel glaubt und zutraut, der wird betrogen.

Gott wandelt mit denen, die ein einfältiges, gerades Herz haben; er offenbart sich den Demütigen, gibt Verstand den Unmündigen. Er öffnet reinen Seelen den Sinn und verbirgt seine Gnade vor der Neugierde und dem Stolz der Menschen.

Die menschliche Vernunft hat wenig Licht, ist also wie alles Menschliche dem Fehlgriff unterworfen; aber der rechte Glaube an Gott irrt ewig nicht.

5. Alle menschliche Vernunft und alle vernünftige Forschung soll dem Glauben demütig nachfolgen, soll ihm weder voranlaufen noch weniger die Rechte des Glaubens mit anmaßender Gewalt verletzen. Glaube und Liebe zeigen ihre Wirksamkeit vorzüglich und auf die geheimste Weise in diesem heiligsten und unübertrefflichen Sakrament.

Gott, der Ewige und Unermeßliche, dessen Allmacht ohne Grenze ist, tut große und unerforschliche Wunder im Himmel und auf Erden; seine wundervollen Werke vermag kein menschlicher Verstand zu erforschen.

Denn wären die Werke Gottes nur so groß, daß sie von der Vernunft des Menschen leicht erforscht werden könnten, so wären sie eben darum nicht groß, nicht wunderbar, nicht unerforschlich und unaussprechlich zu nennen.

»Alle scheinbaren Unterschiede in der Erscheinungswelt sind nur Strahlenbrechungen eines und desselben Lichtes. Die lebendige Erscheinungswelt ist ebenso eins mit ihrem Urgrunde, wie die bewegte Wellenmenge mit dem Meere, dem sie entspringt.«

Thomas a Kempis

Nachwort

Konstantin Wecker

Als ebenso versiertem, wie auch oft gescholtenem Wanderer zwischen den Welten wird mir immer wieder deutlich vor Augen geführt, wie scheinbar unüberwindbar der Graben zwischen dem »politischen« und dem »spirituellen« Lager ist. Gerade die so genannte linke Szene, die ich ja nicht ohne Grund noch am ehesten als meine politische Heimat betrachte, hat Vorbehalte gegenüber allem Spirituellen. Viele, die meine politischen Lieder wie »Willi« oder »Sage nein!« mögen, meditieren nicht, sprechen nicht von Gott und empfinden meine Bekenntnisse zur Spiritualität geradezu als Verrat an angeblich von mir selbst propagierten Idealen. Unter esoterischen Überfliegern, andererseits, ist jedes politische Engagement verpönt; es gilt als »unbewusst«, Veränderungen irgendwo anders als in der sorgsam kultivierten Innenwelt anzustreben. Einzig in der Friedensbewegung finden sich Verbindungen zwischen beiden Welten des Politischen und des Spirituellen.

Seit Ernst Bloch die Jung'sche Psychologie als reaktionär, also antirevolutionär, weil irrational denunzierte, begann – so Eugen Drewermann – eine bis heute anhaltende Verweigerungshaltung gegenüber dem Kampf um die persönliche Identität, gegenüber dem nicht verzweckbaren Weg nach innen.

Ganz anders verhält es sich mit unserer Gesellschaft. Ob Lieder, Bücher oder andere Formen spirituellen Denkens, unsere spätbürgerliche, spätkapitalistische Leistungsgesellschaft vermarktet sie mit Feuereifer, soweit sich daraus Waren herstellen lassen. Doch jeder Ware, jedem Bestseller muss der nächste folgen und so zerrt diese Gesellschaft jedes Aufkeimen spirituellen Begehrens bald wieder ins gewöhnliche, um das nächste Produkt ins Rennen zu schicken. Gleichzeitig misstraut sie natürlich jedem, der sich dieser Vermarktbarkeit verweigert und sich dem Gebrüll der marktschreierischen Welt durch Innenschau in der Stille entzieht. Diese im wahren Sinn des Wortes authentischen Menschen, Individualisten, die sich der Normierung und dem Massengeschmack verweigern, werden gerne der Lächerlichkeit preisgegeben und als Sonderlinge an den Pranger gestellt.

Nun mag es den einen oder anderen verwundern, wenn der Sänger des Liedes »Genug ist nicht genug« ein Büchlein der inneren Erbauung empfiehlt, dessen Autor Keuschheit und Weltabgewandtheit predigte: Thomas Hermeken, 1380 in Kempen am Niederrhein geboren, Mönch und Verfasser des nicht umzubringenden Werkes: »De imitatione Christi« – die Nachfolge Christi.

Aber sosehr mir das irdische Dasein und die Befreiung der Sinnlichkeit von moralischen Zwängen und religiösen Fundamentalismen auch am Herzen liegen, so sehr plädiere ich dafür, das eigene Selbst nicht zu verleugnen. Ich möchte dazu ermutigen, Selbstbestimmung der Fremdbestimmung entgegenzusetzen und sich dem zu öffnen, was unser Verstand nicht zu fassen vermag, dem Mysterium durch stille Einkehr zu begegnen, Spiritualität zuzulassen, sie wieder zu entdecken und ins Diesseits zu befördern.

VON DER KNOCHENMÜHLE BIS ZUM URGRUND DES SEINS

Niemand anderem als Oscar Wilde habe ich »Die Nachfolge Christi« zu verdanken: Kein Verächter irdischer Kost schwärmte Wilde derart von Thomas a Kempis, dass ich mir das Büchlein sofort bestellte: »Ich gehe jetzt ins Bett, lese nur zuvor noch ein Kapitel ›De imitatione Christi‹. Ich glaube, täglich eine halbe Stunde Knochenmühle für den inneren Menschen ist die beste Hinführung zur Heiligkeit.«

Heiligkeit! Da klingt mir doch bei Oscar Wilde eine Ironie an, die ich sehr gut nachvollziehen kann, denn nicht selten muss ich über meine Sehnsucht nach Heiligung lächeln, meine Versuche, Weltabgewandtheit den sinnlichen Genüssen vorzuziehen und mönchisches Leben zu verklären, Versuche wohlgemerkt, aber wohl auch ernst zu nehmende Symptome einer Seite meines Wesens. Dieses nicht zu bändigende Verlangen, den Urgrund des Seins auszuloten, das Wunderbare wieder und wieder zu entdecken, dem Numinosen auf die Spur zu kommen, treibt mich um, seit ich mein Wesen wahrzunehmen begann, und zwang mich fast mein ganzes Leben, alle Seiten des Daseins bis zur Neige auszukosten.

Noch vor zehn Jahren hätte ich mir kaum vorstellen können, einmal das Nachwort zu einem Buch zu schreiben, in dem Sätze wie diese geschrieben stehen: »Oft ist es für den Menschen nützlicher, wenn er nicht zuviel Freuden in diesem Leben hat.« Oder: »Das Glück des Menschen beruht nicht darauf, Zeitliches im Überfluss zu besitzen, sondern darauf, mit wenigem zufrieden zu sein.« War ich nicht immer der Prototyp des Unersättlichen gewesen, des Ungenügsamen – und dies beileibe nicht nur in den einschlägigen Textzeilen meiner Lieder? »Genug darf nie genügen« – und nun predigt mir dieser Mönch, Thomas aus Kempen am Niederrhein, von Genügsamkeit!

Und er preist auch noch den Gehorsam gegenüber der Obrigkeit: »Lerne also deinem Vorgesetzten dich schnell unterwerfen, wenn du dein eigenes Fleisch zu unterjochen wünschest.« Da scheint die unheilige Allianz von weltlicher Macht und klerikaler Sexualmoral bedrohlich ihren Zeigefinger emporzurecken, mit der sie jahrhundertelang Duckmäusertum, Atemnot und Lustfeindlichkeit gezüchtet hat. Eine Allianz, die auch ein Pfeiler ist des menschenverachtenden, tödlichen Fundamentalismus, der weiß Gott nicht nur im Islam, sondern auch in Form evangelikaler »wiedergeborener« Christen seine knorrigen Finger nach der Weltherrschaft streckt.

Zunächst muss man allerdings zu Thomas' Rechtfertigung berücksichtigen, dass er eigentlich nie ein Buch für die Großstadtbewohner des beginnenden 21. Jahrhunderts schreiben wollte. »De imitatione Christi« (Von der Nachfolge Christi) war ursprünglich als Erbauungsbuch für die Mönchsgemeinschaft der Augustiner-Chorherren auf dem Agnetenberg bei Zwolle gedacht, deren Subprior (zweiter Vorsteher) Thomas war. Da waren das »Unterjochen des Fleisches« und der Gehorsam gegenüber den Vorgesetzten in der Mönchshierarchie einfach Selbstverständlichkeiten. Und wenn Thomas sagt, es sei viel leichter, Knecht zu sein als Herr, dann scheint wohl auch der Gehorsam hier ausschließlich im Dienste des inneren Friedens zu stehen.

DIE SEIFENBLASE UNSERES ICHS

Für uns Laien sind diese Extremforderungen nicht unbedingt verbindlich. Und doch haben gerade Millionen von Nichtmönchen die »Nachfolge Christi« zu einem Longseller gemacht, der in der Geschichte des christlichen Abendlandes seinesgleichen sucht. Manche Quellen halten das Buch sogar für das nach der Bibel am meisten übersetzte und gedruckte Werk der Weltliteratur. Reformation wie Gegenreformation beriefen sich auf das Werk des bescheidenen kleinen Mönchs aus Kempen, und Leibniz nannte die »Imitatio« gar »eines der vortrefflichsten Werke, die je verfasst sind«.

Wenn man aber begreifen will, warum das kleine, in schlichter Sprache gehaltene Büchlein über mehr als fünf Jahrhunderte zu den meistgelesenen Werken der christlichen Literatur überhaupt avancierte, muss man tiefer in die Gedankenwelt des Mystikers aus Kempen eindringen. Im Kern geht es in der »Nachfolge Christi« nämlich darum, dass der Mensch auf einfache Weise »eins mit sich selbst« wird und »innerlich zur Ruhe kommt« – beides nicht als

Selbstzweck, sondern in dem faustischen Streben, »tiefere Einsicht in das Wesen aller Dinge« zu gewinnen, um »das Licht der Erkenntnis von oben« zu empfangen.

Man muss es sich gerade angesichts der zuweilen pompösen Zurschaustellung päpstlicher Machtfülle deutlich vor Augen führen, wie revolutionär, geradezu ketzerisch dieser Gedanke für einen Menschen des 15. Jahrhunderts war; wie revolutionär er heute ist, sofern wir bereit sind, ihn ernst zu nehmen: »Eins mit sich selbst« soll der Gläubige werden. Nirgendwo bei Thomas ist von Übereinstimmung mit dem Dogma, der kirchlichen Lehre, ja selbst der Heiligen Schrift die Rede. Hier, in unserem Innersten, in der Stille, die auf dem Grund unseres Wesens immer auf uns wartet, finden wir das Eigentliche. »Hättest du die ganze Bibel und die Weisheitssprüche aller Philosophen im Gedächtnis, was würde dir dieses alles nützen, ohne die Liebe und Gnade Gottes«, sagt Thomas.

Thomas a Kempis verlangt nichts Geringeres, als die Seifenblase unseres kleinen »Ich« zerplatzen zu lassen, an das wir uns so verzweifelt krallen. Das Ego immer kleiner werden lassen, damit Platz geschaffen wird für die höhere Weisheit, für die Liebe und Barmherzigkeit eines Größeren, sich durchlässig machen für die Stimme Gottes, die gerade in der Stille, abseits des rastlosen Zivilisationsgetöses am vernehmlichsten zu uns spricht.

STRAHLENBRECHUNGEN EINES UND DESSELBEN LICHTS

Ich habe lange gebraucht, um das Wort »Gott« wieder ohne Scheu und Vorbehalte in den Mund nehmen zu können. Fremden gegenüber bin ich mit der Verwendung dieses Wortes sehr vorsichtig. Jeder hat seine Vorstellung, sein Bild von Gott und oft schafft die Erwähnung seines Namens Aggressionen. Der indische Philosoph Krishnamurti meint, zu sagen, man wäre Christ oder Moslem, Hindu oder Buddhist, sei schon eine Kriegserklärung.

Dabei ist es für mich im Nachhinein betrachtet unübersehbar, dass es keinen stärkeren Antrieb für mein Leben gegeben hat als die Suche nach Gott. Sie zeigte sich nur in den verschiedensten »Verkleidungen«. Suche, die sich an das beschränkte menschliche Abbild statt an das unbegrenzte göttliche Urbild festheftet, heißt Liebe; Suche, die Gott im Aspekt seiner Schöpferkraft ähnlich zu werden versucht, heißt Künstlertum; Suche, die bei den Surrogaten stehen bleibt und – in völliger Umkehrung der ersehnten grenzenlosen Lebensfülle – in einen Zustand der Starre und Abhängigkeit mündet, heißt Sucht.

Für mich verlief die Suche nach Gott über all diese Irr- und Umwege, die von einer höheren Warte aus hoffentlich »richtige falsche Wege« waren. Umwege, die wie jener des »verlorenen Sohnes« aus dem Evangelium letztlich notwendig waren, um auf einer höheren Stufe von Bewusstheit heimkehren zu können zu dem, dessen liebevolle und geduldige Präsenz man eigentlich von Anfang an geahnt hat. Meine Beziehung zu Gott war – wie bei vielen jungen Menschen – zunächst geprägt von Abgrenzung, Revolte und Provokation. Ich trennte nicht sauber zwischen Gott und jenen Göttern oder Götzen, von denen ich in einem Liedtext wünschte, sie mögen zugrunde gehen, wenn wir »endlich gottlos« würden.

Ich sah in Gott jemanden, der sich mit den väterlichen und päpstlichen Zeigefingern und den weltlichen Obrigkeiten in einer Art großangelegter himmlisch-irdischer Verschwörung verbündet hatte, um meinen unbändigen Freiheitsdrang zu knechten, um meine sprudelnde, nach grenzenlosem Sichverströmen strebende Lebenslust herunterzubrechen auf ein sozialverträgliches Normalmaß. Ich machte Gott für Kriege, Erdbeben und Hunger, die Sexualmoral des Vatikans und die Politik der CSU verantwortlich – und für das schlimmste »Verbrechen« von allen: die

Tatsache, dass es überhaupt so etwas wie Regeln und naturgegebene Grenzen gibt.

Aber von Anfang an sah ich Gott auch als denjenigen, der in mir sang, der in mir wunderschöne Melodien komponierte, Gedichte schrieb, atmete, lebte und liebte. Ich erlebte und erlebe das Numinose, wenn ich auf der Bühne stehe und »es« in mir spielt. »Es« schrieb, wenn ich in einer einzigen Nacht Verse von einer meiner Lebensführung weit vorauseilenden Einsicht aufs Papier brachte.

Ich war wohl ein Mystiker aus Instinkt und Berufung, aber einer, der Gott scheinbar zunächst verfehlte, vielleicht auch weil er sich trotzig die antiklerikalen Reflexe seiner Generation zu eigen machte und sie einfach auf Gott übertrug. Mystik aber bedeutet nichts anderes, als Gott im Inneren zu suchen. Und einzig in der Mystik überwinden wir die oft so fanatisch umkämpften Grenzen der Religionen.

»Wir knüppeln die Poesie der Religion, indem wir sie zum Dogma stilisieren«, schreibt Eugen Drewermann. Ein Gott, der einem nicht durch Dogmen eingepeitscht wird, ein Gott, der keine Gesetze erlässt, ein Gott, der einzig im eigenen Inneren zu erfahren ist, ist immer ein Gott der Versöhnung und des Friedens. Und dieser Gott ist sicher einverstanden, wenn man ihn, wie Meister Eckhart, darum bittet, »uns seiner quitt zu machen«. Dieser Gott kann auf Autorität verzichten, ja am Ende sogar auf sich selbst!

Es gibt eine lange Tradition der meditativen Praxis der christlichen Mystik, die durchaus Ähnlichkeit mit dem Zen-Buddhismus hat. Das sind keine esoterischen Geheimrituale; jeder, der in der Lage ist, still zu sitzen und diese Phase der Stille auf zehn, 20 oder 30 Minuten auszudehnen, kann diese Praxis erlernen. Ich eignete sie mir an, als ich nach meiner Verhaftung wegen Drogenbesitzes im Jahre 1995 erstmals für einige Wochen auf mich selbst zurückgeworfen war. Stille ist ja oft etwas Lästiges, weil sie beim Verdrängen stören kann. Nicht umsonst bin ich mehr als 20 Jahre lang mehr oder weniger konsequent vor ihr geflohen. Aber gerade das, wovor man verzweifelt flieht, holt einen am Ende wieder ein. Man begegnet sich nämlich mit großer Sicherheit immer wieder gerade auf den Schleichwegen, die man eingeschlagen hat, um vor sich davonzulaufen.

Thomas a Kempis beschreibt Mystik in seinem Buch sehr schön: »Alle scheinbaren Unterschiede in der Erscheinungswelt sind nur Strahlenbrechungen eines und desselben Lichtes. Die lebendige Erscheinungswelt ist ebenso eins mit ihrem Urgrunde, wie die bewegte Wellenmenge mit dem Meere, dem sie entspringt.« Diese mystische Botschaft ist indirekt zugleich eine soziale Botschaft. Sie zerstört die Illusion unserer Abgegrenztheit, die uns so oft zu dem Schluss verleitet, wir könnten andere Lebewesen schädigen, ohne dadurch zugleich uns selbst, unserer Seele und dem Ganzen Schaden zuzufügen. »Uns ist kein Einzelnes bestimmt«, habe ich in einem Gedicht aus dem Jahr 1980 geschrieben. »Ein jeder ist die Menschheit/ geht mit ihr unter/ oder wendet sie zum Guten hin.«

WIEDERVEREINIGUNG MIT GOTT

Thomas a Kempis wollte gewiss kein politisches Pamphlet schreiben. Er wollte seinen Klosterbrüdern schlicht Lebenshilfe geben. Aber auch er weiß von der wechselseitigen Verbindung, dem Aufeinander-angewiesen-Sein der Menschen. »Nun aber hat es Gott so und nicht anders eingerichtet, dass einer die Bürde des anderen tragen lernen soll; denn keiner ist ohne Fehler, keiner ohne Last, und keiner weiß sich in allem selbst zu raten.« Dieses Bewusstsein der Verbundenheit (der Wellen mit dem Meer und der Wellen untereinander) schließt eigentlich eine Spiritualität der reinen Selbsterlösung aus. Nicht wenige spirituelle Lehrer verstehen sich heute eher als (Welt-)Fluchthelfer denn als Gestalter und Heiler unseres gemeinsamen Lebensraums. Anstatt die gewonnene spirituelle Erkenntnis dem Wohl aller Menschen zugute kommen zu lassen, entschwebt der Erleuchtung Suchende dem Dunstkreis des Allzumenschlichen mit einem überlegenen Lächeln auf den Lippen.

Der Gott von Thomas a Kempis ist ein Allesdurchdringer, sein Tempel, sein Allerheiligstes ist der jedem Wesen innewohnende Raum der Stille. »ICH kenne den ersten und den letzten; Ich liebe sie alle mit unvergleichlicher Liebe«, sagt dieser Gott bei Thomas a Kempis. »ICH habe meinen Thron im Herzen von allen; aus MIR kommt das Gedächtnis, die Erkenntnis, die Kraft der Vernunft. ICH bin die Weisheit und das, was das Verständnis der Schriften der Weisen verleiht.« Diese mystische Gottesauffassung verbindet Thomas' Buch über die Grenzen der Kulturen hinweg mit anderen bedeutenden spirituellen Schriften. In der Bhagavadgita, der »Bibel der Hindus«, sagt Krishna, die höchste Persönlichkeit Gottes: »Ich weile als Überseele im Herzen eines jeden.« Und in wunderbar poetischen Worten: »Alles ruht auf Mir wie Perlen auf einer Schnur. Ich bin der Geschmack des Wassers, das Licht der Sonne und des Mondes und die Silbe om in den vedischen Mantras; Ich bin der Klang im Äther und die Fähigkeit im Menschen.«

Meister Eckhart, der einige der tiefsten spirituellen Schriften überhaupt verfasst hat, beschreibt den Glauben als »Bewegung der Seele, welche zur Losreißung von allem Kreatürlichen und zur Wiedervereinigung mit Gott führt«. Das Zweite, die »Wiedervereinigung mit Gott«, ist vielleicht unser aller tiefste Sehnsucht (und wir möchten natürlich möglichst mühelos dorthin gelangen); das Erste, die »Losreißung« vom Kreatürlichen, erschreckt uns, weil wir uns noch längst nicht bereit fühlen, auf die gewohnten fleischlichen Genüsse zu verzichten. Wir fühlen uns überfordert von der Radikalität der Forderung: »der Welt abzusterben« (Thomas a Kempis), damit wir »mit Christus eins werden« können. Die Mystiker nannten diesen Prozess den »mystischen Tod« und schon Goethe dichtete: »Und solang du das nicht hast, dieses Stirb und Werde! / Bist du nur ein trüber Gast auf der dunklen Erde.« Es gibt eben kein Leben ohne Tod, kein Werden ohne Vergehen.

GEIST UND FLEISCH

Ich möchte jetzt einmal, auch wenn viele dies aus meinem Munde überraschen mag, eine Lanze für das Zölibat brechen. Nicht als ein Muss für alle Menschen, nicht einmal für alle katholischen Priester, sondern als ein möglicher Weg, den wir, selbst wenn er uns auf den ersten Blick abwegig erscheint, zunächst einmal zu respektieren haben. Für eine Minderheit von Menschen, die ihn aus freien Stücken gewählt haben, mag die Keuschheit ein Weg hin zum Geistigen sein. Ich verteidige diesen Weg gegen unqualifizierten Spott – gerade auch in einer Zeit, in der uns der Sex in so übertriebener und kommerziell funktionalisierter Weise von überall her anschreit: von den Kinoleinwänden, Werbeplakaten und aus den Fernseh-Werbespots.

Ich bin gewiss kein Freund derer, die schon Gandhi sein wollen, kaum dass sie in der Pubertät die unerhörten Wunder ihrer erwachenden geschlechtlichen Möglichkeiten entdeckt haben. Aber ich respektiere spirituelle Strömungen, die uns vermitteln wollen, dass das Ausleben unserer Triebe, ja dass selbst die Liebe zu einem einzelnen Menschen nur eine Stufe sein kann und nicht das letzte Ziel. Vielleicht muss man leidenschaftlich leben, gerade um am Ende, nach einem wirklich gelebten Leben, besser loslassen zu können. Um nicht in ewig schwelendem Neid auf diejenigen mit dem Finger zu zeigen, die sich getraut haben, das zu leben, was man sich selbst immer versagt hat.

Manchmal befällt mich die Angst, dass ich im Tod zwar noch voller weltlicher Sehnsüchte und Lüste sein könnte, aber ohne einen Körper, der mir erlauben würde, diese auszuagieren. Vielleicht war es mir instinktiv deshalb immer so wichtig, darauf hinzuweisen, dass alles gelebt werden will, was in uns brennt.

Aber diese Freude darüber, sich selbst, das Leben und andere Körper zu spüren, soll uns doch bitte nicht dazu verleiten, zu glauben, dass diese Welt des Fleisches alles sei, was existiert. Es gibt, wie schon der Apostel Paulus in verschiedenen Variationen gesagt hat, Fleisch und Geist, ein Vergängliches und ein Immerwährendes. Das Vergängliche ist uns vertraut und dummerweise klammern wir uns übermäßig daran; das Immerwährende müssen wir erst suchen, obwohl es uns im Grunde näher ist als unsere eigene Nase. Es wohnt in uns, und nur dort können wir es auffinden.

Das Selbst ist »die höchste, beseligende ursprüngliche Wirklichkeit. Ihre Form ist Schweigen«, sagte der große indische Heilige Ramana Maharshi. Wenn man die Identifikation mit Körper und Verstand aufgebe, würde sich das wahre Selbst von allein offenbaren, lehrte Ramana. Etwas Ähnliches sagt auch Thomas a Kempis, der in seiner Mönchsgemeinschaft dafür bekannt war, dass er gern und viel geschwiegen hat: »Der Wahn des eigenen ›Selbstes‹ muss vergehen, das falsche Ich im wahren Ich sterben, damit im Menschen das wahre Selbst zur Auferstehung gelangen kann.« Thomas wendet sich aber auch dagegen, mit dem »Hammer der Abtötung« auf unsere menschlichen Bedürfnisse einzudreschen. Immer soll »Menschenliebe« alle Bemühungen begleiten, auf dem geistigen Weg fortzuschreiten.

FALSCHE RICHTER

Das Revolutionäre und Spannende an dieser eigentlich uralten Philosophie liegt in der unbegrenzten Freiheit, die sie mit sich bringt. Die Freiheit, die darin besteht, sich nicht mehr vom Urteil anderer abhängig zu machen. Sich nicht mehr zu identifizieren mit Ruhm, Prominenz und Geld, nicht mehr mit seinem »Image« (was gerade für einen Künstler überlebenswichtig ist), nicht mehr mit seinem bodygebuildeten Körper und seinem vielleicht mindestens ebenso aufgeblähten intellektuellen Ego.

Ich unterscheide schon lange zwischen Religion auf der einen und Spiritualität auf der anderen Seite. Religion ist etwas für Menschen, die Angst vor der Hölle haben; spirituell ist, wer durch die Hölle gegangen ist, sagte mir einmal ein Obdachloser. Religion begrenzt uns, Spiritualität dagegen befreit, weil sie uns an jenes innerste Selbst anbindet, das uns in dem Maße, wie wir es erschließen, von allen weltlichen Bindungen unabhängig macht. Weil sie uns mit unserem Schatten versöhnt, indem sie uns die Nachtseite unserer Persönlichkeit offenbart. Zuletzt macht uns Spiritualität sogar so frei, dass wir nicht einmal mehr an die Regeln des eigenen spirituellen Bekenntnisses gebunden sind. Wir tun unser Bestes, aber wir stellen uns nicht mehr als Wahrheitsbesitzer über die Wahrheitsleugner, als Regelbefolger über die Regelübertreter, als spirituell Korrekte über die Ketzer und Sünder. Und das unterscheidet die wirklich Suchenden so eklatant von den wortgetreu und blind allen Dogmen Folgenden, welcher Religion auch immer.

Das ist ein Punkt, an dem ich mich Jesus immer sehr nahe gefühlt habe: sein Gebot, nicht über andere zu richten. Ich hatte schon immer ein Unbehagen gegen alle Richter – gegen die vom Gericht bestellten wie auch gegen jene, die niemand bestellt hat und die sich selbst zum Laienrichter über ihre Mitmenschen ernennen. Ich hege ein tief verwurzeltes Misstrauen gegen das hohe Podest, die angemaßte Makellosigkeit und das hauptberufliche Im-Recht-Sein, das mit dem Richterberuf einhergeht. Schon immer hatte ich den Verdacht, dass diese Menschen als Schuld bei anderen verurteilen, was sie sich selbst nicht verzeihen können. Jesus wusste das – ohne psychoanalytisches Analyse-Instrumentarium. Bevor man den Splitter im Auge seines Nächsten sucht, solle man zuerst den Balken in seinem eigenen Auge entfernen. Jesus mahnt zur sorgfältigen Selbsterforschung und warnt vor dem verderblichen Einfluss der Feindbilder und Projektionen. Und Thomas a Kempis steht in diesem Punkt wirklich in der »Nachfolge Christi«. »Strebe besonders zu vermeiden und zu überwinden, was dir an anderen missfällt«, schreibt er. Und auch noch dieses: »Lass dein Herz fest in Gott gegründet sein und fürchte das Urteil der Menschen nicht, wenn dein Gewissen dich für schuldlos erklärt.«

Wer einmal öffentlich vor Gericht und vor einer geifernden Boulevardpresse am Pranger stand – für das »Verbrechen«, sich selbst fahrlässig an den Rand der Selbstzerstörung gebracht zu haben –, der ist wohl reif dafür, die christliche Weisheit des Nichturteilens für sich wieder zu entdecken. Wie wohltuend ist es, bei Thomas Sätze wie diese zu lesen: »Wenn du einen anderen öffentlich sündigen oder schwere Verbrechen begehen siehst, so halte dich deshalb nicht für besser als ihn; denn siehe, du weißt ja nicht, wie lange du im Guten noch feststehen wirst.« Aber das Bedürfnis der Menschen, schuldig zu sprechen, scheint auch nach 2000 Jahren Geschichte des Christentums fest verwurzelt zu sein. Selbst dein Hund ist in der Lage, dich ganz ohne Fragen und ohne Vorbehalte zu trösten, wenn du elend bist. Viele Menschen dagegen fragen erst: »Hat er sich das, was er erleidet, womöglich selbst zuzuschreiben? (dann verdient er meinen Trost nicht).« Da verwundert es nicht, dass ein Meister Eckhart sich des Vorwurfs der Ketzerei erwehren musste, jener Eckhart, der gesagt hat, Gott sehe »das Böse nicht als Sünde, sondern in der Form des ihm entgegengesetzten Guten. Die Sünde hat vor ihm kein Wesen«.

DIE FRAGE NACH DEM LEID

In diesem Punkt bin ich immer – so fern mir die Kirche mit ihrem Prunk und ihrer Doppelmoral auch steht – Christ gewesen. Und noch etwas gefällt mir am Christentum, wie es mir auch in der Schrift von Thomas a Kempis wieder begegnet: Jesus gibt eine Antwort auf die Frage nach dem Leid, das von den Schönrednern, den Positivdenkern und selbst von einer so fundierten Weltreligion wie dem Buddhismus in seiner Bedeutung oft nicht genug gewürdigt wird. Leid wird oft dargestellt als ein lästiger und peinlicher Unfall im menschlichen Leben – etwas, was eigentlich gar nicht sein dürfte. Es gibt in der Religionsgeschichte (wie auch im gesellschaftlichen Zusammenleben) eine »ehrwürdige« Tradition des Drückebergertums vor den Schattenseiten der menschlichen Existenz. Man verkauft uns gegen die Schmerzen Aspirin, gegen die Schwermut Psychopharmaka und gegen die hartnäckige Unkontrollierbarkeit des menschlichen Schicksals Versicherungen. Man hüllt uns in Watte und versucht uns gegen jeden Windhauch der Gefahr abzuschirmen wie die »letzten Menschen«, die Nietzsche in seinem Buch »Also sprach Zarathustra« beschreibt. Zum Dank für diese fürsorgliche Entmündigung sollen wir immer schön brav sein und in den vorgeschriebenen Gleisen funktionieren.

Manchmal möchte man direkt aufschreien: »Bitte lasst uns leiden, wir wollen keine Versicherungen mehr. Wir wollen keine Prediger, die uns davor bewahren, dass wir ja keine Fehler machen. Wir wollen auch keine Parteien, die uns versprechen, dass wir mit ihrem Programm für immer glücklich werden können.« Das funktioniert ja sowieso nicht, weil uns das Schicksal irgendwann immer einholt und uns eins auf den Deckel gibt. Da tut es gut, wenn Paulus schreibt: »... wir rühmen uns auch der Trübsal«, und wenn der moderne Mystiker und Zen-Meister Willigis Jäger bekennt: »Das Leid ist ein Mysterium. Wer reifen will, kann ihm offensichtlich nicht entgehen.« Diese ganz einfache Weisheit ist uns in Zeiten des »Keep smiling« und der aufdringlich energetischen Erfolgscoaches offenbar abhanden gekommen.

Da bekommt auch die Aufforderung, Christus nachzufolgen, indem man das »Kreuz auf sich nimmt«, eine ganz neue, einleuchtende Bedeutung. Darin liegt mehr als eine sauertöpfische Fixierung auf das Leid, mit dem uns Kirchen und Obrigkeiten über Jahrhunderte klein und gehorsam halten wollten (obwohl es diese Tendenz zweifellos gibt). Thomas a Kempis schreibt wunderbare Zeilen über den »Segen der Trübsal« und er bekennt: »Es ist für uns gut, wenn wir zuweilen in große Schwierigkeiten geraten; denn dadurch wird der Mensch wieder daran erinnert, dass er in der Fremde ist und seine Hoffnung auf nichts in der Welt setzen soll.« Wer aber der Welt gestorben ist, die wir wie Fremde forschend, tastend und manchmal taumelnd durchwandern, der ist – so die große Heilsbotschaft der Mystiker – schließlich reif geworden für die Heimkehr.